I0702219

Pietro Caracciolo

GEDÄCHTNISVAMPIR,

Il Divoratore di Ricordi

GEDÄCHTNISVAMPIR, Il Divoratore di Ricordi
di Pietro Caracciolo

© 2023, Pietro Caracciolo

www.pietrocaracciolo.com
pietro.caracciolo@gmail.com

Cara lettrice, caro lettore

Ti ringrazio per aver acquistato questo libro. Spero che possa regalarti ore di lettura piacevoli e colme di emozioni.

Ho pensato di ringraziarti con un racconto in omaggio che riceverai compilando il form a questo indirizzo:

http://pietrocaracciolo.com/qr/divor/index.html

o che potrai raggiungere anche con il sottostante QR Code:

Mi permetto di ricordarti di scrivere una recensione al libro, su Amazon. Le recensioni, sia che siano limitate solo alle stelle di apprezzamento, sia che siano descrittive, sono un prezioso aiuto per coloro che si approcciano al libro.

Pietro Caracciolo

I personaggi e le storie descritte in questo romanzo sono del tutto immaginarie e, per quanto le ambientazioni possano essere realistiche, ogni riferimento a fatti o persone reali è da ritenersi del tutto casuale.

C'è una storia dietro ogni persona.
Sigmund Freud

PARTENZA

IL TRENO REGIONALE VENTISEI QUINDICI DELLE ORE QUINDICI E DIECI PER BERGAMO È IN PARTENZA DAL BINARIO DICIANNOVE.

FERMA A MILANO LAMBRATE, PIOLTELLO LIMITO, VERDELLO DALMINE.

La gente si muove in fretta, nel mentre nell'aria si spandono i comunicati che danno avviso delle partenze e dell'arrivo dei vari treni. C'è chi trascina i bagagli, chi corre cercando di raggiungere in tempo utile il proprio treno già pronto alla partenza, chi si muove soltanto a passo spedito, chi parla, chi ride, chi semplicemente aspetta. Un uomo si avvicina ai passanti tentando di proporre l'affare del momento, mostrando da una borsa che viene aperta solo il tempo di dare una rapida occhiata, una serie di orologi di marche prestigiose, fra cui Rolex, Cartier e Baume & Mercier.

ANNUNCIO RITARDO: IL TRENO INTERCITY SETTANTAQUATTRO TRE PER VENTIMIGLIA

DELLE ORE QUINDICI E ZERO CINQUE PARTIRÀ CON VENTI MINUTI DI RITARDO.

FERMA A PAVIA, VOGHERA, GENOVA PIAZZA PRINCIPE, SAVONA, FINALE LIGURE MARINA, ALBENGA, ALASSIO.

Il Burger King straripa di gente. Chi ordina, chi si ferma a mangiare, chi sorride, chi scambia parole, chi inveisce fra i denti contro qualcuno che lo ha fatto arrabbiare, chi scambia parole, in un via vai continuo attorno ai pochi tavolini, chi acquista un pasto al volo da consumare in piedi o sul treno. La gente esce dai bar come una fiumana di formiche, correndo avanti e indietro; qualcuno si sofferma in uno dei numerosi negozi di regali e souvenir per comprare un piccolo pensiero ad amici e parenti che, da qualche parte del mondo, li stanno aspettando.

MILANO CENTRALE, STAZIONE DI MILANO CENTRALE.

MILANO CENTRALE, STAZIONE DI MILANO CENTRALE.

Nell'immenso primo salone, le biglietterie, tanto quelle automatiche quanto quelle presidiate dal personale, sono tutte impegnate e la gente, disposta in lunghe file, aspetta pazientemente il proprio turno. Alcuni membri del personale, lasciata la propria postazione, provano ad indirizzare i passeggeri ora verso una fila, ora verso un'altra, per una migliore gestione del loro biglietto.

Fra la folla, una ragazza tenta, con poco successo a dire il vero, di vendere la propria prenotazione, a cui, per qualche motivo, è stata costretta a rinunciare. Nei suoi occhi c'è rabbia e delusione. Se potesse, avrebbe una lunga storia da raccontare. Se solo potesse. Ma non c'è nessuno pronto ad ascoltarla.

Due suore raccolgono offerte per i bambini di una nazione africana eternamente in guerra, ringraziando con un sorriso e un santino chiunque faccia una, anche se misera, donazione.

Poco distante un uomo in cattivo arnese prova a chiedere aiuto, guardandosi continuamente in giro, a destra e a sinistra, per timore che le forze dell'ordine lo obblighino ad andare via.

Riverberato e amplificato dalle altissime pareti della sala, Il chiacchiericcio della gente sembra a momenti diventare un boato, per poi abbassarsi di tono, in un su e giù costante come lo stantuffo di una fisarmonica.

Fuori dalla stazione i taxi si rincorrono nel disperato tentativo di raggiungere un potenziale cliente, fermandosi, ripartendo e fermandosi di nuovo ad ogni arcata di accesso.

IL TRENO EUROCITY TRECENTOSEDICI DELLE ORE QUINDICI E DIECI PER ZURIGO È IN PARTENZA DAL BINARIO SETTE.

FERMA A COMO SAN GIOVANNI, CHIASSO, LUGANO, BELLINZONA, ARTH GOLDAU, ZUG, ZURIGO.

LA PRIMA CLASSE È IN CODA AL TRENO.

Treni in arrivo, treni immancabilmente in ritardo. Treni fermi in attesa. Gente che corre, gente che saluta, gente che piange, gente che ride.

C'è freddo, il freddo di novembre. Il cielo è plumbeo.

Sul binario dodici il Frecciarossa è pronto a partire. Il segnatempo a lato indica ancora quattro minuti prima della partenza. La hostess è ferma accanto alla porta di ingresso della sezione business e accanto a lei c'è il responsabile di carrozza. Entrambi sono là, come sempre, ad accogliere i passeggeri. Indossano la divisa grigia con gli alamari dorati. Lei ha uno smagliante sorriso e i capelli biondo cenere. Lui ha i capelli scuri, leggermente riccioluti.

"Pensi che succederà di nuovo?" chiede la ragazza all'uomo.

"È una bufala, Silvia. Credimi. Una bufala. Che si sta trasformando in una leggenda metropolitana. Non mi sorprenderebbe se fosse stata messa in giro dai responsabili delle Ferrovie stesse."

"A che vantaggio? La gente potrebbe aver paura e rinunciare a viaggiare."

"Ti risulta?"

La ragazza scuote il capo. "No," risponde. "Credo di no." Poi, ripensandoci: "Non almeno nel nostro settore. Comunque mi pare che ci siano pochi imbarchi alla standard."

L'uomo fa una smorfia. "Forse sì, forse no. La standard è quella che raccoglie più passeggeri nel corso del tragitto. Se non ve ne sono molti adesso, potrebbe anche essere che parecchi salgano a Bologna e ancora altri a Firenze."

"Fatto sta che ho sentito da uno della biglietteria che un dirigente responsabile delle Ferrovie sarà a bordo."

"Non in questo vagone. E comunque non sarebbe la prima volta. Spesso fanno dei controlli, diciamo *a campione*, per valutare l'efficienza del personale. "

Un passeggero si avvicina loro. "Il comparto business?"

La ragazza gli sorrise. "È questo," conferma interrompendo la conversazione con il suo collega. "Può mostrarmi la sua prenotazione?"

L'uomo gliela porge. La ragazza controlla il numero di carrozza e i posti indicati, quindi, con un sorriso, dice: "Può salire, signore. E, buon viaggio."

L'uomo, in giacca e cravatta, la borsa con il tablet, riprende la prenotazione che la ragazza gli porge e sale con passo deciso, mormorando un "Grazie." Ma è solo un modo di fare. Dentro di sé è rimasto infastidito dal fatto che la ragazza abbia controllato il suo biglietto.

Perché non si è fidata? Chi si crede di essere? Col fatto che fanno questo lavoro si sentono in diritto...

"E comunque, anche se fosse vero, la cosa non ci tocca," riprende a dire il giovane responsabile di carrozza che è rimasto in silenzio per tutto il tempo. "Se dovesse accadere, qualunque cosa sia, l'area incriminata dovrebbe essere la standard. Evidentemente il diavolo veste Prada, ma viaggia a basso costo." Sorride della sua battuta.

SI AVVISANO I PASSEGGERI CHE PER MOTIVI DI SICUREZZA LA STAZIONE È CONTROLLATA DA TELECAMERE. I BAGAGLI INCUSTODITI SARANNO CONTROLLATI DALLA POLIZIA.

"Son stati giorni che han lasciato il segno e stare al mondo è già di più un impegno..."

Un gruppo di ragazzi, zaini in spalla, cantando, ridendo e scherzando, imboccano la corsia.

"Dieci euro che quelli vanno alla standard," dice il giovane. "Se il mostro colpisse qualcuno di loro, stai certa che smetterebbe immediatamente. Forse potrebbe morire sul colpo, povera bestia!"

I ragazzi si avvicinano loro e uno, quello che sembra il capo del gruppo, chiede della sezione standard.

"Visto?" commenta il responsabile.

La hostess, con uno splendido sorriso, indica in direzione delle ultime carrozze. "I vostri posti sono in una delle quattro carrozze in coda."

Educatamente il ragazzo ringrazia e il gruppo si allontana continuando a cantare.

"Cerca di essere serio. Nei giornali si parla di qualcosa o qualcuno in grado di risucchiare i ricordi o l'anima della gente," dice la ragazza rivolta al suo collega. "Anche se non fosse vero, ma se ne parlano qualcosa di vero certamente c'è, è una cosa che fa venire i brividi."

"Ma dai! Non ti lascerai coinvolgere dalle stupidaggini che scrivono sui giornali! Non esiste niente del genere. Lo sai bene. I giornalisti ingigantiscono le cose o se le inventano di sana pianta. È il loro lavoro. Non viviamo dentro un film dell'orrore. Ma te l'immagini? Ti sembra logico? Cos'è? Una specie di vampiro di anime? E come lo si elimina? Con le chiacchiere d'argento? Sono solo dicerie. Roba per vendere i giornali. Ho sentito dire che la crisi dell'editoria sta raggiungendo le stelle. La gente non legge più e loro si devono inventare delle cose. Ho un cugino giornalista e lui mi ha confessato che molte volte..."

IL TRENO FRECCIAROSSA AD ALTA VELOCITÀ NOVANTACINQUE QUARANTUNO DI TRENITALIA DELLE ORE QUINDICI E VENTI PER TARANTO È IN PARTENZA DAL BINARIO NOVE.

FERMA A BOLOGNA CENTRALE, FIRENZE SANTA MARIA NOVELLA, ROMA TIBURTINA, ROMA TERMINI, NAPOLI CENTRALE, SALERNO, POTENZA CENTRALE, FERRANDINA, METAPONTO, TARANTO.

LA PRIMA CLASSE È IN TESTA AL TRENO.

SU QUESTO TRENO È ATTIVO IL SERVIZIO DI RISTORAZIONE.

"Ci siamo," dice la ragazza al suo compagno di viaggio e di lavoro.

Lui fa un cenno di assenso col capo. "Già," commenta. "Vediamo di salire, altrimenti rischiamo di perdere il treno." Sorride alla sua stessa battuta.

La ragazza scuote il capo. *La finirai mai di fare l'idiota? Che dire? Carino, ma stupido.*

Entrambi salgono sulla carrozza.

Un istante dopo le porte, con un leggero risucchio si chiudono dietro di loro.

Il tabellone segna le 15.20.

Puntuale, il treno, con un leggerissimo sferragliare, comincia a muoversi superando l'inerzia. Pochi attimi dopo, prendendo velocità, comincia a percorrere il binario. Dopo pochi istanti la luce filtrata dai vetri della immensa galleria centrale viene sostituita dalla luce del giorno.

Quando lascia la stazione di Milano sono le 15 e 22.

CAPITOLO 1

CARROZZA 8
POSTI 31, 32, 38, 41, 42, 43, 48

Un giorno di questi dovrò portare i ragazzi a fare un giro. Sì. Lo farò, prima o poi.

Certo, non oggi, con quello che si dice! C'è pericolo che uno dei passeggeri possa essere colpito da perdita di memoria. Si dice che possa esserci qualcuno in grado di cancellare i ricordi, una specie di mostro succhia memoria. E che potrebbe colpire oggi, proprio su questo treno. Mi vengono i brividi a pensarci. C'era un articolo lunghissimo sul Corriere che immaginava un mostro come il dissennatore di Harry Potter. Ma probabilmente sono tutte sciocchezze. Fra l'altro non so nemmeno cosa sia un dissennatore. Ho visto solo il primo film e l'unica cosa di cui ricordo sono i Babani.

Certo. Non è molto eccitante fare una tratta in treno, ma per i bambini lo è di sicuro. I bambini trovano divertente ed interessante qualsiasi cosa. Per Luigi sarà come un'attrazione a Gardaland. Un po' meno per Serena, ma lei è più grande e pensa alle cose delle ragazzine. Adesso comincia a volere i suoi spazi per uscire con le amichette. Chissà poi cosa fanno in giro.

Cosa fanno! Guardano i ragazzi, è logico. Dai, Mario. È inutile che fai il puritano. Lo facevi anche tu alla sua età. E anche se Serena è Serena, resta sempre una ragazzina.

Certo che essere padre è complicato. Quando sono piccoli ti stanno attorno anche troppo e quando sono grandi troppo poco. Ci vuole pazienza. Non c'è niente che vada veramente bene. Meglio non pensarci. Meglio pensare al lavoro. Andiamo a controllare le carrozze standard.

La porta si apre con un lieve risucchio e il suono del treno che scivola sulle rotaie si accentua per qualche istante fino a tornare ovattato.

Il controllore lascia la sezione Business per la Standard. Atmosfera diversa, gente diversa, odori diversi. Nelle altre sezioni la gente bisbiglia, qui parla e il brusio è onnipresente, anche quando la carrozza è parzialmente vuota. Come oggi.

Si guarda attorno.

Uno, due, tre... Sette ragazzi. Vediamo se qualcuno di loro sta facendo il furbo.

"Buon giorno, ragazzi," dice brandendo il lettore come fosse una moderna spada.

Stavano ridendo e sghignazzando, ma adesso si guardano l'uno con l'altro quasi che abbiano qualcosa da nascondere. Hanno paura di me, del controllore. Eppure non li mangio mica. Ma è normale. Tutti quanti siamo a disagio quando qualcuno ci controlla o controlla quello che stiamo facendo. È come se qualcuno sta per entrare nel nostro intimo, anche semplicemente per un biglietto di treno. Io sono il controllore, l'orco del treno.

Adesso il primo mi sta allungando il suo biglietto, mentre gli altri stanno cercando la loro prenotazione.

Di questi tempi le prenotazioni si fanno in Internet e ognuno si stampa il suo biglietto, ma il lettore controlla il co-

dice a barre. Numero treno, giorno, ora, numero del posto. Tutto bene. Gli faccio un sorriso, mentre rimette a posto nello zaino il suo foglio.

Ora una delle ragazze mi porge il suo. Bella ragazza. Ha degli occhi di uno splendido azzurro e anche delle belle tette. Forse si è accorta che gliele sto guardando, ma non posso farne a meno. Con quella scollatura, poco ci manca che saltino fuori pure i capezzoli. Non ha nemmeno il reggiseno.

Meglio che controlli la sua prenotazione, perché adesso il ragazzo di prima mi sta guardando. Deve aver notato la direzione del mio sguardo. Magari è il suo ragazzo. Devo concentrarmi sugli occhi. E sulla prenotazione, naturalmente.

La prenotazione va bene. Pure questa. Devono essersi resi conto di dove guardavo perché adesso sorridono fra di loro. Ma forse stanno ridendo perché hanno i biglietti a posto, oppure per qualche altro motivo. I ragazzi sono così. Stanno sempre là a sfotterti come se il mondo fosse solo loro e tu sei l'idiota del villaggio. Quasi quasi ho voglia di fargli una multa.

L'altra ragazza mi allunga la sua prenotazione. Non è molto bella, anzi, a dire il vero, è un po' bruttina. Troppi rotolini di grasso che escono fuori dai pantaloni, attorno alla vita. Troppi sotto la maglia. Questa ha i seni grossi, si vede, ma non mi piace. Una grassoccia così, a lungo andare, suda e, specie d'estate, il sudore puzza. Ora il problema non si pone perché siamo d'inverno e poi qui c'è l'aria condizionata. Adesso mi diverto un po'.

Come diceva un mio vecchio amico, "Se ne tieni uno sulla corda, li tieni tutti", visto che sono insieme e stanno andando da qualche parte assieme. Mi basta tenere premuto il pulsante di settaggio mentre lo scanner legge e questo gli impedisce di fare lettura in modo corretto. È una notizia che mi ha passato GianCarlo. Lui fa il controllore sulla tratta di con-

fine con l'Austria. È un punto debole degli scanner in dota-
zione alle Ferrovie. Mi immagino la loro faccia quando dirò
loro che uno di loro deve scendere o deve pagare una multa
più grossa di tutti i loro biglietti messi assieme. Tengo pre-
muto il settaggio.

"Non riesco a leggere la prenotazione. Sembra che ci siano dei problemi."

La ragazza guarda gli altri. "Le abbiamo fatte insieme.
Stamattina. La stampante ha tirato fuori i voucher una alla
volta."

Faccio un cenno di assenso con il capo. *Voucher. Parlano*
difficile i ragazzi d'oggi. "Capisco," dico. "Ma questo deve essere stato stampato male. Il codice non si legge bene."

La ragazza è confusa. La sto mettendo in imbarazzo. Non
mi dispiace alla fine.

"Abbiamo fatto tutte le prenotazioni insieme," mi conferma la ragazza con gli occhi azzurri.

Mi sorride. Si muove in modo che le possa vedere le tette.
Ha notato che gliele ho guardate e ora mi provoca. Avrei do-
vuto fare a lei lo scherzo del biglietto che non si legge.

Uno degli altri ragazzi mi porge il suo. Gli sorrido e pren-
do il suo biglietto fra le mani e nel fare questo non posso fare
a meno di riguardare le tette della ragazza dagli occhi azzurri.
Muovendosi, la scollatura si è leggermente allargata e le tette
si vedono ancora meglio. Gli occhi vanno da soli là. Devo
stare attento. Non è professionale. E io non voglio avere gra-
ne. Penso a Luigi e a Serena, i miei bambini. E a Paola. Se
mi vedesse in questo momento! Forse dovrei vergognarmi.

"Questo va bene," dico restituendolo.

Torno a guardare la ragazza grassoccia. È imbarazzata. Si
vede. Faccio proprio schifo. Posso smettere in qualsiasi mo-
mento, ma, sotto sotto, voglio ancora tirare la corda. E poi

non posso dire improvvisamente che tutto funziona. Qualcuno potrebbe sospettare il trucco.

Come fa il trapezista al circo? Finge di perdere l'equilibrio. Un attimo. Si lancia da una torretta verso il trapezio che gli è stato lanciato dall'altra dalla sua compagna. Ma il trapezio sembra fuori tempo e le due mani non riescono a tenere la presa. Una scivola e lui si regge solo con una, mentre il trapezio oscilla paurosamente, sbilanciato. Quanto basta perché gli spettatori esclamino "Oh!". E poi l'altra mano riesce ad afferrarsi alla barra, e tutto torna come prima. Lo fa di mestiere. Come la guida nelle grotte di Frasassi. Stai visitando le grotte a duecento metri di profondità. Le grotte sono illuminate e mostrano le stalattiti e le stalagmiti e le ombre sembrano disegnare strane immagini sul fondo lontano. E poi d'improvviso il buio. Niente più luce. E di colpo ti senti nelle viscere della terra, senza scampo. Pochi secondi. Quanto basta perché tu possa esclamare "Oh!". E poi torna la luce. Tutto ritorna come prima. Fatto ad arte. Al momento giusto, come faccio io. Gli farò tenere il fiato sospeso per un po'. Fino a quando non tireranno un sospiro di sollievo. Potrebbe essere il gioco del controllore.

Un altro biglietto mi passa sotto mano. La carta è grigia. Segno che hanno usato carta riciclata. Fanno questo schifo di carta riciclata quasi grigia. Potrebbe essere bianca, se ci aggiungessero un po' di colorante, ma forse lo fanno apposta per dare la sensazione che sia riciclata. C'è un sacco di gente che vuole salvare la natura ed è disposta a pagare fior di quattrini per il riciclaggio. Io odio il riciclaggio. Odio dividere la roba e detesto pagare e ripagare la stessa merce. Ma qui il riciclaggio è così. Anche Paola è d'accordo. Lei ha lavorato in Germania per alcuni anni, e là il riciclaggio delle bottiglie, per esempio, si fa pagando la cauzione una sola volta e riuti-

lizzando le stesse bottiglie, non pagando, riciclando, pagando, riciclando e così all'infinito. Ma tanto. È tutto un business. Certo la carta è diversa, ma un po' di colorante la renderebbe più gradevole e meno "riciclata".

"Forse è perché la carta è riciclata," dico. "A volte le stampanti non prendono bene."

La ragazza grassoccia sembra disperata. "Adesso che devo fare?" chiede

"Vediamo," le dico sorridendo. "Mai disperare."

"Se c'è da pagare," commenta il primo ragazzo, "possiamo dividere la spesa."

Faccio un cenno di assenso con il capo. "Tutti per uno, uno per tutti. Come i moschettieri. Solo che loro erano in tre e voi siete in sette." Sorrido e osservo i loro volti. Qualcuno abbozza appena un sorriso. "Siete dei bravi ragazzi," dico. "Dove state andando di bello?"

"C'è un concerto a Roma. Sarà una grande occasione," commenta la ragazza con gli occhi azzurri e le tette quasi al vento. I miei occhi tornano a dare loro un'occhiata di sfuggita. Una cosa rapida, che nessuno può notare. Ma lei se n'è accorta. Lo sento.

La terza ragazza mi allunga il suo biglietto assieme a quello del quarto ragazzo. Torno ad occuparmi dei biglietti. Mi fa male stare con questi ragazzi. Con QUELLA ragazza in particolare. Questa ha gli occhiali. È abbastanza carina. Passo i biglietti sotto lo scanner, uno alla volta.

"Che concerto?" chiedo. Non che mi interessi più di tanto. Ma fa parte del gioco.

Riconsegno i biglietti e nel passarli alla ragazza che me li ha dati i miei occhi ripassano sulle tette della ragazza con gli occhi azzurri. Di volata. Quanto basta per notare che la scollatura del maglioncino è sempre più aperta.

"È un tour di Ligabue. Il suo ultimo disco."

Faccio un cenno di assenso con il capo. "Ligabue," dico. "Piace anche a Serena."

Mi guardano con un pizzico di curiosità. Perché ho parlato di Serena? Adesso sono loro a voler sapere. Lo vedo dai loro sguardi. Considerano Serena come una di loro, per il solo fatto che ha i loro stessi gusti musicali. Devo loro qualche spiegazione.

"Compie dodici anni fra due settimane," spiego. "È mia figlia." Poi mi rivolgo alla ragazza grassoccia con un sorriso. "Mi ridia il suo biglietto, per favore. Proviamo ancora."

"Ah! Così ha una figlia," dice la ragazza con gli occhi azzurri, alzandosi in piedi e facendo danzare le sue tette.

Capisco che lo ha fatto apposta e che mi sta dicendo che sono un porco, fra le righe. Forse ha ragione, ma lei è una bastarda. Ne sono sicuro.

"Adolescente."

Calca le parole. Faccio finta di non sentire. Mi concentro sul biglietto. Lo passo più volte sotto lo scanner, girandolo e rigirandolo fino a quando sollevo appena le dita dal settaggio. Lo scanner, naturalmente, lo riconosce.

È tornata la luce nella grotta. Il trapezista è nuovamente fermo, appeso al suo trapezio.

"Ce l'abbiamo fatta," dico sorridendo e riconsegnandolo. "Buon concerto."

"Grazie e auguri a sua figlia."

Non mi giro nel mentre dico "Grazie" anch'io. Ma so chi ha parlato. *Sei stata tu.* Emetto un sospiro e vado verso il prossimo passeggero.

CAPITOLO 2

CARROZZA 8
POSTO 47

Forte. Questa Inna. Non sapevo neppure che esistesse. Fammi vedere un po' chi è...

Ha i capelli neri, lunghi, gli occhi scuri la pelle leggermente olivastra. Un viso perfettamente ovale. Indossa un tailleur color crema che sembra accentuare il colore della pelle e un paio di scarpe nere, a punta, tacco alto. Un cappotto leggero, piegato vicino a lei.

Le sue mani, come il suo viso d'altronde, sono particolarmente curate e sulle unghie ha uno smalto scuro che richiama le sfumature del suo trucco.

Sfruttando il wifi, attiva internet sul suo smartphone e avvia una rapida ricerca tramite Google.

Inna. Nome d'arte di Elena Alexandra Apostoleanu.

Che cavolo di nome! Da dove viene? Vediamo un po'. Cavolo 'sto wifi. Cammina come una pecora dopo che s'è brucata un intero prato...

Mangalìa.

A beh. Allora è chiaro. Lo sanno tutti dov'è Mangalìa. Dove sei nato? A Mangalìa! Ah, Mangalìa. Dove abita anche mia zia. Prima che riesca a sapere qualcosa di te, cara Inna, avrò finito di ascoltare l'intero tuo album. Ecco! Ci siamo. Quasi... La pagina si sta componendo per scoprire è in... Romania.

Cazzarola! Fa pure rima. Dove sta Mangalìa? Naturalmente in Romania.

Cara Inna. Chissà se tu li capisci gli uomini o se sei sfigata come me. Dubito. Perché tu almeno hai soldi e, di conseguenza, le cose dovrebbero andarti molto meglio. Io la mattina devo marcare il cartellino. Tu canti, invece. Io ho quello stronzo di capo che mi comanda e quell'idiota della mia collega che gli fa la ruota invece di pensare a lavorare veramente... E tu invece canti.

Ahaaaaa. Santaims iu go auei, a million mails auei...

Io proprio non li capisco. Quando ne trovo uno, becco sempre una fregatura. Uno che sembra che ti voglia stare vicino, che pare ti apprezzi non solo per come sei fuori, ma anche per quello che hai dentro.

È così, piccola mia. La sfiga ti perseguita. O forse sei tu che ci vai dietro. È ora di crescere. È il momento di capire che il mondo non gira sempre attorno a te. Volendo non gira affatto. La gente non pensa come pensi tu.

Non puoi continuare ad essere perfetta a tutti i costi. Miss perfettina. Gli altri non lo sono e così non ti capiscono, allo stesso modo come per te sta diventando sempre più difficile comprendere gli altri. Muri. Creiamo dei muri fra noi e gli altri. Prima sottili, di carta, poi di cartone e poi sempre più spessi. Fino al punto da diventare dei bastioni. E poi piangiamo. Così facciamo tanti muri del pianto. Ma è giusto dare il meglio di sé stessi in ogni cosa. Nel lavoro, nell'amicizia, nell'amore. Non si può fare tutto con riserva. È una pazzia guardarsi attorno temendo che dietro l'angolo ci sia sempre la fregatura, che l'amicizia non esista e che l'amore sia solo una storiella per bambine e al più per adolescenti sognatrici. Una pazzia. Ma è una realtà. Forse la realtà non si discosta poi tanto dalla pazzia. Siamo dentro un mondo che immaginiamo funzionare, ma che è stato costruito solo per i malati mentali. Forse quelli che chiamiamo pazzi sono gli unici sani di mente.

Chissà. Forse è il momento di essere egoista, esattamente come lo sono gli altri. Gli uomini, in primis. Pensano solo a sé stessi. Se sono interessati, non è perché tu piaci loro, ma perché hanno bisogno di qualcosa, di essere coccolati, della mamma, di sesso, di qualcuna che gli lavi le mutande. Ma appena ti avvicini loro, cominci a dipendere da loro, ti buttano via come una bambola vecchia o un giocattolo che non interessa più. Vogliono sentirsi liberi; dentro di loro vogliono avere la sensazione di essere circondati da prede.

Ho il vuoto nel cuore. Soffro come un animale ferito. Voglio convincere la gente che sono fredda, indifferente. Che posso superare qualunque tempesta. Essere impassibile mi dovrebbe preservare dal dolore e dalla sofferenza. E invece? Cosa ottengo? Niente. Solo sofferenza, in tutti i casi. Ma forse è perché non sei credibile. Forse la gente e i maschi sentono a pelle la tua debolezza. Forse sono i feromoni che oltre ad attirarli, danno loro segnali sulla fragilità della loro vittima. Bella 'sta cosa dei feromoni. Ragazzi. Qui c'è una per voi. Non solo ha voglia di un uomo, ma è pronta ad essere maltrattata, usata, schiacciata come una lattina di Coca Cola vuota e poi buttata via. Mi raccomando. Nel cestone del riciclaggio. Assieme alla plastica. Plastica e lattine. Dobbiamo salvare il mondo. Perché un giorno la Terra torni ad essere amica, principalmente degli uomini che così possono tirare meglio le fregature alle donne. In modo ecocompatibile.

Mi ha usata. Questa è la dura e cruda verità. Si è servito di me, o almeno ci ha provato e io ci stavo cascando come una pecora da lana pronta per la tosatura. Vieni bella. Fatti tirare via il vello così puoi stare più fresca. Tu muori dal freddo e io ci guadagno un bel po' di soldi. Lo faccio per te. Sono un buon pastore.

Aveva bisogno solo di una spalla su cui piangere la propria delusione. Sì. C'è da capire il suo stato emotivo. Se provo a pensare al posto suo, posso, in qualche misura, capirlo. Dopo due anni di fidanzamento, è stato lasciato così, senza una ragione apparente. Almeno così dice lui. A pensarci bene forse lei aveva una buona ragione per farlo. Forse si era stancata di avere accanto a sé un idiota. O forse aveva deciso di smettere di fare la pecora per farlo sentire lupo.

Così voleva annegare la disperazione in una avventura di una notte. Evidentemente voleva solo questo, e così, quando gli hai fatto capire che non eri interessata ad una semplice avventura, è scappato a gambe levate. Ritirata strategica. No. Fuga precipitosa.

È la tua missione da crocerossina che ti frega! Potevi divertirti. Non era male, alla fine. Ma no. Tu devi essere perfetta e le cose devono essere fatte nel modo giusto, altrimenti... Meglio niente.

Che stupida! Eppure a quel net cafè le cose sembravano andare così bene. Ma sai perché? Perché eri vulnerabile. Eri uscita dalla storia con Filippo. Filippo. Se ci penso ancora mi sento i brividi dietro la schiena. E ho la pelle d'oca. Filippo. Il bel Filippo. Fra le cui braccia avevo sognato il mondo. Filippo... e Renata. La tua migliore amica. Dal liceo. Compagne di banco. Compagne per la vita. Amica di penna. La migliore amica di sempre. Bella amica! E bel ragazzo!

Così sei finita in quel net cafè. E lui era là. Dove ho letto che i net cafè sono frequentati da sfigati? Boh. Dovunque fosse, chi lo ha scritto ha proprio ragione. Anche lui aveva avuto una brutta esperienza con la sua ragazza che lo aveva lasciato... Non sapeva neppure perché.

Te lo dico io, perché. Perché sei uno stupido, senza spina dorsale. E poi perché adesso sei convinto che se la tua ex era una stronza, lo siamo tutte. Così hai scaricato le tue frustrazioni su di me.

Proprio ora doveva finire il disco. E questa chi è? Jaci Velasquez. Questa è spagnola. Si sente. Bella voce. Ne ho scaricata di roba interessante, questa volta. Dicono che scaricare sia illegale. Chi se ne frega! Poi cancello tutto. Ho musica per almeno cinque ore nel lettore. Sarà più che sufficiente per tutto il viaggio fino a Roma. Il lavoro! E pensare che sono stata tentata di rifiutare. Ma quella zoccola si sarebbe offerta immediatamente soffiandomi l'opportunità. Quella ci prova sempre con il responsabile.

Io non voglio la passione di un attimo. Non so che farmene. Voglio che la persona che mi sta davanti, mi stia vicina. Che mi dia la possibilità di fondermi con lui. In un tutt'uno cosmico. Bella 'sta cosa del fondersi nel tutt'uno. Così, se mi vuoi, non puoi prendermi tanto facilmente. Dovrai scalare la montagna, passo dopo passo e imparare a conoscermi così come farei io con te.

E sì, caro mio. Se penso come mi guardavi, al net cafè. Fino a quando non sei riuscito a individuare la mia postazione e a messaggiare con me. Forte! La curiosità ha preso il sopravvento, e questo mi ha spinto ad avvicinarmi a te. Gli uomini sono falsi. Offrono sempre una immagine diversa da quello che sono. Cosa c'era scritto in quel giornale che leggevo l'altro giorno dal medico? Che la maggior parte di violen-

ze domestiche sono di uomini che quando corteggiano si dimostravano dolci, al più un po' gelosi, ma nella norma.

Chissà se è un violento. Non mi è sembrato. Ma no. Un violento non scappa quando si rende conto che chi gli sta di fronte vuole un rapporto vero.

Certo che è una tristezza, pensare che esistano uomini così. Sono poveri, privi di spina dorsale. Dovrebbero starsene attaccati alla gonna della mamma. Ma forse, a lungo andare, scapperebbero anche da quella.

Chissà se quei ragazzi crescendo saranno così. Ora sono là a cantare felici. Un bel gruppo. Chissà se hanno tutti i biglietti!? Il controllore gli sta addosso. Forse alcuni di loro stanno insieme. E forse no. Forse è solo la voglia di stare in compagnia. C'è tanta voglia di divertirsi, quando si è al liceo. Io e Renata eravamo sempre insieme.

Quasi quasi mi dispiace di aver perso Renata per quell'idiota di Filippo. Chissà se un giorno le cose cambieranno. Non serbo rancori io!

Oh, il controllore adesso viene qui. Ha finito con i ragazzi. Avevano tutti il biglietto. Peccato. Mi sarei voluta godere la scena.

Gli allungo il biglietto. Non è male. Chissà se è single o è sposato. Sarà sposato di sicuro. Lo è. Ha l'anello. Lo sapevo. Io sono sfigata...

PRIMO FLASHBACK

MEMORIA

Primo gradino. Secondo gradino. Terzo. Mentre la gente si affanna a portare su il proprio bagaglio, questo a me non tocca. Vado leggero, io.

Mentre salgo i tre gradini della carrozza, mi affaccio titubante all'interno di un mondo noto e ignoto al tempo stesso. Un mese fa non sapevo che sarebbe accaduto ancora, ma dentro di me ve ne era il sospetto. Chiaramente, non in quel momento, ma dopo, dopo essermi nutrito e aver placato il mio appetito. Tuttavia non credevo che sarebbe trascorso giusto un mese da quel malessere. La grande fame.

D'improvviso ho fame. Ma non fame fisica. Per quello mangio tutte le volte che voglio, a pranzo e a cena. Questa fame è di altro genere. È un bisogno di sentire, di percepire, ma non capisco se sia una cosa naturale o una vera e propria necessità che si è sviluppata. Sento i pensieri di chi mi è vicino, ma la fame mi spinge non solo ad origliare, ad approfondire quelle che sono le sensazioni di chi mi sta vicino, ma a farle mie.

È per questo che l'ho battezzata con questo nome. La grande fame. È una cosa nuova. È il bisogno di prendere tutto, fino al più profondo dell'essere, ogni pensiero, ogni ricordo. Assorbire ogni cosa.

Mi guardo attorno.

Non conosco nessuno e nessuno conosce me, ma è come se avessi intesa con ognuno dei membri di questa ristretta cerchia di umanità che in questo momento si sta spostando in questa carrozza, con questo treno Frecciarossa da Firenze a Roma. Uomini e donne, ognuno con la propria storia, con le proprie conoscenze, con le rispettive solitudini.

Ho un misero bagaglio, giusto per sembrare un comune viaggiatore. Una farsa, praticamente. Una vecchia borsa semivuota, lisa in più punti. In tasca ho il biglietto. Mi servirà. I controllori passano sempre sul Frecciarossa e, comunque, si viaggia con prenotazione.

Lancio uno sguardo a destra e a sinistra, come farebbe chiunque appena entrato nella carrozza.

Il treno è particolarmente affollato. Esattamente come un mese fa, quando ho utilizzato lo stesso percorso. Un pasto fugace e al tempo stesso ricco, profondo, saziante, sufficiente per placare la mia fame e la mia disperazione. Mi sentivo impazzire. Confuso. Privo di qualsiasi punto di riferimento. Sì. Perché la fame cresce di minuto in minuto quando ti prende. Adesso è diverso. Ho una maggiore conoscenza. Ora so. So che si presenta ogni mese, puntuale come un orologio, una mestruazione mentale. La percepisco qualche giorno prima, come uno zefiro di vento che lentamente, ma inesorabilmente si trasformerà, in pochi giorni, in un uragano.

Tutto è cominciato all'improvviso, senza una ragione apparente. Prima le voci, confuse, senza ordine, tutto attorno a me. Da dove venivano quelle voci, così persistenti? Poi, i pensieri, vaghi all'inizio e poi sempre più chiari e precisi. Per finire i desideri, le pulsioni, le sensazioni. Non capivo, fino a quando non ho associato tutto alle persone. Era la gente che mi circondava, che mi parlava, che entrava di prepotenza nella mia mente, abbattendo la mia umanità, ogni certezza che fino a quel momento della mia vita avevo acquisito. Il mio essere. La mia solitudine. Scampoli di umanità che entravano con violenza nella mia mente, senza controllo, senza ordine, senza una apparente ragione.

Ma il motivo c'era. Qualcosa in me era mutato. All'improvviso? Gradualmente? Chi può dirlo.

Forse, a pensarci bene, c'erano state delle avvisaglie. Nessun cambiamento nell'uomo accade senza un preavviso. Negli ultimi tempi la testa mi doleva spesso, avevo perso peso e poi l'avevo recuperato in pochi giorni gonfiandomi e sgonfiandomi come un palloncino. E poi c'erano gli sbalzi d'umore. Immancabili. Mi sentivo ora triste, ora felice e nella stessa giornata passavo da uno stato di incredibile nervosismo a quello del totale rilassamento senza una vera e propria ragione.

E poi ho cominciato a sentire.

Nessuno è privo di pensieri e chiunque mi si avvicinava, mi sfiorava, mi riversava addosso ogni cosa di sé stesso come un fiume in piena, dopo una alluvione, senza freno, senza alcuna inibizione, a propria insaputa, inondando la mia mente, confondendo i miei desideri e le mie percezioni. C'erano acque cristalline e lurido pattume. C'era amore e odio, gioia e dolore.

Siamo abituati a stati d'essere differenti, ma uno alla volta. Se siamo presi dalla paura, non c'è posto per la gioia. Se dentro di noi c'è tristezza, c'è solo quella e inonda il nostro essere. E io invece le provavo tutte, insieme. Ma, cosa peggiore, non le mie. Erano quelle degli altri e non potevo fare nulla per fermarle, per controllarle, per arginare quella marea di conoscenza che mi si riversava addosso.

E dopo quello, da casuale contatto, percepito passivamente, è diventato gradualmente un bisogno, fino ad esplodere nella grande fame. Certo. Ho imparato a gestirlo. A isolarmi dalla marea di voci e pensieri che mi circondano e, al tempo stesso, a carpirne una sola.

A pensarci bene, le cose sono cambiate per me in questo mese. Ormai ho la certezza di essere mutato in qualcosa di nuovo, e ho imparato, di giorno in giorno, ad accettare la mia diversità.

Non vedo l'ora di arrivare...

Uffa, che noia questo viaggio. Ogni giorno lo stesso percorso, la stessa gente... Non che sia la stessa, a pensarci bene. Forse c'è qualche viso già visto, ma...

Quella ragazza mi piace. Vorrei stare un po' con lei...

Se mi capita di nuovo, giuro che...

Quanto all'argomento di cui avevano trattato, il tenente Dubosc ne era ancora all'oscuro, ma gli era stato assegnato il compito di accompagnare Monsieur Poirot al Taurus Express...

Scampoli di pensieri tutto attorno a me, che mi raggiungono, mi carezzano, penetrano violentemente nella mia mente, mi attraversano.

Ma oggi, a distanza di un mese. C'è qualcosa di diverso. Un cambiamento. La consapevolezza. Un mese fa ero confuso, affamato, arrabbiato, in balia degli eventi e della mia temporanea follia. Scaturita da un bisogno che non comprendevo.

Alzo una barriera nella mia mente e faccio zittire tutte le voci.

Cerco il mio posto. La prenotazione prevede il posto 32.

Lo raggiungo.

Faccio un cenno di saluto all'uomo con la barba che sarà il mio compagno di viaggio per la prossima ora.

Lui risponde con un mezzo sorriso.

È arrivato. Come temevo. Un morto di fame. Puzza persino...

Vorrei dirgli che non puzzo e che mi lavo spesso. E, a guardare nella sua mente, più spesso di lui. Vorrei farlo, ma mi trattengo.

Scuoto il capo, emetto un sospiro di rassegnazione, poggio la mia borsa a ridosso del sedile e mi siedo muovendomi appena per non disturbare.

A destra e a sinistra. Un poco indietro. E ancora a destra e sinistra e indietro pochi centimetri alla volta fino a sentirmi comodo nel sedile. Immagino che nelle aree diverse dalla standard, le poltroncine siano più comode. E avvolgenti. Sarà così, certamente.

Il treno si è già messo in moto e ha ripreso la sua corsa.

Immagino il treno che affonda nella nebbia, a folle velocità, con i grandi fari che la fendono, perdendosi nelle ombre e nel grigiore del mondo e tutti noi, macchie di colore, racchiusi all'interno di quella carrozza. Ma, naturalmente, è solo una fantasia. Forse non è neppure la mia. Siamo nel mese di luglio, non c'è alcuna nebbia e la luce del sole inonda ogni cosa attraverso i finestrini appena oscurati.

L'uomo vicino a me si è scostato e leggermente girato di spalle. Sta pensando al suo cane che lo aspetta a casa. C'è anche la moglie nella sua vita e i figli che stanno aspettando il suo ritorno, ma il suo pensiero è rivolto al cane. Solo al cane. Il cane che lo sveglia la mattina, il cane che accorre quando lui gli dà la ciotola colma di cibo.

Sento scorrere la porta di accesso alla carrozza e percepisco movimenti dietro di me di persone.

Eccolo! Lo sapevo che sarebbe venuto. Sembra che stia dietro la porta, appostato, pronto ad entrare ad ogni fermata...

Da capo? Ma quante volte passa?

Ultimo giro, caro mio, e poi torni in cabina a mangiare quei necci che ti sei procurato. Certo. Non è la stagione, ma con al ricotta sono abbastanza freschi e piacevoli...

Dove ho messo il biglietto. L'ho tenuto in mano per tutto il tempo e ora che serve...

Spero che non abbia nulla da ridire per il cambio...

Il controllare avrà questo ultimo tratto di viaggio per mangiare i suoi necci e io per placare la mia fame. Abbiamo qualcosa in comune, quindi. Sono una specie di controllore dei ricordi.

Aspetto, mentre i pensieri della gente si rincorrono l'uno con l'altro, mi attraversano. E poi me lo trovo davanti, anzi di lato.

"Buon pomeriggio," mi dice. "Biglietto?"

È toscano. Lo si capisce dall'intonazione delle poche parole che ha detto, e dai suoi necci a cui continua a pensare incessantemente.

Lo guardo, mentre gli porgo la mia prenotazione.

Mi sorride. Ha una leggera barbetta da fauno e gli occhi azzurri, quasi grigi.

Anche io ho gli occhi chiari, azzurri. E i capelli castano chiaro. Ho anche un nome, e una storia, ma non interesserebbe a nessuno. Sono solo un uomo che è mutato in una specie di mostro che può percepire i pensieri degli altri e che si nutre dei ricordi della gente.

Vorrei parlargli. Non parlo con nessuno, da quando è avvenuto il cambiamento. Ho paura di parlare con gli altri, perché temo di sentire i pensieri del mio interlocutore e scoprire che sono molto diversi dalle sue parole. Non che prima fossi un grande comunicatore, ma qualche volta mi succedeva di scambiare qualche parola.

Lui passa il suo lettore sul codice a barre e mi restituisce il biglietto soddisfatto.

"Tutto a posto. Buon viaggio."

Gli abbozzo un sorriso e riprendo il mio biglietto mentre lui si allontana. Lo rigiro fra le dita, facendolo scivolare da una parte all'altra della mano e dopo lo conservo in tasca.

Per fare questo mi muovo stando seduto e il mio vicino di poltroncina, quello del cane, si muove anch'esso all'unisono, infastidito, giusto per evitare ogni possibile contatto. Lo fa talmente in automatico che nessun pensiero lo sfiora in merito.

Potrei nutrirmi dei suoi pensieri, dei suoi ricordi, ma sembra che in mente abbia solo il cane. Ho fame, ma sono abbastanza lucido da poter scegliere. Un mese fa non lo ero, non capivo. Mi dovevo accontentare della prima preda e sono stato fortunato. Un ricco bagaglio di pensieri, esperienze e ricordi di cui nutrirmi. Ma adesso sono più tranquillo e sono deciso a scegliere fra le memorie e le reminiscenze dei presenti.

Mi lascio scivolare sul sedile e chiudo gli occhi per potermi meglio concentrare.

CAPITOLO 3

CARROZZA 8
POSTO *55*

L'uomo gira la pagina del giornale. Una hostess glielo ha consegnato alla partenza da Milano. Quello del giornale fa parte del servizio per le altre classi e non per la standard, ma lui è salito nella business prima di trasferirsi in questa.

Spero proprio di non trovare un controllore pignolo, pensa. Non ci sarebbero problemi, naturalmente. Basterà mostrargli il tesserino e l'autorizzazione, ma l'idea stessa di un contrattempo di quel genere lo infastidisce.

Lavora da troppo tempo per non ipotizzare che si possa prospettare una situazione di quel genere. Ma non ha avuto scelta. Le sue mansioni gli impongono il viaggio in classe business, a prescindere dall'incarico che in quel momento sta espletando. E la prenotazione fatta a suo nome prevede automaticamente quella classe.

Poco meno di sei ore prima, quella mattina, ha partecipato ad una riunione dei sommi vertici dell'azienda a Villa Patrizi. Ritorna col pensiero a quanto è accaduto.

La stanza è grande, illuminata da tre porte finestre, e dà direttamente sull'ampio piazzale.

Un grande tavolo in quercia campeggia nella stanza. Le porte finestre sono coperte da un ampio tendaggio, ma fra i drappeggi si riescono ad intravvedere, fuori, le due bandiere, la tricolore dell'Italia e la blu dell'Unione Europea e, più oltre, l'ampio ombrello dell'albero della canfora.

Uno degli uomini seduti mostra la sua copia del Mattino. "È una rovina," dice. "Questo scherzo rischia di costarci centinaia di migliaia di euro."

"Per fortuna il danno è limitato solo ad un treno..." commenta un altro.

"Ancora per quanto?" ribadisce il primo. "Se quanto comunicato da questi scribacchini risponde solo ad una parte del vero, il problema si potrebbe dilatare a tutte le linee."

"I casi ci sono stati," dice laconico un terzo. "Cinque persone ricoverate in cinque mesi. Uno poteva essere un caso, due una probabilità, ma cinque sono una certezza. Qualcosa o qualcuno riduce la gente allo stato vegetativo o quasi. Abbiamo controllato le linee, ripercorso gli eventi, analizzato i mezzi, ma non c'è nulla che possa provocare una situazione simile. Nessun attraversamento di particolari campi magnetici o situazioni in grado di causare l'evento. Resta solo l'azione umana. Così, sia che si tratti di un essere che si nutra della mente della gente, un vampiro come scrivono i giornali, alimentando le paure popolari, o di qualcuno che gioca con un qualche strano generatore di raggi in grado di distruggere il cervello, l'esito è sempre lo stesso."

"Dopo tre omicidi un assassino diventa seriale. In questo caso non possiamo parlare di un killer, nessuno uccide nessuno, ma sicuramente la serialità è presente. Ci troviamo di fronte ad un insieme di eventi che si ripetono nel tempo. Stesso luogo, stessa ora, anche se sembra non esservi alcun legame fra le vittime."

"Un legame c'è. Viaggiano tutti alla stessa ora su un Frecciarossa. Ultimo del mese. Stesso treno. Stessa classe."

"E la polizia non interviene."

Il primo uomo chiude il giornale e si alza in piedi. "Come potrebbero?" dice emettendo un profondo sospiro di rassegnazione. Fa qualche passo, prima di tornare a sedere. "Non c'è un reato conosciuto. È vero che le vittime vengono trovate in condizioni spaventose, ma potrebbe trattarsi di un ictus o di qualunque altra cosa. La polizia non interviene se uno si sente male. Si chiama l'ambulanza. Ed è quello che viene naturalmente fatto."

Lui è in piedi, in silenzio, ad ascoltare i sette uomini seduti attorno al tavolo. Quegli uomini sono confusi e preoccupati per i mancati profitti. Le vittime sono solo di sfondo, la scena di un evento catastrofico, ma non rappresentano altro che un disturbo. L'unico interesse è il mancato guadagno, l'incidenza delle potenziali perdite.

"Lo scopo della mia presenza?" chiede con freddezza.

Gli uomini si volgono verso di lui, quasi che si siano resi conto solo adesso della sua presenza. Ma ne sono ben consci. Sono stati proprio loro a invitarlo.

"Signor Morelli," dice uno di loro. "È stato convocato per risolvere in qualche modo il problema. Lei è un esperto. È stato addestrato nell'esercito, ha lavorato sotto copertura in Afghanistan appoggiandosi alla base di Shindand insieme alla brigata Aosta, ed è in grado di intervenire in qualunque situazione. Bisogna trovare il seriale."

"E neutralizzarlo," aggiunge un altro.

"Prima che colpisca una nuova vittima," conclude il primo, giocherellando con il giornale.

Morelli fa una smorfia. "È una grossa responsabilità. Non sarà semplice. Non sappiamo chi sia, non conosciamo il modus operandi. Potrebbe essere un uomo o una donna. Non sappiamo neppure se sarà fisicamente sul treno..."

"Diamo per buono che ci sia. Se così non fosse, a questo modo saremo in grado di saperlo. Ma se c'è dovrà individuare la sua vittima e colpirla in una qualche maniera, fino a ridurla nelle condizioni in cui sono state trovate le altre."

"Sempre sperando che non decida all'ultimo momento di uscire fuori dagli schemi e di comportarsi in modo diverso dalle altre volte..."

Il suono delle rotaie che sfregano in una curva lo riporta alla realtà.

C'è poca gente nei quattro vagoni del settore standard, una trentina al massimo. Pochi. Nelle altre corse a Milano solitamente ne salgono il triplo. È la conseguenza del temuto pericolo. Certo. Può essere solo un problema statistico. Ancora ci sono le fermate di Bologna e Firenze e si potranno raccogliere molti altri passeggeri. In biglietteria non sono stati in grado di dargli l'esatto numero delle prenotazioni, ma dalle informazioni ricevute sa che saranno intorno al centinaio, e questo è più che un segnale.

Quattro vagoni con sessantotto posti a sedere ciascuno. Non ci vuole un grande matematico per fare il conto di quante possano essere le potenziali vittime in condizioni di pieno carico. Duecentosettantuno più il seriale.

Guarda l'orologio. Sono già passati quaranta minuti. Ha ispezionato tutte e quattro le carrozze e preso contatto con i suoi uomini dislocati nelle altre tre, e, per un sovrappiù di zelo, ha controllato anche il resto del treno. Il problema è che si muove alla cieca. Non sa cosa o chi cercare. L'unica cosa che gli resta è quella di affidarsi al suo istinto e al suo sesto senso che, in tante occasioni, lo ha aiutato tirandolo, giusto in tempo, fuori dal pericolo. Sì. Perché è in pericolo anche lui. Ne è conscio. Perché, essendo sul quel treno, è anche lui una potenziale vittima.

Ma, al momento, sente che non c'è pericolo.

Ma presto, le cose potranno cambiare, prendere una piega totalmente diversa. Forse dovrai affrontare un uomo o una donna con dei poteri fuori dal comune, in grado di risucchiare la mente della gente.

Un cane quando viene attaccato tende a difendersi, a mordere. Come reagirà un essere dotato di questo potere quando si sentirà in pericolo? Proverà a difendersi e la miglior difesa è l'attacco. E attaccherà con l'unica arma che possiede. Proverà a risucchiare la tua mente.

Non si è mai sentito parlare di nulla di simile, a parte negli sceneggiati televisivi americani come Heroes o Alphas.

Solo che quella è fiction, mentre tutto questo è reale.

Da dove salta fuori un essere in grado di fare questo? Una mutazione genetica, forse. Molto probabilmente. Un caso isolato o l'inizio di una schiera di super esseri? Ma dai! Ti stai lasciando prendere...

Anche se strano, sei un essere umano e il comportamento umano è canonizzato da migliaia di anni di studi. Pensiamo!

Devi spuntare allo scoperto. Per prima cosa devi individuare la tua vittima. Ci sono quattro carrozze di classe standard. Sessantotto posti ciascuna, significa duecentosettantadue potenziali vittime. Una bella rosa di candidati. Ma la stampa ha fatto bene il suo lavoro. Ha messo in guardia i viaggiatori sulla potenzialità della tua presenza per oggi su questo convoglio.

Ed è proprio vero. Basta guardarsi attorno, per rendersi conto che sono pochissimi i viaggiatori che in questo momento stanno occupando il vagone. Pochi che non sanno del pericolo incombente o non lo temono. Nell'uno o nell'altro caso, si possono contare sulla punta delle dita.

Come riesci ad individuare la tua vittima? Ti devi avvicinare o riesci a fare tutto a distanza?

Bella domanda! È tutto da scoprire. Ma andiamo avanti. Hai individuato il soggetto a cui rubare... i pensieri? Perché no? Potrebbe essere una buona definizione. Diavolo! Che cavolo di essere è quello che riesce a fare delle cose che non hanno una definizione ragionevole! Fatto sta che è davanti a te. È la, inerme. Che fai adesso? Le zanzare succhiano il sangue dopo aver iniettato nella vittima un fluido che impedisca al sangue di fluidificarsi. E tu? Usi qualche cosa che blocca il pensiero? Qualcosa che lo fluidifica e ti consente così di impossessartene? Devi toccare la vittima o semplicemente ti basta allungare la mano e risucchiare il pensiero a distanza? O non devi allungare nemmeno quella? Magari basta uno sguardo. Devi concentrarti su di essa. Probabilmente il tuo potere ha qualche limitazione. Funziona entro una certa distanza e poi si affievolisce, come tutto quello che ha che fare con l'etere. Perciò devi starle abbastanza vicino.

Poi c'è il fattore tempo. Quanto tempo ti ci vuole per risucchiare un cervello? Minuti? Ore? O si tratta di qualcosa talmente veloce da essere considerata praticamente istantanea?

E poi sei già qui o ancora devi salire? Chi può dirlo? Succede tutto fra Firenze e Roma. Naturalmente dipende dal tempo che ti è necessario per analizzare i passeggeri. Pochi minuti o pochi istanti? Nessuno può saperlo oltre te.

Ancora una volta rigira fra le mani il giornale.

In prima pagina a grandi lettere campeggia la domanda: "Ci sarà una nuova vittima sul Frecciarossa delle 15.00 da Milano per Roma?"

L'uomo scuote il capo.

Che ignoranti! Pensa. *Parte alle 15.20 e non alle 15.00.*

Il controllore gli si fa vicino. "Buon giorno, signore," gli dice perplesso. "Credo di aver già controllato il suo biglietto. Se non ricordo male si chiama Monelli."

"Morelli. Il mio cognome è Morelli. Ricorda male."

Il controllore fa un cenno di assenso con il capo. "Non credo che lei dovrebbe stare qui. La sua prenotazione è per un posto da un'altra parte del treno."

"Lo so bene. Ma non ho fatto io la prenotazione. È stata fatta in automatico dalla Direzione ed è venuta fuori la classe Business. Ciò non di meno io devo stare qui, in questa classe."

"Posso chiederle il perché?"

"Indagini. Ho ricevuto l'incarico dalla Direzione di indagare sulla possibilità della presenza di un certo pericolo. Non credo di dovervi altre spiegazioni. Potrete immaginare quello che ci si aspetta oggi su questo treno."

"Capisco. Ma immagino che lei sappia che su questo treno si viaggia per prenotazioni. Il posto che al momento sta occupando potrebbe essere prenotato da un passeggero che ancora deve salire a Bologna o a Firenze."

"Ci sono molti posti liberi, in questo viaggio. Se questo fosse occupato, potrei spostarmi in un altro vuoto e, nella peggiore delle ipotesi, potrei fare a cambio con il mio posto business."

"Non sarebbe uno scambio vantaggioso."

"Forse no, ma qualunque sia il posto a sedere, il treno porta sempre alla stessa destinazione."

Il controllore fa una smorfia. "Non mi piace che la gente cambi posto, anche se chi lo fa è un pezzo grosso. Il mio compito oltre che controllare i singoli biglietti è anche fare sì che questo non avvenga. Lei si rende conto che io ho l'autorità di farla tornare nella sua classe, signor Morelli?

Morelli assente di mala voglia. "Lo so bene. Ma vorrei ricordarle che io ho l'autorità di farla sbattere da qualche parte a controllare i biglietti su un locale. Non voglio minacciarla, ma mi lasci svolgere il mio lavoro."

"Per fare il suo lavoro, lei impedisce che io compia il mio."

"È una situazione particolare, lei se ne rende pienamente conto. Eccezionale. Fra poco più di due ore io scenderò da questo treno e lei si dimenticherà di me."

"Lo spero proprio," commenta il controllore facendo una smorfia e allontanandosi da lui. Ha famiglia. E non ha voglia di rischiare il proprio posto di lavoro per un pezzo grosso presuntuoso, arrogante e idiota.

SECONDO FLASHBACK

RICORDO

"Ah, ah, ah. Prendimi, mamma."

Irene corre verso di me. Mi ricorda i cartoni animati giapponesi, tipo Anna dai Capelli Rossi. Con le nuvolette di polvere ad ogni passo e le linee dritte per rappresentare la velocità. I bambini corrono sempre e i giapponesi sono maestri nel rappresentarli. O lo erano? Non ho più visto cartoni come quelli della mia giovinezza. Ma forse sono cambiata io. Fatto sta che i bambini corrono. Questo è certo. Non hanno smesso, a dispetto della mia età. Corrono perché sono pieni di energie, di vita, di gioia.

"Ah, ah, ah..."

E ridono. Corrono e ridono. Sono spensierati. Che possono fare, altrimenti? È così. Non hanno per la testa i mille problemi che abbiamo noi adulti. Non hanno malizia. Non hanno un marito, non hanno un lavoro, non hanno un collega, non hanno... Ridono e corrono.

Irene. I capelli lunghi e biondi che si muovono a destra e a sinistra ad ogni passo di corsa che fa.

"Ah, ah, ah. Prendimi, mamma."

Corre verso di me. È il suo gioco preferito. Vuole che io la prenda al volo. Corre, mi salta quasi addosso, io la afferro, lei si lascia andare. Ma prima mi ha agganciato il collo con le braccia.

Ma questa volta è diverso. Qualcosa è cambiato. Mi raggiunge e mi abbraccia fra mille sorrisi. Mi stringe a sé. Niente braccia attorno al collo. Ma le mani...

La guardo. I suoi occhi sembrano un lago di montagna dove si riflette l'azzurro del cielo.

"Irene. Lasciami!"

Le sue mani percorrono i miei fianchi alla ricerca dei punti deboli, dove il solletico prende il sopravvento. Ecco perché tutto è diverso. Il solletico.

"Dai. Smettila!"

"Ah, ah, ah..."

Ride, soddisfatta, senza fermarsi. Mi conquista. Vince.

Dal tono deciso, passo a quello implorante, nel mentre sento che il solletico ha la meglio su di me.

Irene. Smettila! Dai, smettila... Per favore.

"Ah, ah, ah..."

Non ce la faccio. Non sopporto il solletico e lei lo sa.

"Smettila. Ti prego. Hai vinto."

Adesso ride soddisfatta. E poi comincio a ridere anch'io, di rabbia e al tempo stesso di gioia. In fondo, dentro di me, sono felice e soddisfatta. Ho fastidio, ma sono contenta di avercelo.

Chiudo gli occhi. Le immagini svaniscono nel nulla, nel mentre il treno attraversa una galleria e il risucchio sembra dare un colpo secco contro i vetri dei finestrini, quasi a volerli scuotere.

Diventano lontane. Ricordi. Anche se fanno riferimento a momenti avvenuti solo ieri. È per questo che sono vive.

Attorno a me c'è la carrozza del Frecciarossa. Ci sono persone sedute, indifferenti l'una all'altra. Non tutte. Alcune parlano fra di loro. Come deve essere. Fuori c'è la luce del tardo pomeriggio di luglio che sembra esplodere dentro la carrozza con sfumature rossastre. Non sento il caldo. L'aria condizionata fa il suo dovere.

Dò un'occhiata fugace al telefonino. C'è un messaggio. *Quando sarà arrivato? Da poco, mi dico.* Guardo lo schermo ogni minuto. Specie in questo momento. *Patrizia mi sta aspettando. Verrà a prendermi alla stazione. Vale la pena avere una amica che abita nella capitale. Roma è una gran bella città. Ma io non ci vivrei. E comunque non in una città. Mi piace la provincia con le sue case a un piano e i giardini attorno. Posti dove i bambini hanno spazio e possono correre. Come fa Irene.*

Passerò da Patrizia la notte e forse mi fermerò ancora. Non so per quanto. A Roma. Faremo le notti romane. Le notti brave. Come nei film di Fellini. Fantasie. Faccio una smorfia. Altro che notti romane! Chissà se avrà un pigiama da prestarmi. Io non ho niente con me. Dovrò comprare uno spazzolino. Sono in una specie di fuga. Da me stessa. Da tutti. Mi manca solo Irene. Ma chi voglio prendere in giro? Mi mancano tutti. La so che è sbagliato, ma mi manca anche Gianluca. Ma lui mi fa divertire, con le sue battute sciocche.

A lavoro è il solo momento in cui mi sento viva. Sono passati tanti anni da quando ho iniziato a lavorare. Irene non c'era ancora.

La mia scrivania è sempre stata il mio rifugio, il posto in cui passo la maggior parte del mio tempo a lavoro. Mi piace organizzare tutto, tenerlo pulito e ordinato. Forse perché cerco di trovare sempre un po' di controllo nella mia vita, in un mondo che sembra così caotico. C'è la foto di Irene e quella di Marco. Glielo devo, in fondo. È il padre di mia fi-glia.

Non siamo ancora sposati. A volte io provo a proporre l'argomento, ma lui dice che mettere una firma su un docu-mento trasformerebbe un amore in un contratto. La pensa così. Forse ha ragione. Almeno dal suo punto di vista. Ma è così lontano...

Chiamo Patrizia. Vediamo cosa pensa...

Uno squillo. Un altro. *Dai! Rispondi!* Un altro...

"Sei già arrivata? Possibile?"

"No sono sul treno," le rispondo. "Mancano ancora venti minuti prima dell'arrivo previsto, ma hanno comunicato che il treno viaggia con sei minuti di ritardo."

"Quindi ventisei minuti. Dovrei farcela, allora." Un attimo di silenzio. "Comunque se non mi vedi non muoverti e aspettami. Sono imbottigliata. Il traffico di Roma a quest'ora è pazzesco." Ancora silenzio. "E poi mi serve il tempo per trovare un parcheggio."

"Non preoccuparti. Aspetterò," la tranquillizzo. Chiudo la linea, ma forse lo ha fatto anche lei qualche istante prima. Magari lo abbiamo fatto insieme allo stesso momento. Siamo amiche. Che razza di amiche saremmo se non fossimo in sin-tonia?

Mi sistemo comoda. Chiudo gli occhi. Venti minuti pas-sano in fretta.

"Ah, ah, ah. Prendimi, mamma."

Irene corre verso di me. Ma non sono da sola. Accanto a me c'è Marco. Ci siamo conosciuti al liceo e praticamente siamo cresciuti assieme. Stessa facoltà all'Università, frequen-tata assieme.

I momenti rubati alle lezioni, i panini, seduti a mangiare sui gradini della chiesa vicina all'Università. I momenti passati assieme a ripetere le lezioni l'uno all'altra, e a prepararci per gli immancabili esami. E poi i voti. A chi riusciva a tirare il voto più alto, a scommettere sul vincitore. Ma eravamo sullo stesso piano.

E poi la decisione di vivere insieme.

"Papà, mamma. Io e Marco..."

"Ma come? Non vi sposate?"

"A lui non piace l'idea. Dice che è solo un contratto. Per lui l'amore è qualcosa di speciale. Detesta l'amore trasformato in un pezzo di carta."

"Capisco. È il suo pensiero. E tu? Cosa ne pensi?"

"Ne ho parlato anche con Patrizia. Lei dice che facciamo bene."

"Sì. Ma tu cosa ne pensi?"

"Sapete. Patrizia si trasferisce a Roma. Questo mi fa stare male."

"Perderai la tua migliore amica. Ma è normale. È la vita. Ognuno prende una strada diversa. Ma se ci si vuol bene sarete sempre pronte a ritrovarvi, al momento opportuno, quando avrete bisogno l'una dell'altra. Ma, tornando al discorso, tu che ne pensi?

"Di Patrizia che va a Roma?"

"Non fare la furba. Stai tentando di cambiare discorso, come il tuo solito. Sai di cosa parliamo."

"Che dire?" Un sospiro. "Quando si è bambini si sogna, ma la vita è diversa. Lo sapete anche voi. E Marco e io ci amiamo. E già questo dovrebbe bastare."

"Fra l'altro Marco ha già trovato un lavoro. E questo è importante per lui e per la nostra vita."

"Contenti voi..."

"Ah, ah, ah. Prendimi, mamma."

Irene corre verso di me. Ma non sono da sola. Accanto a me c'è Marco. Ma è diventato più trasparente, meno presente. È preso dal lavoro, dalle sue riunioni, dai suoi progetti. Ha investito tempo e denaro sull'azienda.

Lavoro. Lavoro. Lavoro.

La vita scorre come un fiume, a volte in modo dolce e altre volte in modo dirompente, ma non sempre segue il percorso che ci aspetteremmo seguisse.

"Quindi è femmina. È una buona notizia."

Guardiamo i risultati dell'ecografia e ripensiamo alle parole della ginecologa. Marco è raggiante. E io più di lui.

"Pensavo che avresti voluto un maschio. Un compagno per giocare un giorno a pallone."

Marco sorride. "A parte il fatto che il calcio non mi è mai piaciuto," commenta, "e lo sai bene, una femmina sarà qualcosa di speciale."

Mi guarda.

I suoi occhi affondano lo sguardo nei miei. "Un'altra Martina nella mia vita. Sarà un evento eccezionale."

"Non si chiamerà Martina. Io sono unica. Non lo dimenticare."

"Giusto. Era solo per dire. Dobbiamo trovarle un nome. Serve un libro di nomi. E se non basta uno, c'è internet, Wikipedia, e poi un secondo libro..."

"Avevo pensato a Irene... Sai. Prerogativa di madre. La pancia è mia è ho diritto... Una specie di usu capione." Mi zittisco. La bambina si muove dentro di me. "Guarda!"

Mette la mano sulla mia pancia. "Possiamo fare una prova. Irene?"

Un calcio o quello che era. La mia pancia improvvisamente cambia per un attino forma.

"Sembra che le piaccia." Marco sorride. "Irene sarà il nome giusto, allora. Vi eravate messe d'accordo? Ammettilo."

Lo abbraccio. E lo bacio.

Marco, dove sei? Solo lavoro ormai. Mi mancano le nostre lunghe chiacchierate serali, le risate e i progetti che facevamo insieme.

Marco è immerso nel suo lavoro, sempre più assorbito da riunioni e progetti. Lo capisco, è importante per lui, ma a volte mi sento come se stessi vivendo in due mondi separati. Se non fosse per le battute stupide di Gianluca.

Gianluca mi piace, ma non tradirei mai Marco. Ma forse lo faccio, in modo platonico. Non lo so. Sono confusa. So solo che Marco è sparito. Non è più vicino a me. C'è solo il suo lavoro. Se non fosse per Irene...

"Ah, ah, ah. Prendimi, mamma."

Irene corre verso di me. E io sono da sola, ormai. Mi abbraccerà o proverà a farmi il solletico?

Ho bisogno di stare da sola. Per capire. Per decidere.

"Ognuno prende una strada diversa. Ma se ci si vuol bene sarete sempre pronte a ritrovarvi, al momento opportuno, quando avrete bisogno l'una dell'altra."

Patrizia si è offerta di ospitarmi. Una vera amica.

Ho lasciato Irene dai nonni. Ho bisogno di mettere a fuoco la mia vita...

Apro gli occhi.

Qualcosa mi ha spinto a farlo. Una sensazione. Una presenza.

Di fronte a me si è seduto un uomo.

Chi diavolo è questo? Da dove è spuntato? Non c'è stata una fermata in questo tempo. Che vuole, qui? Che vuole da me.

Lo guardo. I nostri sguardi si incontrano e improvvisamente mi sento serena. Non ho più nessuna preoccupazione. Nessun sentimento negativo. Niente più confusione dentro di me.

Quest'uomo è magico.

Faccio un sospiro profondo e mi lascio andare.

Mi perdo nei mei ricordi. Marco, Gianluca, Patrizia, i miei genitori, i tempi dell'Università e ancora prima il liceo... Li lascio fluire, e, improvvisamente, mi rendo conto che li sto lasciando a quell'uomo... Quello davanti a me. Quale uomo? Cosa è un uomo?

"Ah, ah, ah. Prendimi, mamma."
Irene corre verso di me. E io sono da sola.

DA SOLA. Non ho più ricordi. Mi chiamo Martina, ma non ricordo il mio cognome. Ma mi ricordo di Irene.

Irene non la lascerò andare. È MIA. Non me la prenderai. Sto dimenticando. Ho perso anche il mio nome, ma non conta nulla. Conta solo Irene.

Non so chi tu sia, ma non mi prenderai le sue risate.

"Ah, ah, ah. Prendimi, mamma."
Irene corre verso di me. E io sono da sola.
E non so cosa sia una mamma.

CAPITOLO 4

CARROZZA 8
POSTI 61, 62

L'indice scivola velocemente sul piccolo monitor dell'iPhone cambiandone la schermata. Le icone delle varie app si dispongono automaticamente per la selezione, secondo un ordine determinato dal maggior utilizzo delle stesse.

"È inutile stare all'erta adesso," commenta l'uomo dall'altra parte del piccolo tavolo osservando i gesti che la sua compagna di viaggio sta compiendo. "È troppo presto. Godiamoci il viaggio."

La donna fa una smorfia. "Vuoi dire che sei in grado di prevedere quando la cosa si presenterà?" commenta ironica. "Sa un po' di presunzione."

L'uomo fa un gesto vago con le mani. "Statistiche, mia cara," dice. "Solo statistiche. E anche se la matematica non è il mio campo, basta usare la logica per fare due più due. È sempre successo fra Firenze e Roma. Al passaggio del controllore dopo la fermata di Firenze, i soggetti erano ancora nel pieno delle loro facoltà. Cinque volte su cinque. Nessuna incertezza. Non è presunzione. Il fatto è che non c'è possibilità di sbagliare. Niente margine di errore."

"Se così fosse, per quale motivo siamo saliti a Milano? E non dire perché è stata una mia specifica richiesta. Avresti potuto opporti."

L'uomo fa spallucce. "Non ce n'era motivo. Anche se sono certo delle mie asserzioni, sai bene che mi concedo sempre una minima percentuale di dubbio per un possibile errore. Un modo come un altro di cadere sempre in piedi. Comunque, sì. Mi dispiace, ma, proprio perché me lo hai chiesto, è il solo motivo per cui siamo saliti a Milano. Tecnicamente non sarebbe stato necessario. Non è previsto nessun cambiamento rispetto alla linea di azione. Non c'è nulla che lo faccia credere almeno. Ma a questo modo, a conti fatti, avremo più tempo per una obiettiva valutazione, e questo andrà a nostro vantaggio. Di sicuro."

"Ammesso che tu abbia ragione, di qualunque cosa si tratti, il cambiamento del modus operandi è sempre dietro l'angolo. Lo sai bene. Sia che si tratti di una casualità, cosa che io sarei portata a credere, sia che il tutto possa essere ricondotto alla volontà umana. Nel primo caso il cambiamento è naturale, le situazioni non si ripetono all'infinito e sempre alla stessa maniera, è statisticamente impossibile, e nel caso in cui ci trovassimo di fronte ad un seriale, a maggior ragione, il fatto che i suoi programmi siano stati ipotizzati dai media gli imporrà un qualche cambiamento."

L'uomo sorride sornione. *Ti sbagli, cara signorina Falini. Mi meraviglio che tu non sia giunta alle mie stesse conclusioni, visto che in questi mesi hai tentato di parlare più e più volte con tutti i soggetti e sei stata loro vicina molto più di me. E poi, per il tuo lavoro, hai incontrato i loro familiari. Avrebbe dovuto essere un percorso di pensiero logico, ma evidentemente la logica non è il tuo forte.*

La donna adesso tocca l'icona del registratore vocale e sistema il cellulare in modo che la minuscola fessura dietro cui è sistemato il microfono si trovi vicino alla sua bocca.

"Ci siamo," dice compiaciuta. "Oggi è il 24 novembre 2023, venerdì. Sono insieme al dottor Luigi Chiari, primario dell'Ospedale Fate Bene Fratelli di Roma, reparto Medicina Generale dove sono ricoverati i cinque soggetti."

Ora volge il suo sguardo al suo polso sinistro stretto da un orologio d'oro con il cinturino rigido a bracciale. "Orario di partenza 15 e 21. Massima puntualità, come è previsto per questo tipo di treno. Sono le 16 e 8 minuti, e tra circa quindici minuti dovremmo essere a Bologna. Al momento non vi è nulla di particolare da segnalare. Siamo nella sezione Standard del Frecciarossa numero novantacinque quarantuno. Dovremmo arrivare Roma alle 18 e 45. Il controllore è appena arrivato nella carrozza. Presumibilmente ha programmato di fare il proprio lavoro prima che si giunga a Bologna, ma suppongo rientri nella normalità, considerando che i vagoni della classe economica sono in coda. Al momento il vagone in cui ci troviamo non è completamente occupato e vi sono diversi posti liberi. Sul fondo, dietro di me vi è un gruppo di sette ragazzi in età compresa fra i 18 e i 26 anni. Tre ragazze e quattro ragazzi. Ridono e parlano a voce alta, al limite del disturbo. Stanno andando ad un concerto, per quel che mi riesce di capire..."

Chissà se crede veramente a quello che sta facendo. Sembra Skully prima di iniziare l'autopsia di un alieno. Solo che qui non c'è Molder e neppure una cospirazione governativa. C'è qualcosa che ancora non riusciamo a spiegare e che, in qualche maniera, una volta al mese, su questo treno, risucchia la personalità e la memoria di un uomo o di una donna. Più uomini, ad esser precisi. Quattro contro una.

A pensarci bene somiglia tanto ad un X-file. Forse l'idea di Molder e Skully è meno lontana dalla realtà di quanto non sembri. È incredibile pensare che stia succedendo a noi e che ognuno di noi possa essere in pericolo. Ma la scienza ti porta a metterti in gioco, ad affrontare il pericolo, rischiando spesso in prima persona...

"... Ligabue. Il concerto di Ligabue. Uno dei ragazzi lo ha appena nominato. Parla del "Liga" e penso che si riferisca proprio a lui.

Sulla sinistra, poco più avanti vi è una ragazza da sola. Sta ascoltando della musica, come si può notare dalle cuffiette..." Spegne il registratore vocale e torna a parlare con il suo compagno di viaggio. "Al momento sto analizzando lo scenario e le persone presenti," spiega forse più per convincere sé stessa che il suo interlocutore. "Non trascurerò di fare la stessa cosa per gli altri vagoni. Non so se mi sarà utile, ma l'importante è non lasciare nulla al caso e non sottovalutare nessuna cosa."

"Sai, Roberta. Non credo che sia importante elencare le persone e quello che stanno facendo. Può essere carino, ma inutile. Può servire per riempire il tuo registratore vocale o per farti passare un po' di tempo mentre siamo sul treno, ma ci aiuterà a poco nel momento in cui il problema si dovesse presentare."

"Sempre ammesso che si verifichi..."

"Succederà. Vedrai. Bisognerebbe essere nella loro mente per capire cosa faccia scattare il... Come dire? Cambiamento di stato. Per esempio, hai citato ora la ragazza che sta ascoltando la musica con il suo iPod..."

"Non ho parlato di iPod. Potrebbe essere un lettore mp3 qualsiasi o il telefonino."

L'uomo fa un cenno di assenso con il capo. "È vero," ammette. "Ma le cuffiette bianche sono indicative," dice pazientemente.

Lei aggrotta la fronte in un gesto di sufficienza. *Esiste anche la roba taroccata*, pensa.

"E comunque, come dicevo prima," continua lui, "sono informazioni di poco conto. Bisognerebbe sapere cosa in questo momento stia attraversando la sua mente, quali sono i suoi problemi, le sue paure, le sue ansie, le sue preoccupazioni. Pensa ai cinque soggetti. Cinque persone senza un apparente legame, né alcunché in comune. Cinque viaggiatori presi a caso. Sesso diverso, età differente, professioni diverse. Nessun legame di parentela, né di amicizia. Eppure, ricostruendo le loro condizioni, forse possiamo capire cosa li abbia resi sufficientemente simili e cosa li abbia resi soggetti vulnerabili al punto da essere colpiti. O, in alternativa, cosa li abbia resi tanto interessanti da essere scelti. È questa la chiave, secondo il mio parere. Tu hai provato a comunicare con loro e hai parlato con i loro familiari. Hai passato più tempo con loro di me, più di chiunque altro e tu sei l'unica qualificata in grado da individuare il punto di congiunzione che li associa l'uno all'altro."

La donna rigira fra le mani il piccolo registratore. È perplessa. Le parole del suo compagno di viaggio hanno in qualche modo colto nel segno. "Lo pensi davvero?"

L'uomo fa un cenno di assenso con il capo.

"Se fosse vero, come dici, potremmo essere in pericolo, tanto quanto ognuno dei presenti in questo vagone."

"Non se ne abbiamo piena coscienza."

"Non capisco. Il non essere cosciente va bene per il primo soggetto, al più per il secondo. Ma dal terzo in poi i viaggiatori erano perfettamente al corrente di quanto sarebbe potuto accadere loro. Esattamente come ne sono al corrente tutti i passeggeri di questo Frecciarossa, noi compresi. I giornali oggi si chiedevano se sarebbe successo ancora, e, francamente, mi meraviglio che vi siano tanti passeggeri pronti a rischiare."

"Non tutti siamo disposti a credere a quello che non riusciamo a comprendere. A volte la paura ci stimola a rischiare. Ogni soggetto ha una individualità differente e una reazione alla paura diversa. Dovresti saperlo. È il tuo lavoro. Quando hai deciso di fare la counselor sapevi bene quello che avresti dovuto affrontare."

"Non è che ne fossi pienamente cosciente, in principio, ma con il tirocinio, parlando con la gente, immedesimandomi nelle loro angosce e paure... Sì. Posso dire che per certi versi hai ragione."

"A che ora hai detto che dovremmo essere a Roma?"

La donna torna a guardare l'orologio. "Alle 18 e 45. Sono le 16 e 12. Poco più di due ore."

"Bene. Abbiamo circa un'ora e mezza per mettere a fuoco uno per uno i cinque soggetti, sperando che, a questo modo, potremo riuscire a trovare l'elemento in comune con..." Si guarda in giro. "Con qualcuno dei presenti," conclude. *Non dovrebbe essere difficile, visto che non sono tanti.* "E poi dovremo fare in modo che non gli o le succeda quello che è accaduto agli altri."

"Pensi che sia possibile?"

L'uomo fa spallucce. "Non so, ma è sempre meglio che stare qui a non far niente in attesa che succeda qualcosa o stare a raccontare nel registratore vocale quello che, con un semplice giro della telecamera del telefonino, può essere meglio documentato."

La donna gli sorride. "Forse hai ragione. Da chi vogliamo cominciare?"

"Francamente non saprei. L'uno vale..."

Il controllore si avvicina loro interrompendo i loro discorsi.

"I biglietti, per favore."

L'uomo fa un cenno vago con il capo, quindi rivolto alla sua compagna di viaggio, dice: "Dovresti averli tu."

Roberta Falini fa un cenno di assenso con il capo. Prende fra le mani la capiente borsa in pelle chiara poggiata accanto a sé, quindi con un sorriso rivolta al controllore e in qualche modo al suo compagno di viaggio, cercando fra le mille cose in essa contenute, commenta: "Oh, sì. Da qualche parte, non so dove, ma di sicuro li ho io. Noi donne abbiamo spesso delle borse capienti."

CAPITOLO 5

CARROZZA 8
POSTO 75

Così sto per sposarmi. Davvero? Stento a crederlo. Domattina mi incontrerò con la cosa-wedding, come cavolo si chiama. Che poi non capisco che bisogno ci sia di una persona che ti organizzi il matrimonio. Una chiesa, un paio di testimoni e un locale dove festeggiare. Ma va di moda così e Dario ci tiene... Dario. Meglio dire sua madre. Chissà perché i maschi dipendono poi tanto dalla mamma! Beh, se avesse meno soldi ci terrebbe di meno, ma con quello che guadagna! Non lo credevo possibile. Eppure sono magra come uno stecco e non riesco ad ingrassare. Non che bisogna essere grassi per sposarsi. Questo certo no. Ma probabilmente non avrò figli, anche se ne desidererei di miei. Non sono troppo vecchia per averne. Non fisicamente, almeno. Ma non sono più tanto giovane. Certo! La Nannini l'ha avuto a 56 anni. Ma io non son la Nannini e non ho neppure i suoi soldi. Bisogna essere pronti ad ammettere i propri punti deboli.

Guarda quella tizia là davanti, per esempio. Sarà almeno il doppio di me. E magari vorrebbe dimagrire.

È uno scherzo del destino. C'è chi vuole dimagrire e chi vuole ingrassare. Diete di tutti i tipi. Chissà che dieta segue, perché di sicuro ne seguirà qualcuna, come faccio io. Tutte senza successo. Perché è sempre così. Non esiste la felicità. E di conseguenza non si riesce mai ad avere quello che si desidera. Una volta ero sposata. Credevo di essere felice, ma, dopo pochi mesi, il matrimonio si è dimostrato un fallimento e così abbiamo deciso di chiudere. Abbiamo deciso? Sai che non ricordo chi ha deciso per primo?

Cosa rende felice un matrimonio? Ci sono anime gemelle che riescono a vivere insieme per tutta la vita, proprio perché pensano alla stessa maniera. Se no che gemelle sarebbero? E ci sono gli opposti. Litigano, non sono mai d'accordo su nulla, eppure riescono a vivere una vita di coppia, ad invecchiare insieme.

Cavolo! Io e Danilo cosa eravamo allora? Possibile che non fossimo in grado di trovare delle linee di accordo o di disaccordo abbastanza forti da farci stare assieme? Possibile, mia cara. Possibile. La vita lo ha dimostrato. E dire che allora non ero così magra come adesso. Mia madre era magra. Mangiava tanto e non riusciva a ingrassare di un solo grammo. Forse è un fattore genetico. O il verme solitario.

"È perché siete troppo giovani," aveva detto zia Tosca. Zia Tosca aveva sempre la soluzione a tutte le cose. L'ultima parola era la sua e nessuno poteva contraddirla. Anche lei era magra. Tutte magre in famiglia.

Troppo giovani! Che stupidaggine. Sono i vecchi che non hanno elasticità mentale per potere sostenere il proprio equilibrio di coppia. Non i giovani. I giovani sono aperti, mentalmente liberi, pronti al cambiamento... I vecchi no. Forse eravamo troppo vecchi. Magari non fisicamente; quello no, naturalmente. Ma forse dentro, e così non riuscivamo a tro-

vare una soluzione ai nostri problemi e finivamo per accusarci per ogni cosa. In questo senso eravamo due anime gemelle perché la pensavamo alla stessa maniera, ma verso direzioni opposte. Convinti di avere ragione. Entrambi. Ognuno con le sue.

Beh, se c'era bisogno di cambiamento non ci abbiamo messo molto impegno ad attuarlo. Eppure Danilo mi piaceva e credo che anche io gli piacessi. Anzi. Gli piacevo di sicuro, altrimenti non ci saremmo sposati. Diceva che i miei capelli neri lo avevano fatto innamorare.

Chi si innamora dei capelli e dei denti si innamora di niente. Dove ho sentito questo proverbio? Boh! Devo averlo letto da qualche parte. Forse su Facebook. Quando torno a casa guarderò in Internet. Probabilmente con Wikipedia troverò qualcosa. Devo ricordarmelo. Spero di ricordarmelo. È una cosa interessante. Detti popolare, stupidaggini della gente, scemenze del popolo.

Ma allora Facebook non c'era e forse neppure il proverbio. No. Probabilmente il proverbio esisteva già. Saggezza popolare che affonda le radici nella notte dei tempi. Bella questa cosa della notte dei tempi! Sa tanto di profondo. Di lontano nel tempo. C'era Danilo, con i suoi occhi verdi, che quando mi guardava, sembrava penetrarmi fino in fondo all'anima. Bello, Danilo. E impossibile. Sento ancora il sapore delle sue labbra. Sono quasi passati venti anni. Venti anni? Sono così vecchia? O forse allora ero così giovane. Che casino. Quando riesci a incasinarti la vita... Dovrebbero dare un premio ogni anno a chi si incasina la vita più degli altri. Anche quest'anno vince il premio di Incasinamento di Vita, Elisa. Le altre concorrenti si ribellano. "Perché sempre lei? Anche noi ce l'abbiamo messa tutta a incasinarci la vita quest'anno. Perché sempre lei?"

Già. Perché? Perché sempre io? Perché sono brava. Non sono brava a tenermi un uomo, sono uno schifo nel lavoro, non ho amici e quelli che mi si avvicinano faccio in modo da allontanarli quel tanto da scoraggiarli... Ma quanto a incasinamenti...

Perché ci siamo lasciati? Se ci penso non lo so più. E, a pensarci bene, non l'ho mai saputo o capito. In quel momento la nostra storia mi sembrava insostenibile. Non riuscivo a sopportare tutto quello che mi piaceva di lui. I suoi occhi erano diventati odiosi, il suo sorriso inutile. Il suo senso dell'umorismo, un continuo scherzare senza costrutto. Fastidioso. Inconcludente. Insopportabile. Odioso. La vita con lui non aveva più senso. Era inaccettabile. Era diventato un fastidio. Un amore fastidioso. Che controsenso in termini.

Mi pare che fosse così, perché il tempo ha cancellato quasi tutte le cose. Ricordo a malapena il suo sguardo e il suo sorriso. I suoi occhi. Tutto quello che mi piaceva di lui. Già. Perché? Siamo arrivati al punto di odiarci. No. Non potevamo costruire qualcosa che durasse nel tempo. Non eravamo in grado, nessuno dei due. Eravamo troppo egoisti per provare a soprassedere sulle cose e a cedere in favore dell'altro. Non ci meritavamo, probabilmente. Qualche volta i sogni prendono il posto della realtà e la sopraffanno al punto da rendere la realtà insopportabile. Eravamo troppo giovani, forse è proprio così. Proprio come diceva zia Tosca.

Chissà se lui si ricorda ancora di me. Certo che si ricorda! Cavolo! Deve ricordarsi. Così come mi ricordo io. Siamo stati sposati. Per quasi un anno. Poco, se vogliamo, ma non può esserselo dimenticato. Figurati. Il primo amore non si scorda mai. Dicono così. Figuriamoci il primo matrimonio! E anche il primo divorzio. Certo, era un superficiale, come tutti gli uomini. Dubito che si sia dimenticato di tutto, ma posso immaginare cosa direbbe: "Sì, sono stato sposato con una ragazza." Già. Coglione! Con cosa ti volevi sposare? Con un cavallo. "Se non ricordo male si chiamava Adalgisa o Marisa." Idiota! Mi chiamo Elisa. Non è cambiato affatto. Avrà i capelli brizzolati, ma non ricorda neppure il mio nome e mi confonde con qualcun'altra.

Col passare del tempo si ricordano solo i momenti belli o i momenti brutti della vita. È questo che mi fa paura di Danilo. Non ricordo un solo momento bello di quell'anno trascorso insieme a lui, ma non ricordo neppure un solo momento brutto. Anche se sono più che convinta che ci siano stati gli uni e gli altri. Indifferenza. Questa è la triste conclusione. Danilo mi è indifferente e forse lo era anche allora.

Troppo giovani... Eravamo troppo giovani. Ora è tutto diverso. Dario sto per raggiungerti... Dario? Non avevo notato che il tuo nome comincia con D e A come quello di Danilo... Cavolo! Vuoi vedere che c'è un motivo? Non ci posso credere. Non ci avevo fatto caso. Danilo... Dario... Ma cosa è? Uno scherzo del destino? O forse non è così. Forse sono io che sono maledetta. Ecco. Adesso sto con un uomo e mi preparo a sposarmi con lui per scoprire che, sotto sotto, è come il mio primo marito. Con il nome che comincia alla stessa maniera, con la madre dominante, senza spina dorsale...

Cosa sto dicendo? Io lo amo! Io amo Dario. Dario è speciale. Posso dimostrarlo senza ombra di dubbio. Pensa alle cose belle che fanno parte di Dario. Mi sta accettando, anche se sono magra... Ma forse non se ne è neppure accorto. Si sa. I maschi sono superficiali. Mi porta a cena fuori, quando abbiamo l'opportunità di stare insieme. Grazie. Lo fanno tutti. È gentile, ha senso dell'umorismo, mi ama. Ma anche Danilo lo faceva, a pensarci bene, almeno quando aveva qualche soldo. Ora che mi ricordo litigavamo spesso per i soldi. Ne avevamo così pochi. Dario ha un sacco di soldi quindi non litigheremo per quelli, ma se non li avesse, come si comporterebbe con me?

Ma che sto facendo? Io mi devo sposare con Dario. Mi voglio sposare con lui. Mi voglio sposare con lui? Mi voglio sposare una seconda volta? Sto andando a Roma proprio per questo. Ma se stessi sbagliando tutto? Non vedo l'ora di incontrarmi con lui, di abbracciarlo. Per fugare ogni dubbio. Perché quando siamo insieme non ho dubbi. Non ne ho mai avuti. Non ne ho mai avuti neppure quando siamo stati a fare l'amore, quando l'ho sentito dentro di me. Quando ho sentito le sue labbra contro le mie, il suo ansito...

Perché adesso ho dei dubbi? Perché sto pensando a Danilo? Che schifo viaggiare in treno. Non fai altro che pensare o ti metti a leggere. C'è chi guarda il paesaggio, ma sono sempre gli stessi pali che scorrono di fronte a uno sfondo che non è tuo, che non ti appartiene. Sai che è fuori, lontano, ma non puoi uscire, scendere, raggiungerlo. Non ci puoi correre. Potrebbe essere tutto finto, una trasmissione in HD, e non ti accorgeresti della differenza. Invece dei finestrini potrebbero mettere dei monitor con trasmissione di viaggi in tutto il mondo. Così mentre vai a Roma potresti illuderti di essere in Siberia o lungo il percorso per raggiungere Sidney... Cosa succederebbe se Danilo fosse qui in questo momento? Chi sceglierei dei due? Con chi vorrei invecchiare? Forse con entrambi, forse con nessuno dei due. A parte il fatto che non voglio invecchiare. Sono già abbastanza magra. Invecchiando diventerei uno stecco. Incartapecorito. Dario sa che sono stata sposata, ma non sa di Alessandro. O forse gliene ho accennato in modo superficiale, forse perché non volevo parlare del mio migliore amico che è morto in uno stupido inci-

dente. Ma se lo amo veramente dovrei sentire il desiderio di condividere tutti i miei pensieri, anche quelli più intimi. No. I miei pensieri sono miei. Per questo sono intimi. Altrimenti sarebbero pubblici. Disponibili per tutti. Come i bandi e le grida nel medioevo. Gente, Elisa è stata amica di Alessandro. Quello che è morto. Stupido! Non si muore alla tua età. Ma già. Sei stato amico mio, e questo ti ha reso vulnerabile. Ma tutti dobbiamo morire. Che c'entra la morte di Alessandro con me? Dio!

Alessandro era sempre nel mio cuore. Era alto, era bello, ed era sposato. Già. Quelli così sono sempre sposati. Lo avevo conosciuto prima che lui iniziasse la sua storia con Marta, e mi era entrato nel cuore. Stavamo bene insieme. Eravamo perfetti insiemi, ma lui non lo sapeva. O meglio. Lo sapeva, ma gli uomini sono superficiali, non capiscono niente di cuore, di amore, di affetto. Io ero la sua amica, quella con cui si poteva confidare, e anche lui per me, alla fine. Che potevo fare altrimenti? Stavo ad ascoltarlo e lui ascoltava me. A volte mentre parlavamo immaginavo che mi abbracciasse, che mi baciasse. Lo ascoltavo, ma a volte non ascoltavo quello che diceva. Giocavo a lanciargli messaggi mentali, come "baciami" "andiamo a letto assieme" "stai zitto e saltami addosso", ma lui continuava a parlare dei suoi problemi e di Marta. Marta. Quanti problemi gli ha dato quella donna. Non avrebbe dovuto sposarla. Magari sarebbe stato meglio se avesse sposato me. Meglio? Se fosse successo sarei rimasta vedova. Divorziata e vedova. Che cavolo di vita!

Avevo conosciuto Alessandro a lavoro, sempre sorridente, sempre disposto a scherzare, a ridere. Avevamo cominciato a frequentarci come amici. In verità non c'è mai stato niente di più fra di noi, perché poi è arrivata Marta. Marta, con i suoi *capelli biondi, con il suo modo di fare. Odiosa. "Ciccicciccicci..."*

Chissà cosa starà facendo adesso? Dopo otto anni dalla morte di Alessandro, probabilmente si sarà trovata un altro. Non so che fine abbia fatto. Di certo ha cambiato città. Troppi ricordi, immagino. E poi ti fai una nuova vita se vai da un'altra parte, dove non ti conoscono. E lei è andata via subito. Non è stata a piangere molto il suo Alessandro. Il suo Ciccicicci. Il mio Alessandro. Il mio amico. Doveva superare il trauma. La sofferenza. Perché LEI ha sofferto. Per questo se n'è andata. Un modo di negare il problema o di risolverlo.

Se fosse stato qui avrei parlato con lui dei miei dubbi, delle mie paure, delle mie sofferenze. Lui mi avrebbe capito, avrebbe avuto una parola giusta per lenire il mio dolore. Non come Danilo e neppure come Dario. Ma Dario è vivo, Alessandro è morto e, per quel che ne so, potrebbe esserlo anche Danilo.

Morire travolti da un treno. Un passaggio a livello non attivo. La barra doveva scendere mentre la campanella doveva dare il suo segnale. Doveva. Doveva. Ma non è successo. Quante cose dovrebbero accadere e non succedono. Alessandro con la macchina ha attraversato il passaggio a livello, la macchina si è bloccata, il treno è arrivato e l'ha travolto, trascinando la macchina e i suoi resti per diverse centinaia di metri.

Forse doveva morire. Forse era giunto il suo momento. La barra del passaggio a livello, la macchina che si guasta. Troppe coincidente. Ma perché proprio lui? Perché il mio amico, quello che riusciva a capirmi, a dirmi sempre le cose giuste? Forse è il mio destino non dover essere veramente felice. Forse è morto un po' per colpa mia. Se questo è il mio destino, lui non poteva starci dentro e la morte era la sola soluzione... Forse Dio punisce chi mi sta vicino.

Al funerale Marta piangeva come una disperata, ma anche io ero disperata e dai miei occhi non usciva una sola lacrima. Non potevo permetterlo. Mi guardavo in giro senza riuscire a focalizzare dove fossi, cosa fosse successo. C'erano visi che conoscevo e gente che non avevo mai vista prima. Alcuni indifferenti, altri con il dolore segnato sul volto. A quale gruppo appartenevo io? Ma ai funerali ci vanno tante persone. Anche quelli che ci si divertono. Cosa è? Funeralomania? Esiste una sindrome di questo tipo? Probabilmente sì, ma si chiamerà in qualche altro modo, con un bel nome greco altisonante che dà la sensazione che sia una cosa seria.

Non ho pianto una sola lacrima per Alessandro. Ero lì, con il cuore spaccato in due e l'indifferenza sul viso. Perché? Perché, se era tanto speciale per me? Perché sono io che non vado bene. Sono quella sbagliata. Capelli neri tinti, occhiali scuri, un finto sorriso sempre disegnato sul viso, la sigaretta fra le labbra, magra da fare schifo, i miei jeans, una maglia due taglie più grande di me le cui maniche scendono sulle mani nascondendole parzialmente, come Meg Ryan in C'è posta per te, una ragazzina di quasi cinquant'anni. Che spettacolo! Meriterei un premio.

A volte penso che tu sia fatta male, mia cara. Te le cerchi, e le cose sbagliate che non cerchi ti trovano. Come questo controllore che mi si avvicina, dopo aver guardato i biglietti di quei due. Il controllore controlla i biglietti. Come il portiere che apre la porta e il fruttivendolo che vende la frutta. Che brutta faccia che ha. Sarà sposato. Sì. Lo è. Ha l'anello. Fammici allungare il biglietto. Gli accenno un sorriso. Tieni, brutta faccia. Togliti di torno. Guarda il biglietto. Ma quante arie che si dà. Fa il meticoloso. Una volta ci facevano un bu-

co sopra. Ora controllano con lo scanner. Ma lui per me resta sempre quello che buca i biglietti. L'uomo del buco mi riconsegna il biglietto e se ne va. L'uomo del buco ha detto sì. Merda! Ma quando arriva questo treno? Fortuna che è un Frecciarossa. Si dice un Frecciarossa o una Frecciarossa? Scommetto che non lo sa nessuno e che su internet c'è scritto che si può dire in tutti e due i modi. Dario sta aspettando in stazione, pronto ad abbracciarmi appena scendo dal treno o forse è da qualche parte a sbattersi qualcuna e ora sta guardando l'orologio. C'è ancora tempo. Puoi farcela ad arrivare in tempo per il mio arrivo. Perché penso questo di Dario? Non mi tradirebbe mai. Sono certa che mi ama. Ma forse è quello che mi merito. Forse sono io che non mi amo. Sono stanca. Vorrei dormire, morire. Come Alessandro...

CAPITOLO 6

CARROZZA 9
POSTO 24

Vediamo un po'. Ho caricato un paio di cd sul lettore. La musica mi farà passare queste ore in viaggio. Inseriamo lo spinotto e mettiamo le cuffie alle orecchie. Ho voglia di rilassarmi. Viaggiare in treno non è il massimo. È scomodo. Comunque ti sistemi sei sempre fuori posto. Sembra non finire mai. Eppure con il Frecciarossa alla fine il viaggio dura poco più di tre ore da Milano a Roma. Ma è noioso. Questa è la verità. Viaggiare in treno da soli è una noia mortale. Certo, se si è in compagnia, si parla, si scambiano le proprie impressioni di viaggio. Si parla del più e del meno. Ma da soli... È per questo che mi sono attrezzato. Basta un semplice lettore mp3, alla fine.

Primo disco Amazing Grace delle Celtic Woman. È un disco che ho comprato un paio di anni fa. Mi piacciono quelle ragazze, sia perché sono belle, sia perché sono irlandesi. Forse è la sindrome da Nicole Kidman, che irlandese non è, ma che dopo Cuori Ribelli per me lo è diventata a pieno diritto. Chissà. Chiudo gli occhi. La loro voce mi farà sognare. Lo so già, perché conosco il disco e perché mi ha già fatto andare in estasi. Ma, come dicevano i latini, repetita iuvant.

Mi sistemo sulla poltrona, scivolando in avanti e piegando leggermente lo schienale, quanto mi è consentito. Si metta comodo. Magari!

You'll remember me when...

Chi ha scritto questa...? Ah, sì. Sting. I campi d'orzo. Una voce dolce come una nenia e un lontano flauto che la accompagna. Mi ricorderai quando il vento dell'ovest si muove sui campi d'orzo. Un arpeggio di piano accompagna la voce. Dimenticherai il sole nel suo cielo geloso. Bella voce. È irlandese. Ma lo sarebbe comunque, a prescindere. Lo sono tutte, le Celtic Woman. Entrano i violini, mentre racconta di aver fissato il suo amore in quei campi di orzo. E la voce che sembra avvolgermi sottolineata dall'orchestra in cui mi dice che non ha mai fatto una promessa alla leggera e va su e giù accompagnandomi in quei campi d'oro nel mentre il coro e l'orchestra creano un crescendo sempre più forte bruciante nei ricordi di quando camminavano su quelle terre.

Oh! we walked in field of gold.

Bello. Non riesco a pensare ad altro. A Martina non piace. Quando l'ha sentito la prima volta ha storto il muso. Ma ci sono gusti e gusti. Per lei esistono solo i Metallica. Certo che se fosse per i nostri gusti musicali, piuttosto che stare assieme, dovremmo essere a fare la Guerra dei Roses. Ora sta entrando la musica di una cornamusa, un suono antico come il mondo che ti penetra. La riconosco. È Amazing Grace, il brano che dà il nome all'album.

Chissà se veramente è stata scritta da un importatore di schiavi pentito delle proprie azioni. Le cornamuse accompagnano l'ingresso delle cantanti che una alla volta si aggiungono nelle strofe della canzone sino ad un unico canto misto nelle singole tonalità. Adesso ci sono più voci, quelle delle ragazze quelle del loro coro e come è toccante nelle varie to-

nalità delle ragazze quando dice che adesso crede. E poi i tamburi entrano a sottolineare con l'orchestra di quanto l'incredibile grazia sia un dolce suono che lo ha salvato.

Was blind, but now I see.

E il coro ripete ancora e ancora queste parole mentre la cornamusa e l'orchestra le accompagna.

Spero che non venga il controllore. Mi seccherebbe interrompere questo ascolto. Certo lui deve fare il suo lavoro... Comunque se per caso viene, gli allungherò il biglietto facendogli un accenno di sorriso. Mi basta tenere il biglietto a portata di mano. Lo terrò nella tasca destra della giacca. Così non sarà complicato.

Non vedo l'ora di essere a casa perché... Ehi! Cosa è questo suono di tamburi, che accompagna questa canzone? Lasciami guardare il titolo. Nìl Sé'n Là. Che vuol dire? Non ha importanza. Qualunque sia il significato, ora ricordo la prima sensazione che ho avuto quando l'ho ascoltata. Mi sembrava una danza tribale con suono di flauti e di armonie e di ritmi. Un sabba di streghe.

Avrei quasi voglia di danzare, alla luce di un fuoco, in un bosco. Fill the glasse one more time... I violini suonano un ritmo ossessivo.

Oh, no! Il controllore. Come temevo. Ci vuole pazienza. Fammi vedere dove sono arrivato. Canzone tre, time un minuto e quattordici secondi. Fammi stoppare.

Che brutta faccia che ha. Dove ho messo il biglietto? A già. Nella tasca della giacca. Nella sinistra non c'è. Eccolo. Nella destra.

Ecco. Tieni il tuo biglietto, controllalo e togliti di torno così posso riprendere ad ascoltare la musica.

Fatto. Fammi rimettere il biglietto in tasca.

Si allontana verso l'altro viaggiatore, più avanti nella mia stessa posizione. Siamo davvero pochi. Solo sei passeggeri in questa carrozza. E chissà quanto pochi ce ne saranno nelle altre. Logico. Chi vuoi che viaggi con la paura di essere ridotto ad uno zombie? La stampa di oggi era concentrata sulla possibilità che su questo treno viaggi anche il vampiro della memoria, un essere in grado di risucchiare i ricordi delle sue vittime. Qualcuno lo ha definito il treno della morte. Da utilizzare solo in casi estremi.

Ha raggiunto l'altro passeggero. Beh, scoccerà lui adesso.

Fammi riaccendere il lettore. Mi distendo meglio, mentre la musica riprende a circondarmi.

CAPITOLO 7

**CARROZZA 9
POSTI 47, 51, 56**

Non c'è proprio nessuno, oggi. Non ho mai visto questo treno così vuoto.

Certo. C'è il mostro.

Che sciocchezza. Solo i giornalisti si potevano inventare una stupidaggine come questa. Un mostro che risucchia la mente della gente e che viaggia in classe economica. Magari prenota qualche mese prima, in modo da risparmiare sulla tariffa!

Certo che ne hanno di fantasia. E la cosa peggiore è che la gente ci crede. Che sia chiaro. Ci crederei anch'io, nel dubbio. Perché rischiare? C'è un dissennatore fra i babani. Purtroppo il mio turno di lavoro mi impone di essere qui, altrimenti l'avrei evitato.

Lavoro. Io sto qua per lavoro, ma se dovessi viaggiare mi organizzerei per prendere il treno precedente o quello successivo. "Ma come. Ti aspettavo per le sette." "Hai ragione, ma ho perso il treno e sono stato costretto a prendere il successivo."

Costretto. Mi sono evitato il treno del dissennatore, questa è la verità. Ma chi dice più la verità? Si trovano sempre delle scuse per giustificare il nostro comportamento, le nostre scelte.

Faccio un cenno di saluto a questo passeggero in giacca e cravatta. Lui mi sorride. No. Non è lui il dissennatore. Un essere maledetto non andrebbe in giro con una Bibbia. E questo invece ce l'ha. E per giunta, da quello che vedo, evidenziata. Quello di sottolineare è un buon metodo. Quando ero al liceo avevo l'abitudine di sottolineare le cose importanti. Memorizzavo meglio e poi era più semplice anche ripassare, perché si rileggevano le parti importanti, quelle segnate. Ho provato a insegnarlo anche a Serena, ma lei non sottolinea niente. Dice che la fa confondere di più.

Ma il fatto che sottolinea tutto, vuol dire che lui studia la Bibbia. Scommetto che è un pastore protestante.

Sarei tentato di chiederglielo. Volendo posso farlo. Non c'è nessuno. Non ho molta fretta di completare il giro.

"È una Bibbia?" chiedo.

Che domanda stupida. Ma dovrebbe funzionare. In fondo non ci sono domande intelligenti quando si vuole avviare una conversazione.

L'uomo mi sorride, nel mentre cerca il biglietto.

"Sono un pastore e sto preparando un sermone. Sì. Naturalmente è una Bibbia."

Mi porge il biglietto. Non lo guardo nemmeno. Lo vidimo.

"Spero che non sia per colpire i suoi parrocchiani."

"I fedeli," mi corregge. "Le parrocchie sono tipicamente cattoliche." Poi, perplesso, mi chiede: "Cosa intende per colpire?"

"Ha presente Il Segreto Di Pollyanna?"

Mi guarda perplesso.

“No,” mi risponde. “Mai sentito. So di Pollyanna. È un vecchio libro per ragazzi e anche un cartone animato giapponese. Ma non so di alcun segreto.”

“Si tratta di un vecchio film della Disney degli anni ’60,” gli dico. “C’è una ragazzina orfana che va a vivere dalla zia, una donna estremamente rigida che ha messo l’intero paese sotto il proprio controllo grazie alla propria ricchezza, rendendolo triste. La ragazzina porta una ventata di gioia ogni qual volta entra in contatto con qualcuno, tranne che alla zia che continua a mantenere il proprio atteggiamento rigido. Perfino il pastore del paese sta sempre a richiamare la gente con sermoni in cui non fa altro che ricordare alla gente che deve pentirsi. E alla fine Pollyanna parla con lui e gli dice che anche suo padre era un pastore e che insieme avevano trovato nella Bibbia più di ottocento citazioni in cui si parla di gioia e di allegria. Naturalmente il pastore cambia i suoi sermoni perché si rende conto di essere stato in qualche modo manipolato dalla zia di Pollyanna, fino a che pian piano l’intero paese, zia compresa, cambia il proprio atteggiamento di fronte alla vita.”

“Una storia carina. Mai visto questo film.”

“Se prova ad andare in internet, lo troverà di sicuro su youtube. Il film è gradevole ed ha una sua morale.”

“Non ne dubito. Sa che stavo preparando anch’io il sermone per domenica?”

“Davvero?”

“Probabilmente mi stavo ispirando a uno dei quegli ottocento passi citati in quel film, perché contavo di invitare alla gioia e all’amore.”

“Niente mostri dei treni, quindi.”

Mi sorride. “Mi creda non ci sono mostri sui treni. Ci sono solo persone.”

Gli sorrido.

Spero che abbia proprio ragione. Sotto sotto ho paura che succeda qualcosa e non ho voglia di trovarmene coinvolto. Perché, se si verifica, sarà il controllore a doverne rispondere per primo. "Dove era? Non ha notato niente di strano? Come è possibile che non abbia fatto caso a niente?

Certo. Ci sono quelli della sicurezza. Non dovrei saperlo, ma sono così stupidi che si notano lontano un miglio. Come nei film gli agenti dell'FBI con i loro vestiti, le camice bianche e il passo da piedi piatti. Con a capo quell'idiota della carrozza prima che ha cambiato classe. Un agente in ogni carrozza. Hanno i comunicatori per tenersi sempre in contatto. Sembra che siano lì lì per combattere una guerra al fronte. Stereotipi. Per questo si riconoscono subito. Come quello del 56. Così come si riconoscono i giornalisti. Quello del 51 con il suo tablet che scorre pagine su pagine di Internet, dando delle rapide occhiate, leggendo velocemente e rientrando nella sua pagina per aggiungere qualche parola al suo articolo redatto in rete come se fosse alla sua scrivania. Già perché adesso compilano i loro articoli a distanza. Sfruttano la rete. Google. Oppure fanno tutto con il cellulare. Ci sarà qualche app che glielo consente di fare. Ce n'è una marea. È un miracolo che non ci sia qualche app che faccia il lavoro direttamente per loro, anche se oggi si parla tanto di Intelligenza Artificiale.

Mi avvicino a lui. Devo controllare i biglietti di tutti.

Sì. Sta proprio scrivendo qualcosa. Chissà per quale giornale scrive. Chiediglielo. Si fa così. Magari è una firma importante. Spesso conosciamo i loro nomi ma non le loro facce. Conosciamo solo quelli televisivi perché li vediamo.

"Scrive per un giornale particolare o è un freelance?"

Mi guarda perplesso. "Come...?"

Gli indico il tablet. "Non ci vuole molta fantasia. Sta scrivendo qualcosa e siamo sul treno maledetto, il treno del mostro a poche ore dall'arrivo. Due più due..."

Fa un cenno di assenso con il capo. Mi porge il biglietto per la vidimazione.

"Lavoro per Il Foglio."

Lo guardo perplesso. Mi pare di aver sentito il nome del giornale, ma niente di più. Non leggo molto i giornali. A dire il vero non li leggi affatto. Quando hai letto un giornale l'ultima volta? La Gazzetta dello Sport in occasione dei mondiali. Quando l'Italia ha fatto quella misera figura e la Germania ha vinto i mondiali ai rigori. Tipico esempio di italiano. Grande lettore di libri e giornali. "Ma mi faccia il piacere!" direbbe Totò. Il fatto è che mi stanco a leggere. Probabilmente dovrei andare dall'oculista a farmi controllare la vista. Quasi sicuramente la stanchezza che ne deriva viene da un abbassamento... Ma chi ce l'ha il tempo! Dovrei andare dal medico. "Dottore, ho bisogno di una visita oculistica". Lui me la prescrive e poi devo andare a fare la prenotazione. Poi la visita sarà disponibile dopo mesi. E intanto sarò diventato cieco. Viva il sistema sanitario italiano. Intanto le trattenute me le fanno puntuali ogni mese sullo stipendio. Sarebbe bello se le trattenute fossero a richiesta. "Possiamo avere le sue trattenute?" "Naturalmente. Solo che questo mese c'è la bolletta dell'Enel e quella di Sky. Il mese prossimo devo pagare la Tares al mio comune quindi il mio stipendio sarà disponibile per il prelevamento fra due mesi. Dovete avere pazienza. Un minimo di attesa, considerato che siete in tanti a dover risucchiare soldi dal mio stipendio..."

"Claudio Cerasa. È il direttore. Ma il giornale è statto fondato da Giuliano Ferrara."

"Ah."

Giuliano Ferrara lo conosco. So chi è. Ma non ho mai sentito di questo Cerasa. Oggi ci darò una occhiata in internet. Ma forse sarà un personaggio televisivo come Ferrara. Ma sono tutti a dirigere qualcosa. Sono personaggi televisivi, perché dirigono un giornale o dirigono un giornale perché sono personaggi televisivi? Bella domanda. È come l'uovo e la gallina. Chi è nato prima? Il paradosso del direttore di giornale e della sua presenza in tv. Bello! Magari un giorno ci faranno uno studio sopra e qualcuno ci scriverà una pagina su Wikipedia. Prima che il mostro gli succhi la memoria, perché a quel punto non potrebbe più scrivere niente. E se questo tipo scrive, vuol dire che ha ancora la memoria o che è lui il dissennatore.

Gli restituisco il biglietto e mi giro verso l'uomo della sicurezza, il Rambo del vagone. Anche lui mi porge il biglietto. Non vedo l'ora di allontanarmi da questi due. Poco più avanti c'è una ragazza. Molto più interessante. Decisamente.

TERZO FLASHBACK

OBLIO

Resto fermo a guardarla. A lungo. In silenzio, mentre nel resto della carrozza la vita continua a scorrere e fuori il mondo scivola ad alta velocità. Per quanto tempo? Non so dirlo. So solo che la guardo, osservo la mia vittima. La studio. Ho con me i suoi ricordi, ma voglio anche una immagine di lei che resti indelebile. Dentro di me c'è una accozzaglia di sentimenti e sensazioni. Rabbia, paura, disperazione, impotenza, gioia, rassegnazione, speranza... e non so quali siano mei e quali di questa donna. Non sono marchiate. Le assorbo e basta, nel momento in cui mi nutro dell'essenza di una vittima.

È immobile, gli occhi perduti che si muovono appena, alla ricerca di qualcosa, come se stesse sognando ad occhi aperti un sogno che, io lo so bene, non c'è, basato sui ricordi che le ho strappato via.

È la prima volta che mi fermo a guardare una persona di cui mi sono nutrito. Beh, a pensarci bene non è che ci siano state molte altre volte. Solo una, il mese scorso, quando sono salito su questo stesso treno. Ma è stato differente. Decisamente diverso.

Tutto era più veloce, più rapido. Mi muovevo in fretta, senza nemmeno capire cosa stessi facendo, senza soffermarmi su nulla.

"Abbiamo un posto disponibile sul Frecciarossa per Roma. Che parte fra pochi minuti. Una disdetta all'ultimo minuto."

"Lo prendo."

Avevo fame. Dovevo sedere, prendere il posto che mi era stato assegnato.

Un rapido cenno di saluto al mio vicino. Era la prima volta e ogni istante la sentivo crescere dentro di me. Non avevo tempo per pensare. Fame. Fame. Fame. Come il suono dello stantuffo che fa girare la ruota sulle rotaie. Tanta fame. Tanta fame. Tanta fame.

E, assorbito da quel suono, il tempo era passato e il treno era quasi arrivato in stazione, a Roma.

IL TRENO FRECCIAROSSA AD ALTA VELOCITÀ NOVANTACINQUE QUARANTUNO DI TRENITALIA DELLE ORE DICIOTTO E QUARANTA PROVENIENTE DA MILANO CENTRALE È IN ARRIVO AL BINARIO SETTE.

ATTENZIONE.

ALLONTANARSI DALLA LINEA GIALLA.

Non avevo possibilità di scelta. Non avevo altre opportunità. Non potevo fare altrimenti. Quell'uomo era vicino a me, con la sua testa piena di farmaci e del loro dosaggio. Potevo sentire i suoi pensieri, percepire le sue ansie, cogliere le sue pulsioni.

Ho allungato la mano, l'ho sfiorato, pelle contro pelle, e mi sono immerso dentro di lui. Ho risucchiato tutto quello che c'era da prendere, senza quasi capire. La sua vita, i ricordi della sua infanzia, la conoscenza del tedesco acquisita dalla madre nata e vissuta a Berlino, la sua curiosità per il nuovo farmaco che il giorno dopo sarebbe stato presentato a lui e ai suoi colleghi, *vi verrà presentato un prodotto che curerà in modo nuovo l'epilessia, agendo sul sistema nervoso,* la sua famiglia, il bambino che sarebbe dovuto nascere...

"Non ho molta voglia di lasciarti per andare a Roma."

"È il tuo lavoro."

"Lo so bene. Ma è come un presentimento. Ho fatto un sogno..."

"Da quando credi ai sogni. Tua madre direbbe che stai diventando un debole e che è colpa mia. Vai. Non preoccuparti. Solo ricordati di non guardare le tue colleghe, perché hai una moglie e un figlio che ti aspettano..."

Per me c'era la fame che mi costringeva ad agire. Senza mezzi termini. Senza poter fare delle scelte.

Così l'avevo placata. In quel momento non avevo bisogno di pensare. Basta! Sapevo quello che avevo fatto e lo consideravo male. Ero stato un *Gedächtnisvampir*, come mi avrebbe definito lui. O sua madre, o io, visto che ormai ero lui e lui faceva parte di me in un tutt'uno di conoscenza e di esperienze.

Non c'era un farmaco che potesse evitare quello che avevo fatto, non c'era nulla che potesse curare il mio male. C'erano farmaci nuovi per l'epilessia, il diabete, ma non c'era nulla contro il male che stava per arrivare e che trasformava gli uomini in divoratori di ricordi.

Non mi restava altro da fare. Solo allontanarmi dalla mia vittima. Perché lui era una vittima, senza alcun dubbio. La mia prima vittima da quando ero mutato. E io ero il carnefice. La mutazione. Il male. E, come tale, dovevo fuggire. Dal mondo e da me stesso.

Ma questa volta è diverso. Sono più calmo, più tranquillo. Mi sono nutrito e non ho più fame. Quasi una normalità. Posso riprendere in mano la mia vita con serenità. Ho il controllo di ogni cosa, a parte quello della fame, quando viene, naturalmente.

Ma le vittime restano tali. Non c'è niente da fare. È la vita. Pesce grande mangia pesce piccolo, anche se la cosa può fargli dispiacere.

Martina ha gli occhi azzurri, quasi grigi, come quelli di Irene. E profondi. Irene è il mio amore. Sono disperata perché l'ho dovuta lasciare, ma avevo bisogno di un momento di pausa... cioè. Lei era disperata. La donna che ho davanti a me e che si chiama Martina. O forse devo pensare in termini di *si chiamava* perché in questo momento è priva di ricordi. Un essere malvagio glieli ha strappati, una specie di vampiro se ne è nutrito. Ma io non sono malvagio. Almeno. Non credo. Volendo, nessuno crede di essere cattivo.

Ha gli occhi aperti, persi nel vuoto. E non batte neppure le ciglia, alla ricerca del nulla. Al punto che i suoi occhi, immancabilmente, diventano velati di lacrime. Ma non piange. Non ha nulla di cui piangere. Non ha nulla.

Continuo a guardarla negli occhi, come imbambolato, ipnotizzato dalla loro bellezza. Marco vi si era perduto dentro la prima volta che si erano conosciuti e da lì era nato il loro amore. Martina ne era certa. Io ne sono certo, perché, in qualche maniera, io sono Martina. Posseggo tutti i suoi ricordi, a parte la risata di Irene. Già. La risata di Irene.

La vedo che corre verso di me. Mi ricorda i cartoni animati giapponesi, tipo Anna dai Capelli Rossi. Con le nuvolette di polvere ad ogni passo e le linee dritte per rappresentare la velocità. Ma è muta. Manca la sua risata. So che c'era, un tempo c'era stata. So che dovrebbe esserci. Ma non c'è. Quella è rimasta dentro di lei. Non me l'ha lasciata prendere. Io ho provato, con tutte le mie forze, ma lei... Lei non me lo ha permesso. Quella risata era della sua Irene. Di una Irene di cui non ha più alcun ricordo. Ha lottato come una leonessa e ha vinto. Ha trattenuto quella risata. La forza di essere madre. Non voglio più i ricordi di una donna, di una madre. Con l'informatore scientifico è stato più semplice, benché anche lui avesse una famiglia. Gli uomini sono più superficiali.

Sono un essere spregevole, questa è la verità. Un tempo ero diverso, ma la trasformazione mi ha reso quello che sono. Ma è la fame che mi costringe ad agire, a diventare cattivo, a strappare la vita alle persone. Perché i ricordi sono la nostra vita. Un bisogno talmente forte da farmi perdere in parte la ragione. Già. I ricordi sono la vita e io sto perdendo i miei, perché ogni volta aggiungo quelli di altri, i miei si confondono, si affievoliscono. Vivere e morire. Morire e vivere.

Resto così a guardarla, perduto nei suoi occhi che continuano a muoversi leggermente, a piccoli scatti, che sembrano cercare qualcosa, ma che non possono trovare più nulla.

Mi sento in dovere di fare qualcosa per lei. La conosco a fondo, meglio della sua migliore amica. Sono lei, nella sua profonda essenza, con tutti i suoi ricordi, i suoi desideri, i suoi sogni, le sue speranze. Stiamo per arrivare in stazione e là Patrizia mi aspetta. Devo fare qualcosa per me, per lei, per noi. Non sono così cattivo. Almeno. Credo di non esserlo. Mi sforzo di non esserlo. Aspetterò che passi il controllore e gli dirò che Martina sta male. Che ha bisogno di un medico o di qualcuno e poi dopo... Solo dopo che sarà al sicuro, andrò via.

"Ah, ah, ah..."
È un suono che rimbomba dentro di me. Da tutte le parti e da nessuna. Senza un luogo. Potrebbe spaventarmi, perché non lo conosco. Ma non è così. Mi è in qualche modo familiare. Un suono che mi piace.

Mi guardo intorno. Attorno a me c'è il vuoto. Spazi vuoti, luci e ombre. Un grigiore costante che mi avvolge, come un... Niente. Nulla che io riesca a identificare. Ma c'è il rimbombo di quel suono, che proviene da ogni parte e che forse un tempo aveva un significato per me.

Ma mi piace, mi culla, mi dà forza, mi accarezza. Mi fa sentire viva.
"Ah, ah, ah..."

IL TRENO FRECCIAROSSA AD ALTA VELOCITÀ NOVANTACINQUE QUARANTUNO DI TRENITA-LIA DELLE ORE DICIOTTO E QUARANTA PROVE-NIENTE DA MILANO CENTRALE È IN ARRIVO AL BINARIO SETTE.
ATTENZIONE.
ALLONTANARSI DALLA LINEA GIALLA.

Sono scesi tutti, uno dopo l'altro, senza spintonarsi, senza fretta, e la carrozza si è svuotata. Ognuno con il suo bagaglio.

Martina è davanti a me, seduta, lo sguardo perduto nel nulla. Respira lentamente, senza alcuna variazione e gli occhi sono perduti nel vuoto, sempre in continuo lieve movimento. Sul viso c'è il segno di una lacrima, un lieve umidore. Ma non è il segno del dolore.

Ha le mani poggiate sulle gambe, senza forza, e nella mano destra stringe appena il cellulare.

In questo momento è arrivato un messaggio.

Lo sento dal suono.

Vorrei guardare, ma non posso. Presumo che sia Patrizia che mi sta dicendo che è in stazione e che non mi vede. Mi starà cercando. Siamo amiche da sempre. Devo chiederle se ha un pigiama da prestarmi per stanotte... Che stupido! Martina contava di chiederglielo. Ma sono ancora in confusione. Martina aveva dei ricordi forti e una forte personalità. Era la madre Irene, alla fine.

Vedo ancora Irene che mi viene incontro, ma torno alla realtà. È il controllore che mi si sta avvicinando.

"Perdonate. Lei e la signora. Dovreste scendere."

Faccio un senso di assenso con il capo. "Lo so," confermo. "Ma non me la sono sentita di lasciare questa donna. Ha bisogno di un dottore, penso."

Aggrotta la fronte. "Vi conoscete?"

"Compagni di viaggio," rispondo vagamente. Cosa potrei dirgli altrimenti? La conosco perché è stata il mio pasto? No. Decisamente sarebbe fuor di luogo. "Parlavamo, e poi, di punto in bianco, si è zittita e ed è rimasta così, come imbambolata. Persa nei suoi pensieri." Continuo a mentire. So bene che non ha più pensieri. Sono tutti nella mia mente. "Sembra catatonica," continuo. "Non so. Forse è una forma di epilessia." Io di epilessia me ne intedo, anche se non ho partecipato alla presentazione dell'ultimo farmaco. Faccio una smorfia. "Ma io non mi intendo di queste cose, non sono un medico," insisto. "Anche se ho una buona conoscenza di alcuni farmaci. *Ich glaub ich spinne.* Certe situazioni mi confondono."

Il controllore prova a darle un colpetto sulla spalla. "Signora," le dice gentilmente. "Siamo arrivati a Roma. Dovrebbe scendere."

Il cellulare le scivola di mano e cade per terra, facendo un leggero rumore. Il lieve ciocco, però, non sembra scuoterla dal suo torpore. Martina rimane immobile, lo sguardo nel vuoto.

E io so perché.

L'uomo si china per prenderlo, e nel mentre lo fa, io mi alzo.

"A questo punto la lascio nelle sue mani," dico, inondando l'uomo di feromoni in modo che trovi piacevoli le mie parole. "Immagino che chiamerà un medico..." gli suggerisco aggiungo e mi allontano dalla scena. In fretta.

Prima che si renda conto della situazione, io sono sceso dalla carrozza e ho lasciato il treno dietro di me.

CAPITOLO 8

CARROZZA 9
POSTO 72

Dove sei? Ci sei? Spero di sì.

Riesci a sentirmi?

Essere che risucchia le anime?! Mi senti? Ci sei? Non so se ci riesci e come fai. Ma se sei in grado di fare quello che dicono i giornali, allora puoi sentirmi. Ne sono quasi certa. Sono qua per te. Per essere risucchiata. Per nessun altro motivo. Non devo andare da nessuna parte. Voglio solo che mi tiri via l'anima, che succhi tutti i miei ricordi, che cancelli la mia vita, che stracci in mille pezzi le mie sensazioni, che gratti via da me questa tristezza di cui non riesco a liberarmi, una tristezza infinita...

Non è uno scherzo. Ho investito gli ultimi soldi che mi restavano per salire su questo cazzo di treno. E se non mi risucchi, non so come fare a tornare a casa. Certo. C'è sempre un modo. Posso prostituirmi per un biglietto di treno. Oppure si può salire su un treno a sbafo come ha fatto Roberto una volta, prima che...

Se ne vantava, l'idiota. Come se avesse fatto una cosa da Oscar o da Nobel. Però gli Oscar non li danno a quelli che viaggiano a sbafo sui treni. Gli Oscar sono per i film. Certo potrebbero fare un film su uno che viaggia su un treno a sbafo. Da Roma a Pechino a sbafo. Te lo immagini? Premio Nobel per il più lungo viaggio a sbafo su un treno. Come se non ci fosse un sacco di gente che si intrufola nei treni, si chiude nei bagni per non pagare il biglietto, va avanti e indietro per evitare un cazzo di controllore il cui unico impegno nella vita è quello di dire "biglietti" e di bucarti un biglietto. Tiè! Eccoti bucato il biglietto. Se vuoi ti faccio un altro buco e un altro ancora. Posso farti buchi nelle orecchie e un piercing all'ombelico. Posso fare buchi dovunque. Un controllore esperto in buchi. Buchi nell'ozono. Buchi nei campi di grano. Buchi nel terreno, scavati o da impatto. Click e un buco sul biglietto. Boom e un buco nel terreno.

Cadere da una impalcatura. Deve essere stato un volo infinito, come quello di un uccello. E il cielo azzurro che ti avvolge e l'aria fresca che ti schiaffeggia. Un volo lungo un istante e poi la fine senza soffrire. Ma chi ha detto che non si soffre a morire in un certo modo? È morto sul colpo. Ma cosa vuol dire? Che non si sente dolore? Come quello che muore nel sonno. È morto sereno. Gli si è fermato il cuore. Ma che cazzata! Se ti si ferma il cuore hai un dolore lancinante. Il cuore è un muscolo. Se si ferma di colpo è come se... Come un crampo. Un crampo. Fa male. Certo. Dura un istante, ma un dolore da morirci. Così muori sereno nel tuo immenso dolore. Una sofferenza breve quanto la frazione di secondo dell'impatto. Ma una frazione di secondo di dolore è sempre un dolore, tanto forte da ucciderti. O forse muori perché devi morire.

Già. Come ha detto quel prete nel suo sermone con la sua faccia di cazzo atteggiata ad un finto dispiacere, mentre la madre di Roberto piangeva e io ero in un angolo della chiesa, in fondo, perché sua madre mi odiava e perché vivevo nel *peccato insieme a suo figlio. Una donnaccia. Ecco quello che ero e che sono sempre stata per lei e anche il prete lo pensava. Mi guardava, di tanto in tanto con disprezzo, lanciandomi uno sguardo quasi a dire che se Roberto era morto era perché viveva nel peccato e Dio punisce.*

Come si chiamava? Padre Giovanni... Fa quasi ridere. Don Giovanni? Chissà con quante ci ha provato nella sua vita. Perché i preti hanno anche loro i loro bisogni fisici. Figurati uno che si chiama Don Giovanni. E c'è sempre qualche parrocchiana disponibile. Qualcuna che loro convincono di essere nel peccato e che possono redimere...

Mi senti? Avevo un compagno e un sacco di programmi e se ne sono andati a farsi fottere, tutti in un attimo con un volo dal settimo piano di un edificio in costruzione. Certo. Hanno fermato i lavori e c'è un'inchiesta sul costruttore. La sicurezza sul lavoro. Dicono che ci siano troppi incidenti sul lavoro in Italia. Come ha detto il presidente Mattarella?

"Morire in fabbrica, nei campi, in qualsiasi luogo di lavoro è uno scandalo inaccettabile per un Paese civile."

Grazie! Nessuno controlla, oppure chi deve controllare chiude gli occhi di fronte ai soldi. Mazzette in cambio della vita. O la borsa o la vita. Datemi la borsa e della vita degli altri me ne fotto. E Roberto c'è finito in mezzo. Quanto è stata pagata la sua vita? Mille euro o forse diecimila. Un piatto di lenticchie.

Roby. Dove sei? Chissà se c'è un mondo dopo o è tutta una cazzata pure quella? Non ne sarei sorpresa. Se l'Al di Là è gestito da Don Giovanni e dai suoi compagni, probabilmente sarà un'immensa fregatura. O forse non c'è affatto e loro ce la raccontano, in modo che dipendiamo da loro e gli diamo i nostri soldi.

L'otto per mille. A chi lo do? Do ut des. Tu che mi dai in cambio? Inferno o paradiso? Il regno dei cieli per una manciata di soldi che non devi nemmeno sborsare. Basta che metti una firma qua, nell'ultima pagina della dichiarazione dei redditi, sotto la Chiesa in cui credi e ti sei guadagnato un posto d'onore nel cielo. E quando sei in cielo, puoi volare fino a quando il tuo peso non ti fa precipitare. Per la legge di gravità. E fai un botto e le tue ossa sono tutte frantumate, alcune escono fuori perfino dalla carne e c'è un sacco di sangue che ti circonda. Il tuo.

Non abbiamo molto sangue. Solo cinque litri, ma è rosso e macchia e sembra tanto e quando si allarga la chiazza sembra crescere a dismisura...

Nei film quando uno muore ci mettono sempre un po' di sangue vicino. Se ha battuto la testa, c'è un po' di sangue vicino alla faccia per far capire che il morto ha sbattuto là e da lì è uscito il sangue. Ma è poco e finto. Quello di Roby era vero ed era tanto. Tanto. C'era sangue dovunque. E la chiazza si era mescolata con la polvere fino a diventare una crema, un immenso budino liquido che lo aveva circondato interamente.

Chissà a cosa aveva pensato nei pochi istanti prima dell'impatto. Dicono che prima di morire, ti scorre tutta la vita davanti agli occhi. Questo quando hai una vita per morire; ma quando hai un secondo o due, se sei fortunato, che cosa ti può scorrere? Immagina che abbia voluto ricordarsi di te. Che avrebbe potuto dire? Giorg... e già sarebbe morto. Ammesso che abbia pensato a te. Ma probabilmente ha pensato a sua madre. I maschi sono tutti mammoni. Mamm...

No. Non ce l'hai il tempo di formulare il pensiero di un nome completo che già sei per terra, sfracellato. Altro che tutta la vita. Spero che abbia pensato a sua madre. Se avesse pensato a me, sarebbe stato maledetto per tutta l'eternità. Te lo immagini davanti ai Santi Padri di Don Giovanni? "Roberto Caliri, sei morto pensando a Giorgia, una donnaccia con cui hai macchiato gli ultimi giorni della tua vita. È per questo che abbiamo provveduto a toglierti dalla terra. Per evitare che soffrissi ancora e che soffrisse quella santa donna di tua madre..."

Così siamo qui. Tu ed io. Spero che io non ti faccia schifo con tutti i miei problemi. Sono andata a salutare la madre di Roby dopo la funzione e lei mi ha detto "Vattene, puttana. Se mio figlio è morto è solo per colpa tua."

È volato giù da un palazzo in costruzione mentre lavorava, non perché l'ho spinto io! Ma per lei è come se io l'avessi gettato giù. Ma io non l'ho convinto a prendere quel lavoro. Non l'ho mai forzato a fare delle cose che non sapeva fare. Anzi. Tante volte abbiamo litigato per questo.

Ma succede quando non c'è lavoro o il lavoro è poco. Prendi quello che puoi, con i rischi che tutto questo comporta. E lui voleva lavorare, non voleva dipendere dai suoi. O forse i suoi non lo aiutavano perché viveva con una donnaccia. E così se tutto è successo, alla fine è sempre colpa mia.

Ecco perché ho comprato il biglietto per questo treno. I giornali dicono che oggi tu prenderai qualcuno e te ne nutrirai. Se lo fai con me, mi daresti una mano di aiuto. Non chiedo molto alla fine. Puoi risucchiami tutto quello che mi vuoi risucchiare. Poi, se vuoi risucchiare un altro, puoi sempre farlo. Eventualmente tienimi come seconda scelta. Va bene lo stesso. Immagino che ti avvicinerai a me, come sta facendo adesso questo coglione di controllore. Lui non cadrà mai giù da un palazzo. Ha un lavoro ed è felice di fare i buchi.

Ho il biglietto nella tasca dei jeans. Come li fanno stretti. Che cazzo ha da sorridere?

"Un attimo," *gli dico.*

"Faccia con comodo. Siamo qui senza fretta."

Ma chi si crede di essere! Ma che cazzo vuole?

Tiro fuori il biglietto.

"Ecco qua. Trovato. E comunque non c'è niente da sfottere. È il suo lavoro e deve aspettare."

Deve essere rimasto sorpreso da come l'ho trattato. Probabilmente tutti sono gentili con lui. Ma io non voglio essere gentile. Non si ottiene niente ad essere gentili. Non ne vale la pena. Ti dicono solo che sei una puttana e non ci sono puttane gentili. Da nessuna parte del mondo. Ci sono solo puttane puttane che si accaparrano i poveri figli ingenui delle sante donne e li trasformano in schiavi fino a farli morire. E Roberto ha subito questo destino.

Spero che tu non ti formalizzi. Intanto lui fa il buco nel mio biglietto. Un buco. Una voragine. È quadrato. Una volta li facevano tondi, ora li fanno quadrati. Come cambia il mondo! Si evolve. Da tondo a quadrato. Il controllore ora se ne sta andando e va a sverginare il biglietto di qualcun altro con il suo micropene quadrato. Chissà come sarebbe il mondo se invece di essere una sfera, fosse quadrato. Uno splendido cubo con dodici lunghe linee di demarcazione da cui si potrebbe precipitare nel vuoto. E si potrebbe cadere all'infinito, senza sbattere contro nulla. Precipitare nel vuoto. È quello che succede agli astronauti quando perdono l'adesione con la loro navicella. È per questo che hanno i legami. Altrimenti precipiterebbero. Pure gli scalatori hanno la corda così se sbagliano a mettere un piede e scivolano, possono cadere, ma sono frenati dal cavo legato ad un precedente chiodo ben fissato.

Si fanno male, sbattendo contro la parete, ma non precipitano e non si sfracellano contro il fondo della valle. E invece Roby non era legato. E così è volato giù. Era legato a me, ma io non sono una corda e non sono stata abbastanza forte da aiutarlo quando aveva bisogno. Avrei dovuto dissuaderlo ad accettare quel lavoro. Ma non l'ho fatto e non l'ha fatto neppure sua madre che ci teneva tanto. Ma io ero quella che gli stava vicino, non sua madre. Era cresciuto per stare mano con mano con sua madre. A letto le nostre mani erano incrociare una nell'altra, sempre. E invece, là per terra, una era girata aperta e l'altra chiusa, tutte e due immerse nel sangue, in quella specie di pappa rossa che era uscita dal suo corpo.

Prendimi. Succhiami l'anima. Abbi pietà. Fallo perché io sono troppo spaventata dalla morte e troppo vigliacca per cercarla da sola...

CAPITOLO 9

CARROZZA 9
POSTO 82

Eccone un altro. Sarà un tipo normale che ha preso il treno per spostarsi da un punto all'altro dell'Italia o uno di quei tipi strani che si sono dati appuntamento in questo treno? Sarà un giornalista, un suicida, uno psicologo, un agente della sicurezza, un demente...? Questo è il treno dei mentecatti.

Sta guardando su un tablet delle immagini. Sembra un affresco. C'è un angelo che combatte contro un dragone. Mi pare di aver già visto qualcosa di simile. Guarda immagini sacre per proteggersi l'anima. Vorrà pregare perché non cada preda del mostro succhia anima.

Non si è neppure accorto di me che stavo arrivando. È così preso.

Mi nota con la coda dell'occhio. Si gira verso di me. Poggia il tablet e mi porge il biglietto.

Guardo il percorso.

"Scende a Firenze," commento. Non è una domanda. Il biglietto parla per lui.

Il giovane fa un cenno con il capo. "Faccio una ricerca. La tesi," spiega.

"Qualcosa che ha a che fare con l'arte," dico indicando l'immagine sul tablet.

"Un affresco di Giotto. Michele che sconfigge il Dragone. Col plauso degli angeli che lo osservano."

"È a Firenze?" chiedo. *Domanda stupida.*

"Nella cappella Velluti."

"Interessante," commento riconsegnandogli il biglietto e chiudendo così il discorso.

Non voglio dirgli che è un affresco brutto. Non mi piace. Ne ho visti tanti di Michele che ammazza il Dragone, ma questo è proprio brutto. Ha detto che lo ha fatto Giotto? Probabilmente era bravo a fare le O, ma non a disegnare Michele. Va bene che i quadri del periodo sono tutti brutti, piatti, senza un minimo di profondità. Sarà un problema dell'epoca. Ma vuoi mettere l'effetto 3D?

CAPITOLO 10

CARROZZA 10
POSTO 31

Il treno è completamente vuoto e a me tocca stare seduto qui, vicino a questo tizio che puzza lontano un miglio di giornalista. Non mi sorprende. È il treno incriminato. Immagino che ce ne saranno decine disperse nei vari vagoni, ognuno pronto a fare lo scoop del secolo.
PASSEGGERO PERDE LA MEMORIA.
IL MOSTRO DELLA MEMORIA COLPISCE ANCORA

Titolone in prima pagina. A volte mi domando se i titoli vengano scelti da chi scrive l'articolo o c'è un giornalista proprio addetto a redigerli. E se è così come si chiama? Il titolista o il titolaio. Fatto sta che sono fatti per attirare il lettore. Devono in qualche modo riassumere quanto c'è scritto dopo, al punto da stimolare chi legge a proseguire. Devono dire tutto e non far trapelare niente. In realtà in un articolo a volte è più importante il titolo di tutto il contenuto. Un treno di scrittori, giornalisti, tutti a ruotare attorno a un ipotetico mostro che forse non esiste nemmeno.

Già. Perché potrebbe trattarsi solo di una montatura per cercare di spillare soldi alla compagnia. Non è la prima volta.

E qui entriamo noi. Io. Il super eroe, salvatore della compagnia che ha vinto l'ultimo appalto di assicurazione per Trenitalia. Che forza! Armato di penna laser e carta magnetica scrivo a distanza la descrizione di quanto sta accadendo. Praticamente niente. Ma i super eroi ci stanno per questo. Salvare l'umanità. Salva la cheerleader, salverai il mondo. Posso scegliere i miei superpoteri. Posso volare, colpire con il fuoco, con il ghiaccio, con la super forza, guardare con la super vista.

Mi basta stringere gli occhi e simulare uno sforzo e posso volare indietro e avanti nel tempo. Sarebbe bellissimo. Potrei vedere cosa è successo veramente su questo treno. Ma non è possibile. Se mi spostassi indietro nel tempo probabilmente mi ritroverei in mezzo allo spazio, nel vuoto profondo. Già, perché nel frattempo la terra si sarebbe spostata e non c'è nessuna legge, a parte quella dei fumetti e della fantascienza che riuscirebbe a tenermi legato allo spazio che attualmente occupo.

E invece non ho poteri se non quelli di guardarmi attorno e fare una relazione su quanto sta accadendo, niente, e quanto accadrà, probabilmente niente, su questo treno.

"Il suo biglietto."

Il controllore. Già. Lui vuole il biglietto. Adesso arriva. Certo potrebbe essere lui il mostro. Il colpevole è sempre una persona vicina alle vittime. In una casa è il maggiordomo, in un treno chi meglio del controllore? Elementare, Watson. Lui controlla i biglietti e osserva le sue vittime potenziali. Le studia, mentre fora il loro certificato di viaggio. Chi meglio di lui? Magari in questo momento mi sta guardando, sta analizzando le mie onde cerebrali per vedere se sono adatte al prelievo. Devo confonderlo. Penserò a cose diverse per impedire che possa leggere nella mia mente. Una chee-

secake. Buono. La crema. Un abbraccio. Una tipa che mi piace. Ha il naso un po' lungo, ma non tutti siamo perfetti e comunque sono le imperfezioni che rendono belle le persone. Mi berrei una birra. Non ci sta bene con la cheesecake, ma va benissimo da sola. In America, nei telefilm, non fanno altro che bere birra. E quella con il tappo a vite. Gira il tappo, batti una birra contro l'altra come per fare cincin e poi tutti a bere. Non devo concentrarmi su qual cosa di specifico, perché altrimenti potrebbe prendermi. Il paesaggio! Fuori dal finestrino scorre, ma fra poco non si vedrà quasi più niente. Le giornate sono corte in inverno. La neve. Un pupazzo. La carota al posto del naso. Avrei voglia di una tortina di carote, una Camilla. Camilla, la fiamma di Filippo d'Inghilterra.

Si è girato. Mi sembra perplesso. Mi pare ovvio. L'ho confuso. Sempre che sia lui. E se non fosse? Vuol dire che, in quel caso, di confuso ci sono solo io. Ora si sta interessando al biglietto del giornalista. Ogni biglietto ha un numero diverso. Praticamente i biglietti sono degli oggetti unici. Si potrebbe cominciare a farne la collezione. Silvia fa raccolta dei biglietti del cinema. Ogni film che va a vedere, un biglietto. Ne ha centinaia. Vuol dire che va spesso al cinema. Già. È una logica conseguenza. E prende il gelato mono gusto. A lei non piace unire più sapori. Non ho mai mangiato a casa sua. Chissà come cucina. Un solo sapore?

Ora sta andando dal gruppo appresso. Controllore, controlla i loro biglietti. I loro cervelli. I loro pensieri. Controlla ogni cosa. Che stupidaggine. Ma perché diavolo sto qui. Te lo dico io. Perché è il tuo lavoro. Ti mandano, appuri che sono tutte scemenze, fai la tua relazione in cui dichiari che le persone hanno perso la memoria per qualcosa al di fuori della responsabilità di Trenitalia. Una coincidenza, anche se ra-

senta l'improbabile il fatto che succeda da mesi sempre sullo stesso treno e alla stessa ora. E tutti saranno felici. Trenitalia non sarà responsabile degli incidenti. L'assicurazione non dovrà pagare. Io riceverò un buon premio di produttività per aver scongiurato il pericolo e quanto ai familiari di quelle persone coinvolte e le persone stesse si arrangeranno. Alla fine se io vado in autobus, uno mi starnutisce in faccia e io contraggo il virus Ebola, non è certo responsabile la compagnia dei Tram dell'accaduto.

Ebola. Perché ho pensato all'Ebola. Forse l'allarmismo per la diffusione in alcune aree africane. O forse troppi film catastrofici. Questa è la verità. E troppi telefilm. In Italia non si legge più. Grazie. Non c'è bisogno. Abbiamo la televisione che ci evita la fatica. Avrei potuto pensare al Covid. Ma a quello ci pensano tutti.

CAPITOLO 11

CARROZZA 10
POSTI 41, 42, 48, 55, 64, 66

"Biglietti, signori"

Una carrozza con soli otto viaggiatori. Le leggende metropolitane mietono sempre vittime. C'è gente che ha paura di vedere spuntare dalle fogne i coccodrilli e chi teme di avere risucchiata la memoria e forse la personalità da un essere misterioso.

Il primo mi porge il suo.

"Non ha paura del mostro di cui tanto si parla?" chiedo, tanto per scambiare qualche parola.

In realtà non so perché lo faccio. Una delle cose che detesto è familiarizzare con i passeggeri. Magari giocarci al gatto e al topo come ho fatto con i ragazzi due carrozze fa. Ma nient'altro. E questo non è certo una bella ragazza. Ci viene insegnato che mantenere le distanze è l'atteggiamento migliore da tenere durante il servizio. Come ai poliziotti che non possono bere durante il lavoro e alle suore di clausura che non devono avere rapporti con nessuno.

"Avrei fatto a meno di salire su questo treno," mi risponde. "Ma sono qui per conto dell'assicurazione su cui si appoggia Trenitalia perché temiamo che possano esserci delle ritorsioni."

"Capisco," dico facendo un cenno di assenso. "E lei?" Mi rivolgo all'altro passeggero dall'altra parte del tavolinetto.

"Giornalista," mi risponde. E questo spiega tutto. In cerca di scoop, probabilmente.

Che razza di treno! E che passeggeri assortiti! Passo ai successivi tre, ma non sono tanto diversi dagli altri. Alla fine chi viaggia ha uno scopo. Andare in un posto lontano, tornare a casa, raggiungere la propria famiglia, la ragazza. C'è anche chi viaggia per diporto e chi per lavoro. Ma qui ci sono molti sciacalli. In attesa che succeda qualcosa, a prescindere di chi sarà la vittima. Sono come quella gente che andava a fare vacanza a Cogne o in quel paesino della Puglia dopo le morti, o all'Isola Del Giglio dopo il naufragio. Come lo chiamano? Turismo nero? No. Mi pare "Turismo Dark". Ma che importa! Comunque lo chiamino è uno schifo lo stesso.

Prima quello dell'assicurazione e il giornalista. Non ci vuole molto a capire la gente. Chi fa il mio mestiere e ne vede a centinaia al giorno, dopo un poco è capace di leggere quello che non solo è scritto fra le righe, ma anche quello che non è stato mai scritto. Che pensiero profondo! Dovrei essere soddisfatto di me stesso. Se solo mi aumentassero la produttività solo per i pensieri! Un pensiero, mille euro. Due pensieri, duemila euro. Tre pensieri... facciamo quattromila euro. Un premio sul premio. Sarei milionario.

E ora ci sono questi tre. Guarda quante arie si danno. Parlano fra di loro. Fanno accenni al loro progetto. Uno dice che la reazione collettiva si può misurare e comunque prevedere. L'altro non è d'accordo e sono perfino pronti a scommettere su chi possa avere ragione. Sono psicologici o psi-

chiatri del cavolo. Hanno preso questo treno per vedere cosa succederà alla gente quando scoppierà la bomba e si spargerà la voce che il mostro ha colpito ancora.

Panico. Paura collettiva. C'è bisogno di loro per capirlo o per studiarlo? La gente comincerà a gridare, presa dalla paura che possa essere colpita. Le persone cominceranno a correre, si assembleranno per scendere. Si spintoneranno. Qualcuno si potrà perfino fare male. È per questo che devo intervenire e tenere gli occhi aperti in modo da minimizzare le conseguenze, ammesso che succeda qualcosa.

Datemi i biglietti, piuttosto, che non ho tempo da perdere. Ma guarda come sono lenti. Ah. Ce li ha tutti uno. Meglio. Li guardo. Li avranno acquistati via Internet. Questa gente si muove all'ultimo momento. Niente di programmato. "Che ne dite? Prendiamo anche noi quel treno? Vediamo quello che succede?"

Già. Perché qualcosa succede sempre. Anche se non succede niente. Perché c'è gente allarmata, preoccupata, pronta a reagire per un nonnulla.

Come questo accanto. L'uomo della sicurezza. Il Rambo del vagone.

Si tiene in contatto con gli altri nelle altre carrozze. Ce n'è uno in ogni vagone, con il walkie talkie pronto ad intervenire. Già perché nessuno sa dove il dissennatore colpirà e quale sarà il babano di cui vorrà prendere la memoria. Potrebbe essere uno degli psicologi barra psichiatri o il giornalista, o l'investigatore o quell'uomo o quella donna poco più avanti. Probabilmente loro no, perché sono in coppia e l'essere dovrebbe in qualche modo avvicinarsi alla vittima. L'altro se ne accorgerebbe. Sono anziani. Una coppia marito moglie di una certa età. L'uno o l'altro se ne renderebbe conto e darebbe l'allarme e subito l'uomo della sicurezza scatterebbe e colpirebbe il dissennatore in qualche modo impedendogli di portare a segno i suoi programmi.

Non c'è nessun altro. Carrozze vuote, oggi. Mai visti tanti posti liberi. Colpa del succhia anime. Di certo non lavora per Trenitalia. Non mi resta che passare all'ultima carrozza.

CAPITOLO 12

CARROZZA 11
POSTI 34, 56, 58, 62, 64

Mai vista una desolazione maggiore. Carrozza quasi vuota. Cinque passeggeri. Giornalista. Giornalista. Giornalista. Uomo della sicurezza. E un tizio attaccato al tablet che fa scorrere grafici. Che spasso. E che varietà. Va bene che ci sono ancora le fermate di Bologna e di Firenze, ma se è vero che chi ben comincia è a metà dell'opera... beh, allora, siamo vicini al fallimento.

Frecciarossa. Il treno della disperazione. Corri veloce, sul tuo binario, percorrendo chilometri su chilometri. Un lungo verme che scivola nella sua tana. Un centopiedi che zigzaga fra i sassi sotto il sole caldo dell'estate, muovendo i suoi anelli segmentati e le minuscole zampe in continuo sincrono. Spero che si arrivi in fretta e che finisca tutto ancora più velocemente. In qualunque modo debba finire. Diamo un colpo ai loro biglietti e torniamo alla postazione nel Business. Là almeno c'è un po' di gente e decisamente più interessante di questi. C'è un po' di vita. Per quel che la si possa considerare.

PRIMA FERMATA

STAZIONE DI BOLOGNA

IL TRENO AD ALTA VELOCITÀ FRECCIAROSSA NOVANTACINQUE QUARANTUNO DI TRENITALIA PROVENIENTE DA MILANO CENTRALE E DIRETTO A TARANTO DELLE ORE SEDICI E VENTIDUE È IN ARRIVO AL BINARIO DICIOTTO.
ATTENZIONE.
ALLONTANARSI DALLA LINEA GIALLA.

Il treno in avvicinamento. Il fischio dei freni. Lo stridore del metallo contro il metallo. Prolungato. Fino a che il treno non è fermo. E poi il silenzio.

L'apertura delle porte. Simultanea.

C'è movimento al binario diciotto. Gente in silenzio, a passo veloce, che porta borse e valige. Alcuni appena scesi. Altri si accingono a salire. Sopra tutto la voce sintetizzata dello speaker ricorda di sgomberare i binari e annuncia l'imminente partenza.

Una ragazza scende dalla scala mobile che dal piano superiore l'ha portata alla nuova area interrata. Si guarda attorno.

Il treno fermo in attesa. Colonne bianche con la base coperta di acciaio. Trae un sospiro.

Si volge indietro. "Ci siamo. È qua. Sta per partire," dice. "Fate in fretta."

Dall'alto della scala mobile, la voce di un'altra ragazza le risponde: "Stiamo arrivando. Fai in modo da fermarlo."

"Che faccio? Mi butto sotto i binari per bloccarlo? Le porte sono ancora aperte e il treno non parte se non sono chiuse. Il problema è che dovrebbe partire da un momento all'altro. Qui ha un tempo di sosta teorico di soli tre minuti. Voi intanto sbrigatevi."

"Che cagata! Tre minuti! Non c'è neppure il tempo di salire e scendere." Dopo pochi istanti la seconda ragazza raggiunge il piano insieme ad un vecchio, che si muove a passo lento. Ha il viso profondamente segnato dalle rughe del tempo e i capelli, ormai radi, bianchissimi.

L'uomo si ferma a guardare il treno. Le vetture sembrano quasi unite l'una all'altra, non agganciate come quelle di un tempo. Quasi siano un tutt'uno. Ma è solo un'illusione. Meccanicamente le carrozze devono potersi muovere in modo solidale alle altre, ruotando a destra o a sinistra di una certa percentuale di gradi a seconda delle curva dei binari. Lo sa bene. C'è stato un tempo della sua vita in cui, da ragazzino, ha ingrassato i giunti. Quindi si tratta solo un'illusione ottenuta con opportune coperture e soffietti. E quella striscia rossa che sembra percorrere tutto il treno in modo continuo serve solo a rendere la linea del treno fusiforme ed accentuarne il senso di velocità.

"Sembra un giocattolo della Lima..."

IL TRENO AD ALTA VELOCITÀ FRECCIAROSSA NOVANTACINQUE QUARANTUNO DI TRENITA-

LIA DELLE ORE SEDICI E VENTOTTO PER TA-
RANTO È IN PARTENZA DAL BINARIO DICIOTTO.

FERMA A BOLOGNA CENTRALE, FIRENZE SAN-
TA MARIA NOVELLA, ROMA TIBURTINA, ROMA
TERMINI, NAPOLI CENTRALE, SALERNO, POTEN-
ZA CENTRALE, FERRANDINA, METAPONTO, TA-
RANTO.

LA PRIMA CLASSE È IN TESTA AL TRENO. SU
QUESTO TRENO È DISPONIBILE IL SERVIZIO DI
RISTORAZIONE.

La prima ragazza intanto, quasi di corsa, superate un paio
di carrozze, raggiunge l'ingresso di quella in cui sono preno-
tati i loro posti. "Ecco. È questa," dice facendo cenno alla sorella. "Carrozza dieci. Dobbiamo prendere questa."

"Dai, nonno," dice quella vicina all'uomo anziano. "Dobbiamo andare lì. Facciamo in fretta. Non ci aspettano."

L'uomo fa un cenno di assenso con il capo. "Lo so," dice.
"Una volta..."

"Proprio così, nonno. Una volta. Ma adesso ti devi muovere. Bisogna fare in fretta."

Fare in fretta. Non è mica stato lui a chiedere di andare su
quel treno! Con la velocità che le sue vecchie gambe gli consentono, percorre il tratto di banchina fino all'ingresso della
carrozza. Gli facevano male le ginocchia, quel pomeriggio.
Proprio oggi. Maledizione! Si afferra alla maniglia e, spinto
dalla nipote, non senza sforzo, sale i due gradini.

La porta che separa il preingresso si apre automaticamente al loro passaggio. La carrozza è grande, spaziosa. Non è
divisa in scompartimenti chiusi, come quelle che conosceva
lui, quando, tanti anni prima, vi aveva lavorato come capotreno.

È un ambiente unico, come lo erano quelle in cui, da ragazzo aveva viaggiato. Ma allora vi erano panchine in legno e qualcuno portava con sé perfino la pecora.

E non c'è l'odore del treno, quella specie di odore di limatura di ferro che ti entrava nelle narici e di cui non riuscivi a liberarti neppure con il sapone Palmolive. Che razza di treno è quello che non puzza di treno?

"È strano," commenta.

"Non più di tanto," dice la prima ragazza. "Ormai i treni sono quasi tutti così. Naturalmente quelli dove non sono previste le cuccette."

La sorella la guarda perplessa.

"L'ho letto in Internet," chiarisce.

L'uomo intanto ha preso posto e le ragazze si siedono l'una accanto all'altra di fronte a lui.

Capelli neri, corti, occhi azzurri, naso non troppo sottile in un viso di un ovale perfetto. Sembrano l'una la copia dell'altra e lo sono, infatti. Gemelle monozigote.

"Allora?" chiede la prima rivolta al nonno che si guarda intorno estasiato. "Che te ne pare?"

"Sembra incredibile," risponde l'uomo dimenticando per un attimo i propri acciacchi. "È ... è bellissimo."

"E non è finita qui," fa eco la seconda. "Per te deve essere un compleanno memorabile. Novanta anni non si compiono tutti gli anni."

"Già," conferma l'uomo. *Novanta anni. Sono volati in un attimo. Quando si è ragazzini gli anni non passano e si contano i giorni per farli passare più in fretta. Ma con il passare degli anni accelerano fino a prendere il volo. E i miei sono davvero volati.* "Se la nonna avesse visto tutto questo..."

"Volevamo farti un regalo speciale, nonno. E così per un vecchio ferroviere, abbiamo pensato che un giro con l'alta velocità è quello che proprio ci vuole."

"Con un pizzico di *suspense* e pericolo, visto che qua sopra potrebbe viaggiare il mostro che mangia la memoria alla gente," conclude la seconda. Sorride. Naturalmente sono sciocchezze, ma fanno folklore..."

"Ma tanto, a noi non potrebbe succedere nulla," commenta la prima. "Siamo in due. Non potrebbe colpirci entrambe e, vedendoci, entrerebbe in stato di confusione. Quale scelgo? Sono uguali. E resterebbe lì inebetito guardando prima me e dopo Nora. E non potrebbe colpire neppure te, nonno, perché, diciamo la verità, non è che tu abbia sempre dei ricordi chiari." Sorride di gusto.

"Brutta impertinente." Scuote il capo. "Voi ragazze non avete rispetto..." *Ma che dici. Hanno speso dei soldi per te. Potevano usare quel denaro per loro stesse e invece stanno provando a farti un regalo speciale. Lo fanno perché ti vogliono bene e ti rispettano.* "Ma siete così tenere," conclude. "E dolci."

Gli occhi delle ragazze si illuminano.

"Non esistono esseri che fanno cose di questo genere," dice semplicemente l'uomo. "Probabilmente è una trovata pubblicitaria dei giornali per guadagnare. I giornalisti sono sempre alla ricerca della notizia che faccia aumentare le vendite del loro giornale. È sempre stato così."

"Ma così vanno a discapito delle Ferrovie. Non mi pare che questo treno sia strapieno," commenta Anna. "Probabilmente molti hanno avuto paura di prenderlo. Molta gente crede a quello che scrivono i giornali, e comunque, a prescindere, ci sono delle persone che sono in ospedale prive di memoria, e tutte quante l'ultima cosa che hanno fatto prima di dimenticare è stata quella di viaggiare su questo treno. Francamente è una cosa che mette ansia."

L'uomo lascia scivolare lo sguardo verso il finestrino. Il treno è ormai partito. *Non ce ne siamo accorti per niente. Il paesaggio scorre veloce. Molto veloce. Troppo veloce. Non c'è tempo per guardare il mondo. Si va troppo svelti, c'è sempre fretta. Non c'è più il tempo di fermarsi, di riflettere. Per questo la gente si ammala di nervi. L'uomo è fatto per andare lento, non così veloce.*

"Il mondo è cambiato," dice rivolto alle ragazze. "Ai miei tempi la cosa peggiore che ti poteva capitare era che il *monaciello* ti portasse dei soldi o ti facesse dei dispetti solo perché eri andato in giro a dire di lui. Ma nessuno ti risucchiava la memoria. Nessuno ti faceva del male, a meno che non fossimo in guerra. Là ci si faceva del male davvero e c'era chi lo faceva per il puro piacere di colpire la gente. Ma non tutti erano così, e comunque si sapeva chi era il tuo nemico."

"Già," sospira una delle ragazze preparandosi ad ascoltare la storia di come avesse combattuto e di come fosse riuscito a sfuggire ai suoi nemici. *La racconta sempre. E sistematicamente dimentica di averla narrata.*

STAZIONE DI FIRENZE

Sono qui, a guardarmi attorno, di fronte a quella che un tempo era la sala di attesa e che adesso conserva solo la scritta in alto, sopra le porte scorrevoli e che è adibita solo ai viaggiatori Freccia Vip. Non per me, non per il mio biglietto. Sono arrivato con largo anticipo. Come ogni volta. Come ogni mese. Non posso rischiare di perdere il treno. L'orologio. Un vecchio Longines d'acciaio che apparteneva a mio padre. Lancette dorate in una cassa d'acciaio. Ci sono i rubini, dentro. In internet c'è scritto che oggi non si usano più, tranne per gli orologi di valore. Ho un orologio di valore, quindi. Mi piacciono quelli da taschino. Che ore sono? Estrai il tuo orologio legato con la catena, fai scattare il coperchio e guardi l'ora, magari scritta in numeri romani. Meglio gli arabi. Sono più facili da leggere. Non se ne staccava mai. Una vita fa. È stata l'unica cosa che ho conservato di lui quando è morto. Si conserva sempre qualcosa di chi ci è stato caro. Una reliquia. Un ricordo tangibile. Anche i serial killer conservano sempre qualcosa di quelli che hanno ucciso. Ma in quel caso si chiamano feticci. Ma io non ho ucciso nessuno. Non ancora. Ho solo un ricordo di mio padre. La memoria a volte tradisce, ma non un oggetto. Non ricordo cosa gli sia successo. I ricordi sono confusi, mescolati a quelli degli altri. Ma la presenza dell'orologio al mio polso mi rassicura sulla paternità di questi ricordi. Sono le sedici e venticinque. Il Frecciarossa dovrebbe essere arrivato a Bologna e forse è già pronto a partire. Fra trenta minuti sarà qui, a Firenze. E io potrò salire. Potrò mangiare. La grande fame. La sento già. Per la sesta volta.

Pavimento in marmo a strisce bianche e rosse. Gente attorno alle macchinette automatiche dei biglietti. Gente ferma in mezzo alla stazione che guarda i grandi tabelloni delle partenze e degli arrivi. Altri che trascinano il trolley, altri fermi a chiacchierare in attesa dell'arrivo del proprio treno. Chissà se fra questa gente qualcuno oltre me ha le prenotazioni per il Frecciarossa. Potrei provare a sentire, ma rischio di stancarmi. Limitare lo spreco di energie. Mi aiuta a limitare la fame. La fame mi spaventa. Mi spiazza. Mi fa perdere il controllo e mi scaraventa dentro la testa della gente, facendomi sentire i loro pensieri senza controllo. E i pensieri di tanti mi schiacciano, mi tolgono il respiro.

Osservare. Mi limito ad osservare. Come fanno tutti. Ci si guarda l'uno con l'altro con sguardo curioso e al tempo stesso stranamente assente. Alla ricerca di fattezze fisiche che possano colpire la nostra fantasia. Il tizio grasso, la donna magra, quello alto, quello basso. La ragazza felice, quella triste. Il tatuaggio, il piercing, la cicatrice, lo sguardo assente, quello disperato, quello di rabbia. Osservo sempre la gente che gesticola. Quando si gesticola si racconta una storia, la nostra. Gesticolare è espressione di una grande capacità di comunicazione. Il New York Times ha dedicato un servizio alla nostra abitudine di muovere le mani mentre parliamo. Gli americani si interessano a noi. Le scarpe, l'abbigliamento e ora anche i nostri gesti. Oh, l'Italia!

La luce radente entra attraverso i lucernari a vetri illuminando in modo strano i volti di tutti quelli che sono in giro, in attesa. Accanto ad ognuno un bagaglio, composto per lo più da una o più valige. Valige grandi, valige piccole, rigide, flosce, con le rotelle, borsoni. Non per quell'uomo, con le sue borse della spesa, piene di chissà cosa. Un pendolare? Chi può dirlo.

La ragazza bionda si guarda attorno continuamente. Non sembra stia aspettando un treno. Non guarda il tabellone degli arrivi o delle partenze. Ha solo una borsa, ma le donne hanno tutte una borsa. Anche se non devono viaggiare. Probabilmente nascono con la borsa. Piuttosto, sembra che cerchi qualcuno, magari un uomo a cui ha dato appuntamento. Forse è un appuntamento di quelli al buio, con un ragazzo conosciuto su facebook o in chat in qualche net cafè. Curioso. Eppure è una bella ragazza. Non avrebbe bisogno di questi mezzi per poter avere una storia. Occhi azzurri, capelli lunghi, jeans, maglietta attillata, scarpe da tennis. Il mondo cambia. Ora funziona così. Magari non ci pensi. Stai chattando e hai la sensazione che chi ci sia dall'altra parte sia la persona giusta per te, perché pensa come te, condivide i tuoi stessi interessi, ha la risposta giusta come la vorresti sentire. Ma lo è davvero? E poi viene spontanea la classica domanda: "Ci incontriamo?". Incontrarsi vuol dire conoscersi. Scoprire chi ci sta dall'altra parte, dietro la porta chiusa, oltre l'angolo. Il sogno della tua vita o una persona completamente diversa, lontana dalla tua età o magari del tuo stesso sesso? Ma la curiosità ha il sopravvento sul buon senso e tutto viene avvolto da un forte Wundergefühl, qualcosa di misterioso che rende così eccitante il rapporto. E sei lì a rinunciare a sognare per toccare con mano una realtà che, il più delle volte, è ben lontana dall'essere simile a come l'hai vissuta fino a quel momento. Guardati attorno, ragazza bionda. Cerchi il tuo sogno in una nuda e fredda stazione dei treni, illuminata dalla luce che filtra attraverso i lucernari, lungo i corridoi di marmo e pareti spoglie e sporche, segnate qua e là con l'uniposca con i nomi e la data di chi è passato da queste parti. E tu? Forse non cerchi anche tu l'uomo o la donna giusta su un treno, lo stesso giorno, la stessa ora? Quanto sei diverso da lei, alla fine? Cambia lo scopo. Amore. Fame. Motivazione forti, comunque.

Osservo un uomo fermo al centro intento a leggere un giornale, sta aspettando qualcuno. Anche lui. Lo guardo e mentre sfoglia il giornale i nostri sguardi si incrociano. Non sembra che vi abbia fatto caso.

Non ho voglia di aspettare in piedi. Mi sposto verso il McDonald. È poco distante. Mangerò qualcosa nell'attesa, giusto per fare passare la metà del tempo, almeno. Ai lati della porta le due insegne rosse con la scritta bianca mi accolgono. Sono invitanti. Il rosso attira. Anche i tori. Sono delle insegne o delle muleta? Entro. Le porte sono aperte. C'è tanta gente di fronte al bancone in fila, in attesa di essere servita. Dietro il bancone le ragazze corrono avanti e indietro, gestendo la cassa, preparando i vassoi con i panini che immancabilmente qualcun altro prepara dietro le quinte. In alto ci sono le foto dei vari panini e le proposte per i menù. C'è anche un panino del giorno. Invitante. Ma alla fine si somigliano tutti. Un po' di pane scongelato, un hamburger scongelato pure quello e cotto alla piastra, delle salse e le immancabili patatine fritte. Ho letto che l'hamburger è nato in Germania, ad Amburgo, anche se gli americani lo spacciano per loro. Ma gli americani spacciano per loro tante cose. Come il telefono, la lampadina.

Ordino il panino del giorno. Attira la mia curiosità. Una commessa premurosa me lo consegna quasi immediatamente. Pago, prendo il vassoio e raggiungo un tavolo, nel mentre, per un attimo, vengo colpito da una fiumana di pensieri da cui mi isolo a fatica.

Mi siedo. Tanti altri sono attorno a me, mangiando qualcosa. Parlano, chiacchierano. Si fa questo quando si è in compagnia. Poi ci sono quelli che siedono da soli, come me. Qualcuno ha un tablet e naviga in Internet. C'è il wifi gratuito e questa è una buona occasione. Accanto a me c'è un giornale, piegato, lasciato probabilmente da un avventore. Non credo che sia un giornale messo a disposizione dal McDonald, anche se qualche volta lo fanno. Ma potrebbe esserlo. No. Non c'è nessun timbro. Come se il timbro impedisse alla gente di portar via il giornale. Lo apro. In prima pagina si parla di politica, della crisi, delle difficoltà che l'Italia ha a gestire l'Euro. Niente di nuovo. Potrebbe essere un giornale vecchio di mesi, non sarebbe tanto diverso, ma in fondo alla pagina c'è un articolo che, oltre la data, lo rende attuale. Un interrogativo proposto nel titolo: Il mostro del Frecciarossa colpirà ancora?

C'è quasi da avere paura. C'è un mostro. Un mostro in circolazione. Lo stesso termine viene usato nei giornali per indicare un assassino seriale. Da queste parti hanno avuto il mostro di Firenze, anche se in realtà erano in due. Il mostro di Modena. Quello lavorava da solo. Chissà se lo hanno mai preso. Se avessi un tablet mi collegherei a Internet per vedere. Qui è gratis. Ma non ho un tablet. Non mi piacciono. Ma io non sono un mostro. Non uccido nessuno, io! So solo che qualcosa mi ha cambiato. Non so come sia successo. Fino al giorno prima ero una persona normale e poi... D'improvviso è cominciato tutto. Il bisogno di mangiare, il potere di sentire i pensieri, la sofferenza nel percepire il dolore degli altri. La gente ha tante sofferenze. Più di quanto se ne renda conto. Il cervello elabora molto di più di quello che compare in superficie. È una specie di iceberg. Quello che si vede, che si percepisce è solo una piccola parte di quello che cova nel cuore umano.

Leggo l'articolo. Parla di vittime. Le mie. Del mostro. Tutte ricoverate in osservazione a Roma, prive di memoria, nella speranza che possano riacquisirla. E parla del treno maledetto. Che esagerazione. Il Frecciarossa che mi accingo a prendere è diventato il treno maledetto, il covo misterioso dove vengono effettuati esperimenti da parte di un mostro – che sarei io – sugli ignari passeggeri. Sembra la trama di un film di fantascienza di quart'ordine. Come individua le sue vittime? Come riesce ad agganciarle? Cosa fa loro per ridurle in quello stato? Perché nessuno nel treno si accorge di quanto succede? Già. Perché? Forse la gente è diventata assente ai problemi degli altri, troppo presa da sé stessa.

Finisco di mangiare il panino. Una mosca gira attorno a me. È strano. Questa non è stagione di mosche. Novembre. Ma forse lei non lo sa. È attirata dall'odore del cibo e dalle briciole che riesce a carpire. La gente non si prende cura di lei. La allontana semplicemente. La considera un fastidio. Non la vede come una minaccia. Eppure potrebbe essere portatrice di malattie. Muovi le mani e la allontani. Io salgo sul treno e nessuno mi considera una minaccia. Sono uno come gli altri. Almeno esteriormente. Eppure gioco con i loro pensieri, li confondo con i feromoni che il mio organismo emette copiosi dal momento che ho fame. E nessuno nota quello che faccio. E anche se lo vede, non lo comprende. Lo cancella dalla propria mente. Lo estromette dai propri pensieri. Nessuno sa che c'è un mostro in mezzo a loro.

CAPITOLO 13

CARROZZA 11
POSTO 74

Un'occhiata in giro.

I sedili, il corridoio, la televisione mostra uno spot dedicato ai treni Frecciarossa.

Quattro modi di viaggiare. Standard. Convenienza a 300km all'ora. Chissà se poi veramente vanno alla velocità che dichiarano. Solo in alcune tratte, naturalmente, ma lo spot dà la sensazione che sia sempre così. Dicono che in alcune gallerie vada alla stessa velocità degli altri treni. Viaggia a prezzi vantaggiosi. Dipende se becchi un biglietto low cost. Una coppia che parla comodamente seduti. Sul tavolo c'è la borsa di lei con delle chiavi, mentre lui ha poggiato il cellulare. Sembra che siano a casa loro e se ne fregano dell'altro passeggero che sta guardando un giornale. E poi lei indica la tv, definita "monitor di bordo" che dà informazioni ed è circondata dalla doppia scritta WC che indica la posizione dei gabinetti. O forse vuol dire che quel monitor è un cesso. E poi cambia di nuovo la scena con una famiglia, probabilmente, dove la moglie passa un tablet al marito che, da come lo prende, sembra che gli stia scoppiando fra le mani o non abbia mai visto un tablet in vita sua. E poi lo gira e lo fa vedere a tutta la famiglia e la figlia indica qualcosa, mentre compare la scritta WiFi Frecciarossa e tutti felici guardano un giochino.

È salito sulla carrozza giusta? In fondo queste carrozze sono tutte uguali. Sedili più o meno imbottiti, tavolinetto di mezzo più o meno grande. Gli succede spesso di lasciarsi prendere dalla insicurezza fino quasi a scivolare nel panico. E se avesse sbagliato la carrozza? O peggio ancora. È certo di avere in mano la giusta prenotazione? Se avesse sbagliato nell'indicare l'ora o il giorno nel comporre la registrazione via web? La possibilità di errore grava su di lui come una spada di Damocle. E se, alla fine, su quel treno non ci fosse posto per lui?

Deve essere a Roma di lì a poche ore. Non può non esservi. Ha preso impegno con quello che potrebbe essere presto il suo datore di lavoro. Si sa. In certi casi è la prima impressione quella che conta e ritardare o sbagliare non favorisce mai un primo approccio.

Prende il pieghevole con dentro la prenotazione e controlla il numero del suo posto.

Percorre con lo sguardo il corridoio fino a raggiungere il posto prenotato. È libero. Come deve essere, d'altro canto. È il suo.

Altri stanno intanto salendo. Ognuno con la propria prenotazione in mano, sbandierandola come se sia il segno del potere, parlando fra di loro. O indifferenti gli uni agli altri.

Si affretta a raggiungere il proprio posto come se qualcuno possa occuparlo e vi si siede. Gli altri tre posti sono ancora liberi.

Speriamo che non venga nessun altro.

A volte gli sconosciuti lo fanno sentire a disagio. La semplice presenza di persone estranee, gli dà la sensazione di essere limitato in una qualche misura. E su un treno si è circondati da estranei.

Poggia la borsa sul tavolinetto. *Posso farlo. Sono da solo. Nessuno si lamenterà per questo.* Estrae un libro per occupare il tempo del viaggio. *È bello leggere mentre si è sul treno. Ci si isola e il mondo scorre attorno a te. Certo. Quasi un migliaio di pagine non è esattamente il libro per accompagnare un viaggio di poco più di un'ora. E l'Ulisse di Joice non è esattamente la lettura più amena disponibile a questo mondo.* Ma è curioso di leggerlo. Gliene ha parlato una ragazza con cui spesso discutono di libri. Era così entusiasta.

"Buonasera."

Ti pareva. Proprio qua doveva venire.

"Buonasera. Mi sposto immediatamente."

Con fare metodico chiude la borsa e la poggia nell'apposito contenitore, lasciando sul tavolo in bella mostra di sé solo il libro. La donna, posa il borsone e siede anche lei, di fronte. Con la coda dell'occhio la osserva mentre estrae il cellulare e comincia a digitare un messaggio.

È veloce a scrivere. Come fanno le donne ad essere veloci e a scrivere con le unghie lunghe e smaltate senza che queste vadano a sbattere con la tastiera? Bisogna essere davvero brave a tenere le dita leggermente in angolo. 35 o 40 gradi. Ma forse lo fanno naturalmente, come camminare, parlare...

Sospira. Mette nella tasca destra della giacca la prenotazione nel caso sopraggiunga il controllore, cosa che, probabilmente, si verificherà dopo che il treno avrà ripreso la sua marcia.

Si sistema più comodamente possibile, quanto il posto a sedere e il tavolinetto e le gambe della tipa gli consentano – *comodi i posti nei Frecciarossa, ma quanto sono lunghe le sue gambe? In piedi non sembrava tanto alta* - e comincia a sfogliare il libro.

Raggiunge la pagina con una vistosa orecchietta. È abituato a segnare il punto di fine lettura piegando un lembo della pagina. D'altro canto non potrebbe fare altrimenti. Non con quel libro. Il segnalibro dei poveri.

Strano personaggio Leopold Bloom. E strana davvero la sua visionaria storia e le sue vicissitudini scritte e descritte in parallelo con l'Odissea.

L'anno prossimo il 16 giugno potrei andare a Genova a festeggiare il Bloomsday. Qualche anno fa è toccato a Alessandro Haber ha inaugurato la manifestazione. E lo scorso anno si è tenuto il centenario. Letture pubbliche qua e là per la città. Con un po' di buona volontà riesci ad ascoltare buona parte dell'Ulisse senza fare lo sforzo di leggerlo... e impari a conoscere la città. Un tour de force dalle 9 di mattina a notte inoltrata fra vicoli, bar, librerie, osterie, musei...

Fra l'altro non sono mai stato a Genova, a parte vedere l'Acquario. Ma quello lo conoscono tutti. L'anno visto di persona o in qualche trasmissione televisiva. La Rai spesso tramette programmi di questo genere. Piero Angela. O suo figlio. O qualcun'altro. Una volta ho visto una puntata di qualche cosa di simile con Folco Quilici.

"Pensa che succederà davvero qualcosa?"

Sta parlando con te. Non c'è dubbio. Siete solo voi due e ha smesso di scrivere al cellulare.

Chiude il libro infilandoci un dito in mezzo in modo da non perdere la pagina.

"... Come? Dice a me?"

La donna annuisce. "Non so se essere spaventata, preoccupata o indifferente..."

"Cosa dovrebbe succedere? Il treno è in marcia. Fra poco più di un'ora saremo a Roma."

"Quello di cui parlano i giornali. Quell'essere che distrugge la mente alla gente..."

Sorrido. Sono scettico di fronte a certe cose e mi viene voglia di deridere chi vi crede. Ma mi sembra che sia veramente spaventata. Se ha paura perché è salita? Sarebbe bastato che fosse partita domani.

"Non credo che ci sia niente di vero. Spesso i giornalisti esagerano... Nessuno può fare una cosa del genere. E comunque non in treno."

"Ma quelle persone esistono. Sono finite in ospedale..."

"Bisogna vedere il vero motivo. Spesso quello a cui crediamo non corrisponde esattamente alla verità."

"Forse..."

CAPITOLO 14

**CARROZZA 8
POSTO 58**

Sono su un treno, un Frecciarossa, diretto a Roma. Sono un dottore. Dottore. Ma lo sono veramente? Il compito dei dottori è quello di curare i propri pazienti, non di farli morire. Io ho lasciato che questo avvenisse, che un mio paziente morisse. Ma dai! Non puoi accusarti di questo. La vita. La morte. Sono momenti di un essere umano; della sua storia. Nessuno può sfuggire alla morte, dopo essere nato. Nascere equivale a morire. Strana equazione. Non è matematica, ma è matematico. Ottimo alibi. Nascondersi dietro gli eventi naturali per giustificare la propria dabbenaggine. La propria incompetenza. La gente muore. Dovete comprendere questo principio se volete intraprendere la professione di medico. Prima o poi succederà. Perderete un paziente. E poi ne perderete un altro e un altro ancora. Per ogni vita che salverete ce ne sarà un'altra che non riuscirete a recuperare. Non è uno scambio. È una realtà. Tutti dobbiamo morire. Anche i nostri pazienti. Il nostro scopo non è quello di non farli morire, ma quello di tenerli in vita il più a lungo possibile. Ne sei proprio certo? E se avessi sbagliato professione? Se avessi sbagliato tutto? Non ho voglia di pensare a questa possibilità.

Avrei dovuto capire. Notare quei sintomi. Chiunque li avrebbe notati. Anche uno studente del terzo anno. Ma tu no. Tu eri troppo sicuro di te stesso. Una vita per un'altra vita. Occhio per occhio. Suicidio? Sono troppo vigliacco per farlo e troppo legato alla vita. Ma su questo treno succedono cose strane. Dei passeggeri sono rimasti privi di memoria. Chissà come è essere senza ricordi. Non è bello, perché non sai chi sei. Perché perdi la tua personalità, quella che hai acquisito con anni ed anni di esperienze. Questo va bene, questo è sbagliato. Questo fa male, questo è buono. Il bene e il male, il dolce e il salato, il buon cibo. Ma perdi anche i ricordi delle cose sbagliate. Niente passato. Una tabula rasa da cui ricominciare, con nuove esperienze, con nuove decisioni. Niente pazienti morti. Niente medico. Niente. Illusione. Non è detto che succeda a te. Non è detto che succeda. E poi fuggire sarebbe la cosa giusta? Perché alla fine sarebbe una specie di fuga. Certo. Non prevista. Ma voluta. Il fatto stesso di essere su questo treno ne è un indizio. La realtà è che tu hai sbagliato la tua diagnosi. Il dottore non sbaglia mai. Troppo pieno di sé per ammettere di poter sbagliare. E alla fine succede. Idiota! Avresti dovuto notare quei sintomi. Il suo cedimento. "Non si preoccupi. È normale. Una normale reazione al farmaco." Niente affatto. Si dice così quando non si sa cosa dire, come giustificarsi. Correggi il tiro. Correggi il tiro. Non sempre quello che diciamo corrisponde a quello che pensiamo. Lo sapevi. Ma non volevi ammetterlo, di fronte a te stesso. Di fronte agli altri. Di fronte al tuo paziente. Responsabilità. La tua responsabilità come medico è quella di curare il tuo paziente con le giuste medicine. Tutti possono sbagliare. Non tu. Non io. Assolutamente no. L'avvocato può sbagliare, il commercialista può sbagliare. La casalinga, il pensionato. Queste persone possono sbagliare, ma non un medico. Non è consentito. Può succedere, ma non è ammissibile. Signorina. Gliene somministri trenta milligrammi ogni quattro ore... Trenta milligrammi? Chi era quell'infermiera per chiedere ancora? Per mettere in dubbio il dosaggio di un farmaco. Non era sbagliato. Ne sono certo, ancora. Dopo quello che è successo. Ma qualcosa non è andato per il verso giusto. Il collasso renale. E poi... Dimenticare. Come si può? Non potrei anche se mi asportassero l'intera memoria. Devi continuare a ricordare, per tutta la vita, fino a che esalerai l'ultimo respiro e toccherà a te di morire. Ricordare. Per sempre. Quando si sta per morire si dice che passi in un attimo tutta la vita davanti ai propri occhi. Non potresti dimenticare. Tornerebbe il tuo paziente. Il suo sguardo, che chiede aiuto. Che crede che tu lo possa aiutare. Ma tu sei impotente non puoi fare niente di più di quello che hai fatto. O avresti potuto fare di meglio o avresti fatto meglio se non avessi preso le decisioni che hai preso, se non avessi fatto quello che hai fatto. Fare. Non fare. Lobotomia. Se fossi lobotomizzato potrei dimenticare. La vita mi scorrerebbe davanti senza che i ricordi tornassero prepotentemente davanti a me. Negli ospedali è tutto bianco. È bianco anche il lenzuolo che viene messo sul volto di che muore. Vai a dormire e non ti svegli più. Morire è un po' come dormire. O è dormire che è come morire. Ma non ci si sveglia. Forse c'è un'altra vita dall'altra parte. Forse. Il tunnel. La luce bianca. Ma se fosse vero un giorno mi troverò di fronte a lui e lui mi chiederà serenamente. I morti sono sereni, quindi parlano serenamente. Non ci sono morti arrabbiati anche perché altrimenti finirebbero all'inferno. Mi guarderebbe tranquillamente, come si guarda un estraneo, uno che non hai mai conosciuto o che ti hanno appena presentato, ma di cui non ti importa niente. E mi direbbe serenamente: "Perché lo hai fatto? Perché non *hai impedito che io morissi?" Non ho fatto niente. Ho lasciato che morisse. Senza provare a fare di più. Se solo avessi provato a cambiare il dosaggio o il tipo di farmaco. Se fossi stato più disposto ad aprire la mente. Ma non l'ho fatto. Non è stato così. E cosa gli risponderei? L'ho lasciato morire. Non è vero che i pazienti muoiono. La verità è che quelli che devono morire, muoiono. Questo fatalismo. È un alibi. Non esistono le Parche. Non esiste nessuno che tesse la tela della vita, e tanto meno qualcuno che inesorabilmente vi pone fine con un taglio di forbice. O forse sì. Hai contribuito a tutto questo. Lui si è presentato in ospedale, hai tessuto il filo della sua vita, lo hai ingarbugliato con le tue cure e alla fine vi hai posto fine. Le Parche erano vecchie orribile o splendide ragazze? O forse erano dei dottori? Ippocrate era una Parca? Mi sento svuotato. Non sono più sicuro di nulla. Ho paura di affrontare altri pazienti. Altre persone disposte a mettere la loro salute, la loro vita nelle mie mani. Pazzi! Non sanno con chi hanno a che fare. In chi ripongono la loro fiducia. Ho avuto un paziente ed ora è morto. Il suo momento? Le mie cure? Per giorni gli sono stato vicino. L'ho visto morire. E adesso non me ne ricordo il volto. Rimosso. Una normale reazione di protezione del cervello. Succede normalmente. O forse sono io che tento di cancellarlo per liberarmi da ogni responsabilità. Oggi non ricordo il volto, domani dimenticherò il nome e poi dimenticherò di averlo conosciuto e infine scorderò la sua morte. Di averlo ucciso. Non lo hai ucciso. È morto. Per i fatti suoi. La tua cura era corretta, a prescindere dalla titubanza dell'infermiera, a prescindere dal collasso renale, a prescindere dal fatto che poteva essere giunto il suo momento, a prescindere... Non potevi fare di più. Non potevo fare di meglio. O avrei potuto? Resta il fatto che è morto. Muoiono centinaia di migliaia di persone ogni giorno. Quasi due ogni secondo. Ti è morto un paziente in quanti anni? Quante storie! Confrontalo con quelli che hai aiutato. Non ci riesco. Ho davanti agli occhi il suo sguardo. Strano non ricordo il suo viso, ma ricordo il suo sguardo. Avrei voglia di piangere. Avrei voglia di mandare tutto al diavolo. Di restare solo. Di gettarmi giù dal treno. Di correre senza fermarmi, fino a quando le forze non mi abbandonino. Avrei voglia di chiudere gli occhi e non svegliarmi più. Ma quando li provo ad aprire c'è sempre lui davanti a me, la mia responsabilità. Non si possono perdere i pazienti. Non ne hai il diritto. Non te lo puoi permettere. Si può perdere un portafoglio, una storia, un amico. Si può perdere un treno, un aereo, un occhio di vetro, ma non un paziente. Non si dovrebbe familiarizzare con i pazienti. C'è una ragione. Se non familiarizzi, resti estraneo nel caso in cui debbano morire. Il problema è che tu non hai familiarizzato. Forse. E comunque, con tutto questo, lui è morto e io non so se continuare. Cosa fare. Quale strada prendere per il futuro. Che pensare. Vorrei essere tranquillo come quest'uomo, che mi chiede il biglietto. Vorrei un lavoro come questo. Nessuna responsabilità. Controllare un biglietto, lasciare che la gente viaggi, che percorra la propria vita.*

"Perché?" chiedo al controllore.

Lui mi guarda perplesso. È una domanda senza senso. Lui non ha visto morire un suo passeggero perché forse ha controllare male il suo biglietto. Non gli è successo e non gli potrà mai accadere. Lui non si porrà mai domande come quelle che mi sto ponendo io. Forse.

"Bisogna controllare i biglietti," mi risponde con un sorriso. "L'amministrazione non vuole che si viaggi a sbafo."

Ha provato a fare una battuta. Lo capisco, mentre gli porgo il biglietto. È proprio così. Vorrei poter fare anch'io una battuta, ma non ci trovo niente di divertente. Non si ride della morte. La morte non ha mai divertito nessuno. È un argomento su cui non si scherza, che si cerca di evitare. Chiudo gli occhi mentre si allontana. Vorrei morire, come il mio paziente. Lui almeno ha finito di soffrire. Io invece penso ancora a lui e chissà ancora per quanto tempo continuerò a farlo. Senza darmi pace.

CAPITOLO 15

CARROZZA 8
POSTI 61, 62

"Ma tu credi veramente che la memoria possa tornare nei soggetti in esame?"

L'uomo fa una smorfia. "Il cervello è come un computer. Immagazzina dati. Costantemente. Da prima ancora della nascita, attraverso le sensazioni che la madre trasmette al feto fino all'ultimo dei suoi giorni. I dati vengono catalogati e spesso messi in remoto, dimenticati. Ma l'ipnosi riesce a farli riaffiorare, perché, tutto sommato, sono conservati in una zona molto profonda della memoria. Da qualche parte i dati ci sono sempre. Anche quando crediamo che siano inaccessibili o in qualche modo perduti."

"Questo avrebbe senso in condizioni normali. Ma per quel che io so avete provato anche terapie ipnotiche senza ottenere alcun risultato..."

L'uomo fa un cenno con il capo. "È vero. Ma abbiamo visto che i soggetti acquisiscono nuove esperienze istantaneamente e a quelle vengono associate altre esperienze che sembravano perdute e che invece a questo modo riaffiorano. No. Non so cosa diavolo sia successo a quella gente, ma ho una qualche speranza che ad un certo punto possano riacquistare la loro memoria. Magari non completa, ma una buona parte sì. La domanda è piuttosto: Quando?”

La donna guarda l’orologio. “Sedici e trentadue. Abbiamo lasciato Bologna e nessuno di questa carrozza è sceso.”

“Non ti aspettavi che scendessero...”

“Sotto un certo aspetto no. Chi viaggia in Frecciarossa difficilmente lo fa per una sola fermata, ma tutto è possibile. Pensi che sia il caso di fare una ricognizione nelle varie carrozze?”

“Puoi farla, naturalmente. Ma non so a cosa possa servirti, e comunque penso che non avrebbe granché senso adesso.”

“Cosa intendi?”

“Troppe variabili in gioco. Non sappiamo nulla della potenziale vittima e del carnefice. Ognuna di queste persone potrebbe essere l’una o l’altro. Non sappiamo se si tratta di un’azione chimica o fisica esterna al treno stesso o interna, causata da qualcuno. Nel primo caso avremmo solo la vittima e non il carnefice...”

“Se fosse una qualche azione esterna, come per esempio un’onda magnetica anomala o qualsiasi altra diavoleria, non avrebbe colpito un solo individuo ogni volta. Ci sarebbero state più vittime. In fondo ci sono diverse compatibilità nel sistema cerebrale e, per quanto ogni individuo sia diverso dall’altro e la sua impronta cerebrale sia differente, restano sempre dei cervelli con delle reazioni chimiche simili.”

“Bene. Ipotizziamo che ci sia qualcuno in grado di creare volutamente il danno. Probabile. Un’azione involontaria, per lo stesso motivo che hai detto tu, colpirebbe più cervelli allo stesso tempo. Non sappiamo che criterio di selezione usi per individuare la sua vittima. Non dimenticare che i soggetti colpiti non hanno assolutamente nulla in comune. Non sappiamo quando il nostro carnefice colpirà, né la motivazione che lo spinge ad agire. Né conosciamo la sua portata fisica.”

“In che senso?”

“Quanto si deve avvicinare alla sua vittima per colpirla? La deve toccare o agisce come un campo elettromagnetico? E poi, nell’uno o nell’altro caso, quanto tempo impiega per risucchiarle la memoria?”

“Dovrebbe essere quasi istantaneo. La persona non se ne dovrebbe rendere conto, altrimenti reagirebbe.”

“Teoricamente. Ti accorgi di quando una zanzara si posa su di te? Senti il pizzicore, è vero, ma non ti rendi conto certamente del fatto che ti inietta una sostanza anticoagulante prima che cominci a succhiare il sangue. E, volendo, non ti accorgi neppure che te lo ha succhiato.”

“Quindi potrebbe verificarsi una situazione di questo genere. Come dal dentista. Ti anestetizza e poi lavora attorno al dente senza che senti nulla. Un qualche tipo di anestetico e poi via a succhiare la memoria senza neppure accorgertene.”

“Come vedi le variabili sono talmente tante che tecnicamente abbiamo quasi le stesse probabilità di scoprire vittima e carnefice, tanto camminando per le carrozze, quanto stando seduti a questo tavolino a discutere. Almeno per il momento.”

“Questa tua analisi non tiene conto del fattore umano e dell’intuizione. Magari guardando in faccia la gente riusciamo a capire chi possa essere il carnefice.”

L’uomo si volge verso il finestrino. Una galleria. Una delle tante fra Bologna e Firenze. Buio. La pressione dell’aria contro il vetro del finestrino. Per qualche secondo. Poi nuovamente luce.

“Una sola fermata prima di arrivare a Roma. Ancora mezz’ora prima di raggiungere Firenze dove si completerà il numero delle potenziali vittime. A quel punto dovremo stare con gli occhi bene aperti. Parliamo degli altri soggetti."

"Come vuoi. Anche se non credo che servirà a nulla. Il secondo soggetto era una donna e questo ha stravolto ogni ipotesi fino a quel momento formulata. Una segretaria di azienda, prima di diventare quello che ancora è: una donna senza alcun passato, priva dei ricordi che ne hanno segnato la vita. L'unica donna su cinque soggetti. Forse bisognerebbe porsi la domanda del perché."

"Potrebbe essere un evento casuale..."

"E potrebbe non esserlo. Io sono sempre convinta che vi sia un qualche schema, anche se non riesco a vederne neppure un abbozzo."

"Va bene. Diamo per buona l'ipotesi dello schema. Forse tutto ha a che fare con il potenziale elettrico del cervello e con la portata delle onde trasmesse."

"Sarebbe a dire?"

"Sono stati fatti studi in merito, ma solo a fine sperimentale e senza trarre conclusioni definitive. Poiché sono stati riscontrati segnali elettrici nei neuroni sin dalle prime ricerche effettuate agli inizi del ventesimo secolo, si dà per scontato che le sinapsi generino dei micro campi elettrici e che il cervello riesca ad emettere oscillazioni elettriche a bassissima frequenza fra i 10 e i 20 Hz che noi riusciamo a misurare attraverso gli encefalogrammi. È facilmente immaginabile come questi campi varino da soggetto a soggetto da età ad età. È possibile che vi siano delle differenze sostanziali fra le emissioni del cervello dell'uomo e quello della donna, visto che vi sono delle aree cerebrali differentemente coinvolte nel pensiero dei due sessi. Forse il nostro predatore di memoria, ha trovato maggiore difficoltà a connettersi con il cervello della segretaria che con quello del soggetto zero, e di conseguenza ha poi continuato con soggetti di sesso maschile."

"Uhm... Sembra avere un senso. Se fosse vero ci sarebbero buone possibilità che la prossima vittima possa essere ancora un soggetto di sesso maschile."

"Quello che è da comprendere è la portata del campo elettromagnetico del cervello."

"Sarebbe a dire?"

"Beh, quando misuriamo il campo elettrico e le evoluzioni delle sinapsi noi applichiamo gli elettrodi con il sistema internazionale 10-20 su cinque linee, e comunque questi vanno a contatto con lo scalpo del soggetto. Questo perché le onde sono estremamente deboli e difficilmente misurabili in altro modo. Ma nei nostri soggetti nessuno ha applicato elettrodi o è entrato a contatto con le vittime. Stiamo parlando di un ricettore del potenziale elettromagnetico praticamente milioni di volte più potente e sensibile di qualsiasi elettroencefalografo esistente e quindi in grado di operare a distanza e senza contatto alcuno."

La donna fa spallucce. "Quello che dici è vero, ma tralasci un piccolo particolare. Sono stati effettuati esperimenti di lettura del pensiero spesso con risultati abbastanza validi, anche se queste ricerche non sono considerate scientifiche, ma più vicine al paranormale. Lo stesso potenziale elettromagnetico che consente di percepire il pensiero a distanza, ovvero i cambiamenti del campo magnetico umano, potrebbe servire anche per risucchiare la memoria di un individuo."

"Perché non limitarsi solo a leggere e ad acquisire la conoscenza del soggetto, invece di danneggiarne, forse irrimediabilmente, la memoria?"

La donna scuote il capo. "Bella domanda. Purtroppo non ho la risposta a tutto, anche se probabilmente siamo più vicini a capire questo individuo, perché di un individuo si tratta, molto meglio di quanto lo fossimo nel passato. Riassumendo ci troviamo di fronte a un soggetto che ha sviluppato delle potenzialità paranormali che gli permettono di acquisire la conoscenza di un altro individuo. Se dobbiamo stare a credere a quanto abbiamo visionato, ha acquisito questa peculiarità circa sei o sette mesi fa. Almeno basandoci sul fatto che prima di questo periodo non sono stati riscontrati casi simili. Possiamo dedurre che ha bisogno di esercitare le sue potenzialità una volta al mese, in modo puntuale e metodico.”

“Quando ti suggerivo di cominciare a guardare oltre le righe era proprio questo che intendevo. La periodicità mensile potrebbe portarci a supporre che ci troviamo di fronte ad un individuo di sesso femminile e questo stato possa essere accentuato dalla chimica del ciclo mestruale.”

“Non credo proprio. Secondo le ricerche di Aimee Aubeeluck e del suo staff, gli uomini presentano una specie di pseudo ciclo mensile con disturbi caratteriali ancora più violenti di quelli riscontrati nelle donne. Solo un inglese poteva mettere in piedi una tesi simile. Ciò non toglie che non possa rispondere al vero. Pensa. Potrebbe essere un uomo e forse è questo stato che caratterizza i danni alla memoria delle sue vittime. O forse...” La donna si ferma in un lungo silenzio seguendo il flusso dei suoi pensieri.

“O forse?”

Adesso la donna guarda il suo interlocutore abbozzando un leggero sorriso. “Non abbiamo riscontro di casi simili prima di quelli che abbiamo potuto visionare. Quindi, se è da soli sei mesi che ha sviluppato questo potere, forse non lo ha ancora affinato. Forse fa danni perché ancora non ne ha il pieno controllo.”

QUARTO FLASHBACK

RIMPIANTO

Mi sono allontanato dal treno. Pochi metri, a conti fatti.

Il capotreno si è spostato prontamente vicino all'ingresso della carrozza da cui sono sceso, per impedire che altri vi possano salire. Il controllore si sta prendendo cura di Martina in attesa del medico. La prossima fermata sarà Napoli, ma ce ne sono altre dopo e c'è gente che ancora deve viaggiare e che deve salire.

Una donna con una valigia prova a farlo e l'uomo le fa cenno di aspettare. Le indica le altre carrozze. Può salire su una di quelle, ma lei le mostra la sua prenotazione. Lui le spiega che si tratta di una emergenza temporanea. Non appena la donna affetta da malore lascerà la carrozza, lei potrà salire.

Mi guardo intorno. Da qualche parte c'è Patrizia che mi sta aspettando. Cha la sta aspettando. Ma Martina non può andare da lei.

Sì. Non posso andare. Sono bloccata nel nulla, circondata da gente che non conosco in un mondo che non capisco, guidata da una risata che rimbomba nella mia mente e di cui non ricordo la fonte.

Un brivido mi percorre. Cosa ho fatto? Mi sono nutrito. Solo questo. È sopravvivenza. *Mors tua vita mea.* È il mondo che va così. Eppure Martina mi ha turbato. Perché proprio lei?

Ma, in verità, sono rimasto sorpreso dalla forza del suo amore verso Irene, dalla tenacia con cui mi ha impedito di prenderle la sua risata. Ha lasciato che risucchiassi ogni cosa, perché nulla era importante per lei. Ma non quello. Non la sua Irene. E io... Un divoratore che non divora.

Per la prima volta mi sono nutrito cosciente di quanto stavo facendo. La volta scorsa non capivo, ero troppo dominato dalla fame. Non che adesso non lo fossi, ma ho acquisito maggiore comprensione di tutto. Ho lottato, per strapparle ogni cosa, ma ho capitolato.

Irene mi manca. Irene che corre verso di me, come sempre, con un sorriso senza suono e che mi abbraccia. Mi fa il solletico, mi salta al collo, mi ama. Ma senza suono. La sua risata è rimasta a Martina.

Irene...

Devo ammetterlo. Sono un essere spregevole. Nessuno mi ama. Sono solo un divoratore di ricordi. E nessuno mi amerà mai. Non posso essere amato. Un vampiro non può esserlo, anche se nella letteratura non è così. Ma i romanzi sono diversi dalla realtà. Molto diversi.

Vedo Patrizia. La mia amica di sempre. Mi colgo col pensiero che dovrò chiederle un pigiama per la notte.

La donna sta venendo verso di me. Sento i suoi pensieri.

Martina. Dove sei? Dove diavolo ti sei cacciata? Ho fatto i salti mortali per essere qui al tuo arrivo, non ostante il traffico. E tu? Non ti fai trovare. Ma questo è il tuo treno. Di questo sono sicura. È già la seconda volta che vado avanti e in-

dietro sul marciapiede, ma non ti vedo. Forse sei scesa e ti sei diretta in stazione.

Però mi avrebbe chiamata, se lo avesse fatto. Che cavolo! Pare che siano scesi tutti. Proverò a fare un altro giro.

Quel giovane! Mi fa un cenno. Cosa vuole da me?

Decido di parlarle. Glielo devo. Lo devo a Martina e a Irene.

"Patrizia?" le chiedo.

Lei mi fa un cenno di assenso con il capo. "Sì. E tu. Chi sei?"

Chi è questo? Come fa a conoscere il mio nome? C'entra Martina?

"Stai aspettando Martina, immagino."

Lei non mi risponde. Mi guarda confusa. Leggo nella sua mente preoccupazione e paura al tempo stesso. Non mi conosce, ma non si fida di me. Ma io so qualcosa che la spiazza.

La inondo di feromoni per tranquillizzarla e, un istante dopo, mi sorride.

"Come fai a saperlo?"

"Ero sul treno. Vicino a Martina. Mi ha parlato di te."

È sorpresa, naturalmente. Martina normalmente non lo avrebbe fatto. Devo darle una qualche spiegazione per tranquillizzarla.

"Era agitata," le spiego. "Mi ha parlato di sua figlia Irene, di suo marito. Lei stessa era sorpresa di confidarsi, ma evidentemente ne aveva bisogno." Penso che potrei citarle ogni attimo della sua vita che è dentro di me per convincerla. "Naturalmente è venuta a Roma per stare un poco con te e prendersi una pausa, come ha detto lei, dal mondo."

"E allora?" Non capisce.

Faccio un gesto di impotenza con le braccia. "Non vorrei farti preoccupare, ma si è sentita male. Almeno. Credo che sia così. È per questo che ancora non è scesa dal treno."

Martina sta male? E questo idiota me lo viene a dire così. Come se niente fosse. E si era confidata con lui...

Percepisco la sua ansia e la sua confusione.

"Avresti dovuto starle vicino," mi accusa.

Ha ragione. Se sapesse quanto le sono vicino. È praticamente un tutt'uno con me, dentro di me.

"Mi hanno fatto scendere. Il controllore ha provveduto a chiamare il medico..."

"Come! Come si è sentita male? Cosa le è successo," mi chiede arrabbiata e impotente al tempo stesso.

L'effetto dei feromoni non dura all'infinito. Non lo sapevo, ma a pensarci bene, deve essere così. Ne prendo nota, comunque.

"Di punto in bianco è rimasta così, senza parlare..." spiego. "Imbambolata. Non so altro." E invece so molto di più. So tutto. "Credo di aver letto qualcosa una volta sull'epilessia..."

Due paramedici arrivano portando una barella su ruote. Si accostano al treno, all'accesso da cui sono uscito. Il capotreno si scosta e li lascia salire.

Li indico. "Sono già arrivati. La porteranno in ospedale, suppongo."

"Devo andare da lei," dice piantandomi in asso e dirigendosi verso la carrozza.

La seguo con i suoi pensieri.

Rimasta senza parlare... Troppo stress, evidente.

Devo parlare con loro, spiegare che sono qua per lei. Chissà se me la lasceranno portare a casa o se devo accompagnarla prima in ospedale. Sarebbe complicato. Cavolo,

Martina! Potevi aspettare di stare male. Ma forse è stato questo il motivo perché hai parlato a quel viaggiatore di noi. Ti sentivi già male...

Mi fermo a guardare la scena. Patrizia si ferma a parlare con i paramedici, questi le dicono che deve seguirli in ospedale e lei si allontana insieme a loro. Uscita dalla stazione, prenderà la macchina e li raggiungerà. Non ha altra scelta.

Il capotreno saluta la donna con la valigia e questa sale nella carrozza.

Io mi guardo attorno. Improvvisamente mi sento solo. E stanco.

Nutrirsi affatica.

Martina è dentro di me e Irene corre. Corre sempre. Corre come i cartoni animati giapponesi. Corre verso di me. E ride senza riso. C'è Marco con il suo lavoro e Pierluigi con le sue battute stupide. Ci sono i suoi genitori. C'è Patrizia. C'è la sua vita. Ogni attimo.

Sono un orribile persona. Mi approprio della vita degli altri. Ma sono ancora una persona o la mutazione mi ha trasformato inesorabilmente in un mostro?

No. Sono una persona. Con il potere di percepire i pensieri degli altri e una grande fame una volta al mese, puntuale, in modo ciclico, nello stesso periodo.

La gente mi passa vicino e raccolgo brandelli dei loro pensieri.

Anche i Frecciarossa ritardano. Ti pareva. Le Ferrovie sono sempre le stesse...

Che fortuna che quella tizia si è sentita male. L'ho vista mentre i paramedici la portavano fuori dalla stazione... Altrimenti l'avrei perso, e poi sentili se fossi arrivato in ritardo. Speriamo comunque che non sia niente di grave.

Ehi. Un attimo! Sto arrivando. Non chiudete!

C'è chi è infastidito del ritardo causato dal malessere di un passeggero e chi è soddisfatto perché a questo modo è riuscito a salire sul treno che lo porterà a Taranto a mezzanotte.

IL TRENO FRECCIAROSSA AD ALTA VELOCITÀ NOVANTACINQUE QUARANTUNO DI TRENITALIA DELLE ORE DICIOTTO E CINQUANTA PER TARANTO È IN PARTENZA DAL BINARIO SETTE.
VIAGGIA CON DODICI MINUTI DI RITARDO.
PROSSIMA FERMATA NAPOLI CENTRALE.
SI PREGA DI ALLONTANARSI DALLA LINEA GIALLA.

Ho placato la mia seconda fame. Ho probabilmente perso una piccola parte dei miei ricordi, ma adesso è come se avessi vissuto tre vite. Oltre che i miei ricordi, ho tutti quelli di Martina, insieme a quelli di Filippo, l'informatore scientifico che parlava il tedesco. Tre vite in soli due mesi, e tante altre ne acquisirò. Di sicuro. Di lui mi rimane il ricordo della sua lingua, di Martina la memoria indelebile della sua Irene, di me il rimpianto di quando ero sereno e non avevo fame. E tutto era più semplice.

CAPITOLO 16

CARROZZA 10
POSTO 65

Fredda. Indifferente. Spaventata. Confusa. Allegra. Triste. Essere una ed essere cento, mille. Una moltitudine. Uomini. Donne.

Hai avuto la tua vacanza, a Bologna, da tuo padre? O forse sarebbe meglio dire da suo padre. Bene. Dovresti essere soddisfatta. Ambiente familiare. La sua famiglia. Tu non hai famiglia eppure ne hai tante. Nel casolare ti sei liberata, hai lasciato che la sua personalità scorresse libera. Hai abbassato la guardia? Forse. Ma Ada non esiste. Non come Ada, almeno. Ada è da un'altra parte, a fare chissà cosa. Forse tornerà a casa. Quando tornerà scoprirà di esserci già stata e penserà che suo padre vive in una propria realtà. Confusa, piena di possibilità. Ada era una bambina, un'adolescente, una donna. Tutte queste cose insieme, per suo padre.

Ora devi tornare in te.

Papà. Non smetterà mai di bestemmiare. Dio, vorrei che smettesse.

Papà? Suo padre. Il padre di Ada. Vorresti. E perché? Ada non crede in Dio. Tanto meno tu. Hai smesso di farlo tanto tempo fa. O forse è stata lei a smettere. Ci sono altri che hanno smesso e altri che hanno creduto nella Parola. Non dovrebbe importarti più di tanto. La religione porta confusione. Troppo intima. Troppo personale. Non puoi cedere alla personalità di qualcuno. C'è sempre il rischio di perdersi. Mai cedere. Mai fare proprie le sofferenze di quelli con cui si è venuti a contatto.

C'è quella donna che ti ossessiona. Non me. Rosanna. Esercitava la professione di psichiatra. Strano lavoro. Cercare di capire quello che passa nella mente delle persone, dei pazienti, senza potervi accedere. Guardando dall'esterno. Quale è la diagnosi, dottoressa? Sai bene quale sia. Sei stata tu a scrivere il referto. Disturbo dell'adattamento con ansia e umore depresso misti. Eppure c'è qualche cosa in lei che ti turba. Forse perché in parte sai di essere soggetta a disturbi di bipolarità. Chi pratica con lo zoppo impara a zoppicare...

Col tempo si diventa bipolari, tripolari, heptapolari, chilopolari.

La gente parla, comunica, sorride, piange, pensa. È triste, allegra, soffre, gioisce. Vive. La vita mi attraversa, mi avvolge in mille volute. Sono una e sono una legione, come direbbe qualcuno da qualche parte su questa carrozza.

Sono qui per aiutare. Non lo sento, ma verrà presto. È il suo treno. Il suo momento. Arriverà.

Ha bisogno di una guida. Qualcuno che lo prenda per mano, che lo accompagni passo passo, come faceva Anna con il suo bambino quando aveva poco più di un anno. Un passo dopo l'altro. Il piede destro davanti al sinistro e poi il sinistro davanti al destro. Traballante. Un misto di volontà e di confusione. Anna è tutta dentro di te come Rosanna e Ada. Anche il padre di Ada adesso è insieme a noi, a condividere le esperienze di una vita ormai annebbiate dal male, ma vivide nella sua mente e nei suoi ricordi. Perché le malat-

tie confondono, ma non cancellano i ricordi. La prima litigata, il primo amore, la prima ragazza. C'è sempre un primo in ogni cosa.

Secondo i giornali dovrebbe essere già successo cinque volte. Questa dovrebbe essere la sesta. La sesta volta che viene sopraffatto dalla fame, al punto da non capire. Da perdere il controllo.

Ma non siamo animali. Possiamo dominare i nostri istinti, da qualunque fonte provengano. La fame può essere sempre controllata. Lo stomaco borbotta, aumenta la salivazione, si acuiscono i sensi, ma si può gestire. È la stessa cosa. Deve solo imparare.

Scivolo fra i sentimenti di quelli che mi circondano. Le paure, le ansie. Ma dovunque c'è tristezza. Questo treno è triste. Solitudine in mezzo alla gente.

Il Frecciarossa. Corre perso nel nulla.

Questo treno è lo specchio del mondo.

CAPITOLO 17

CARROZZA 10
POSTO 26

Mi muovo in uno strano luogo. È ignoto e al tempo stesso lo conosco. Ci sono stato altre volte. Ne sono certo anche se l'esserci stato potrebbe essere semplicemente un'illusione.

È notte. C'è buio e tutto intorno è illuminato dalla luce della luna e dalla luce fluttuante di alcune torce che danno una tinta sinistra a tutto l'ambiente. Sprazzi di luce. Ombre che sembrano muoversi di vita propria, riflesse lungo le pareti, crescendo a dismisura.

Mi incammino verso l'apertura. So che è l'unico ingresso ad un immenso dedalo di gallerie entro cui sono ricavati una infinità di negozi scavati nella rupe, una immensa kasba racchiusa dentro la grigia roccia di tufo.

L'ingresso è basso e stretto, come due grandi labbra, una immensa vagina pronta ad accogliermi. È abbastanza in alto rispetto al piano di calpestio della strada che lo fiancheggia. Mi isso a forza di braccia e poi vi scivolo dentro. La roccia mi graffia il corpo mentre uno spuntone mi lambisce il viso. Sento la roccia tagliente scalfire la mia pelle.

A fatica, mi trascino attraverso l'apertura, strisciando. Strano ingresso per un luogo tanto frequentato. Ma forse si può entrare anche da un'altra parte. Forse. Probabilmente. Ma da qui si fa certamente prima. E comunque non conosco altri accessi. Sento le mani ferite e le ginocchia mi bruciano a dispetto dei pantaloni che indosso. E quando vi sono dentro interamente, mi trovo in una immensa caverna da cui si diramano innumerevoli gallerie, a livello del suolo alcune, altre più in alto. Molte gallerie sono illuminate da sinistri bagliori che ne mostrano l'imbocco senza lasciarne intravvedere il resto.

Sono certo di essere già stato in questo posto. Mi è familiare, come può essere familiare la coscienza di sé stessi. Mi dirigo verso una delle gallerie. Ne varco la soglia e i bagliori che mi accolgono sono le luci di centinaia di torce conficcate nelle mura, pareti appena abbozzate, e mi lascio guidare dai bagliori.

In un anfratto, che si apre a conca, vi è ricavato un negozio dentro cui sembrano rilucere incredibili tesori. Ori, gioie, sono in bella mostra. Collane, diademi, monete, anelli, bracciali, sono gettati alla rinfusa su un bancone di legno massiccio e altri per terra, attorno ad esso, mescolati a drappeggi di rara seta. Ma tutto ciò non mi interessa. Più oltre, un altro negozio ricavato nella roccia mostra oggetti ancora più accattivanti e di valore dei precedenti, e le luci riflesse dalle mille perle e dai tagli dei diamanti sembrano lanciare attorno a me lingue di fuoco che mi lambiscono. Sto cercando qualcosa d'altro anche se non mi rendo conto esattamente quale possa essere la cosa di cui ho bisogno e che mi ha spinto in quel luogo di mistero. So solo che è in quel luogo che potrò prendere possesso di ciò di cui ho bisogno.

Sono dentro la galleria, molto in profondità, lontano miglia e miglia dall'ingresso, quando lei mi si avvicina. Non so perché ne vengo colpito, anche perché potrebbe essere una visitatrice come una delle migliaia di persone che si aggirano come fiumane nella galleria alla ricerca di merce da comprare. Ma lei è diversa. È per me. Sento immediatamente un feeling speciale. Forse è lei che sto cercando. Ha gli occhi verdi, grandi, e i capelli biondo platino tagliati cortissimi che incorniciano appena, e accentuano, l'ovale perfetto del suo viso. La sua carnagione è bianca come la neve e le sue labbra sono del colore del sangue.

Mi guarda e io mi perdo nel suo guardo. Mi sento attratto verso di lei, in modo incontrollato. È già successo. Tante altre volte. Di tempo in tempo. La osservo curioso e al tempo stesso completamente soggiogato. I nostri sguardi si intrecciano, i nostri visi si avvicinano, le nostre bocche si toccano, le nostre lingue si cercano.

Le mie mani scivolano sulle sue spalle e proseguono lungo il drappeggio del suo chimono, carezzando la sua carne calda. Lei si muove senza divincolarsi lasciando che le carezzi i turgidi capezzoli, minuscoli bottoni in un corpo che sembra asessuato, avvolto nei drappi sericei. Sento il piacere che ci attraversa e il desiderio che prende possesso di noi.

E nel mentre sento il suo corpo vibrare, rapido mi attraversa la mente il sospetto che possa essere lei che ruba i ricordi alla gente. Forse io sono la sua prossima vittima. Ne ho sentito parlare. Se è così, voglio che lo faccia, che mi assorba dentro di sé e risucchi il mio essere, come una mantide religiosa che si nutre del suo inutile compagno.

Non parliamo, ma in qualche modo deve aver compreso i miei pensieri. Mi fa un cenno di diniego con il capo. Quindi si scosta da me. La guardo negli occhi. È bellissima, avvolta nel suo chimono multicolore in raso lucido mentre il suo corpo acerbo sembra richiamarmi come la voce di una sirena.

Mi prende per mano e mi trascina in un'altra galleria. Spero di poter stare ancora con lei ad assaporare ancora il suo odore, palpare il suo corpo, essere soggiogato dai suoi feromoni, ma mi trovo in una stanza ricavata anch'essa nella roccia, ma molto più illuminata. Vi sono altri uomini e donne indaffarate a svolgere i loro compiti. Computer. Monitor. Piani di lavoro.

"Lo stiamo cercando," mi dice. La sua voce che mi aspettavo dolce e musicale è invece fredda e tagliente.

"Chi?" chiedo.

"Il mercato sta diventando sempre più pericoloso. Un uomo o donna che sia, si impossessa dei cervelli della gente, se ne nutre, assorbe i loro ricordi..."

Ho la sensazione di aver sentito già qualcosa di simile o di averla letta.

"Ma non era su un treno?" dico riprendendo coscienza di me stesso. Apro gli occhi nel mentre mi sento trascinare prima verso destra e poi a sinistra per la forza centrifuga.

Devo essermi addormentato. Guardo l'orologio. Dieci minuti. Diciassette e venticinque. Sono salito dieci minuti fa. Mi guardo attorno. L'uomo che era salito con me sta leggendo un giornale e dall'altra parte del corridoio una donna sta armeggiando con un tablet. Da come muove le dita direi che sta partecipando ad uno di quei giochi in cui si creano ambienti, fattorie, ville, raccogliendo bonus e premi lungo il percorso. Sento un tuffo al cuore. La donna ha i capelli corti, biondo platino. Molto bella. Deve avermi colpito e, nel mio dormiveglia, deve aver dato il volto al personaggio del mio sogno.

Sorrido. Niente mangiatori di anime, come profetizzato dalla stampa e dai mass media. Solo della gente che sta andando a Roma. Gente che legge, che gioca, che chatta. Gente che pensa e che sogna. Sogna. Come me fino a qualche minuto fa.

Mi sistemo meglio. Dormicchiando il tempo passa in fretta. Quasi quasi chiudo gli occhi e provo a riprendere il mio sogno. Non sarebbe una cattiva idea. Guardo la donna dall'altra parte del corridoio. Sì. Le somiglia davvero. Potrebbe essere proprio lei. Mi piace. Mi piacerebbe tornare a sognare di lei.

Mi sistemo meglio, ma resto come inebetito, ad occhi chiusi, in attesa che il sogno riprenda. Ma i sogni non riprendono da dove li hai lasciati, quasi mai almeno. E comunque non quando lo vuoi tu.

Emetto un profondo sospiro. Peccato. Era davvero un bel sogno anche se lentamente ho la sensazione che stia svanendo. Apro gli occhi e guardo l'orologio. Sono passati tredici minuti. Ci vorranno ancora due ore buone e in più ci sarà la fermata a Firenze.

Poggio la testa cercando di distendermi e tento di addormentarmi. Chissà perché è stato così facile prima. Mi sono seduto, rilassato, e subito mi sono ritrovato nelle gallerie. Con la ragazza. Ma adesso...

Mi giro verso la donna. Sta continuando a giocherellare con il suo tablet. Chissà; se la guardo un po' magari mi ispira un nuovo sogno. O magari smette di giocare e mi guarda. Dicono che se uno si concentra su una persona dicendole di fare qualcosa, quella inconsciamente reagisce facendola. Guardami. Girati e guardami. Sei bellissima. Guardami. Eravamo insieme nel sogno. Chissà se lasci stare il tablet e ti rilassi, forse farai il mio stesso sogno e ci possiamo incontrare. Guardami. Smettila di giocare.

Niente da fare. Troppo concentrata. Eppure mi sforzo di entrare in contatto con il suo essere. Niente. Forse faccio prima a provare a riaddormentarmi e sperare in una ripresa del sogno. Non era male quello di prima...

Chiudo gli occhi. Non succede nulla. Faccio una smorfia. Sarà un viaggio lungo. Almeno per me.

CAPITOLO 18

CARROZZA 10
POSTO 74

Fammi dare un'occhiata. Ce n'è di gente su questo treno. Pensavo che ce ne fossero molti di meno, specie grazie alla campagna negativa proposta dalla stampa. Ma evidentemente ormai non si teme più nulla, o forse la gente non è più in grado di capire contro cosa stia combattendo. Padre, perdonali, perché non sanno quello che fanno.

Dio, dammi la luce per capire contro chi devo combattere. Perché è qua, in mezzo a noi, questo figlio di Satana. Non può essere altrove, né altrimenti. Lo so. Lo sento. I figli del diavolo si insinuano fra i figli degli uomini per sedurli, per trascinarli col loro potere nella più nera disperazione.

C'è gente attorno a me, ma potrebbe essere anche in un'altra carrozza. Ci sono quattro carrozze in cui il diavolo potrebbe dimorare. L'essere immondo. Si è evoluto. Un tempo prendeva possesso degli uomini, ma non ne toccava l'essenza. Adesso ne prende i ricordi distruggendoli completamente. In fondo quale è lo scopo di Satana se non quello di distruggere i figli di Dio? Quattro carrozze che dovrò controllare, analizzare. Quattro carrozze e poco tempo per tro-

*varlo. Poco più di due ore, prima che commetta il suo ne-
fando misfatto.*

*Devo trovare forza nelle scritture. Che mi facciano da
guida e mi siano di ispirazione.*

Ha una valigetta, non molto nuova, in pelle nera. La pelle
è macchiata, consunta. Quella valigetta l'ha accompagnato da
anni, nel suo lavoro, fedele compagna e testimone del potere
che Dio gli dà nel liberare il mondo dalle immonde forze
demoniache. Si dice che quella valigetta sia appartenuta ad
un Papa, ma forse sono solo storie, una leggenda metropolitana, di quelle che girano fra i sacerdoti. È stato chiamato a
quell'incarico tanti anni fa, così tanti che ha quasi perso il
conto dei giorni. I suoi capelli sono imbiancati durante quel
tempo, la pelle delle sue mani si è incartapecorita, i suoi occhi sono diventati acquosi e tristi, ma il suo sguardo è sempre
attento, pronto a percepire la presenza del suo nemico.

Poggia la valigetta sul piccolo tavolo.

"Scusate," dice, rivolto ai viaggiatori che condividono il tavolino. Una giovane coppia di passeggeri. "Solo un attimo..."

Il giovane abbozza un sorriso, quasi voglia dire al sacerdote di non preoccuparsi. Il tavolino è là per quello. E comunque andranno via presto. Scenderanno a Firenze. Entrambi
osservano i movimenti delle mani del sacerdote attorno alla
valigetta. Movimenti sicuri. Come quelli di un vecchio presti-
giatore. Cosa tirerà fuori dalla valigetta? Una volta qualcuno
si è domandato cosa ci fosse nella valigetta di un Papa. Curiosità. Sì, perché anche i Papi, quando viaggiano, hanno la
valigetta. Cibo? Un rosario? Per una frazione di secondo
ognuno di loro si pone la stessa domanda dettata dalla curiosità.

Uno scatto secco. La chiusura della valigetta si libera, ma
il sacerdote non la apre se non appena, un piccolo spiraglio,

poco più di una fessura, quanto basta per infilarvi dentro una mano ed estrarne una Bibbia. Con fare metodico il sacerdote poggia il libro di scritture sulla valigetta e richiude la stessa con un nuovo scatto. Quindi la infila dietro di sé nell'interspazio fra i due sedili.

Prende la Bibbia e comincia a sfogliarla. Di sottecchi guarda i suoi due giovani vicini, ma nessuno dei due sembra più interessato a quanto sta facendo. Evidentemente hanno rinunciato a soddisfare la loro curiosità.

Le sue dita sfogliano le pagine ingiallite e rovinate dal continuo uso, fino a raggiungere il capitolo 8 del Vangelo di Luca. Si sistema il più comodamente possibile e si lascia scivolare nella lettura.

[27] Era appena sceso a terra, quando gli venne incontro un uomo della città posseduto dai demòni. Da molto tempo non portava vestiti, né abitava in casa, ma nei sepolcri.

[28] Alla vista di Gesù gli si gettò ai piedi urlando e disse a gran voce: "Che vuoi da me, Gesù, Figlio del Dio Altissimo? Ti prego, non tormentarmi!".

[29] Gesù infatti stava ordinando allo spirito immondo di uscire da quell'uomo. Molte volte infatti s'era impossessato di lui; allora lo legavano con catene e lo custodivano in ceppi, ma egli spezzava i legami e veniva spinto dal demonio in luoghi deserti.

[30] Gesù gli domandò: "Qual è il tuo nome?". Rispose: "Legione", perché molti demòni erano entrati in lui.

[31] E lo supplicavano che non ordinasse loro di andarsene

nell'abisso.

*[32] Vi era là un numeroso branco di porci che pascolavano
sul monte. Lo pregarono che concedesse loro di entrare nei
porci; ed egli lo permise.*

*[33] I demòni uscirono dall'uomo ed entrarono nei porci e
quel branco corse a gettarsi a precipizio dalla rupe nel lago e
annegò.*

Dove sei? Da molto tempo non portava vestiti. *Spingi gli
uomini a mostrare le loro nudità. Come quella ragazza, la
prima volta. Siamo su un treno, e non ci sono persone nude,
ma donne vestite in modo che il loro corpo possa essere in-
travisto e uomini che fanno di tutto per mostrare le proprie
fattezze corporali. Sono questi i segnali che devo cercare, che
ho sempre cercato. Il lupo perde il pelo, ma non il vizio e il
diavolo si comporta sempre alla stessa maniera. È troppo
stupido per cambiare atteggiamento, troppo presuntuoso per
pensare che possa essere scoperto e troppo arrogante per
credere che qualcuno possa sconfiggerlo.*

*Non ci sono bestie immonde dentro cui spingerti, non
qui, almeno. Sarà dura convincerti a lasciare questo treno,
l'uomo che possiedi, e a rinunciare al piacere di distruggere i
figli di Adamo, fino a renderli come le bestie, privi di conoscenza e di personalità.*

Avrebbe parlato con lui, gli avrebbe ordinato di andare via
e lui avrebbe detto: *"Che vuoi da me? Non tormentarmi!"* È
sempre una sfida. L'uno contro l'altro. Ma lui ha con sé il
potere che gli è stato conferito dal Santo Padre e può agire
nel nome di Cristo. E Satana lo sa, e lo odia, anche se non lo

teme. Non ancora, almeno. E forse questo non accadrà mai. Nessun timore, ma gli deve obbedienza. Questo sì.

L'unico problema è riuscire a trovarlo o trovarli. Forse sono più di uno. È possibile che il loro potere possa derivare dal numero di loro. Non può permettersi di sbagliare. Non può dire al primo che si troverà di fronte, di uscire dal corpo di quell'uomo o di quella donna. Se solo sbagliasse questo primo approccio, Satana lo deriderebbe e lui perderebbe inesorabilmente il potere.

I demoni che si facevano chiamare Legione temevano Cristo. Quando lo videro gli chiesero di non tormentarli. Gli si inginocchiarono ai piedi. E lo pregarono e lo implorarono. Gesù aveva il potere assoluto che gli derivava dalla sua natura divina. Non poteva sbagliare. Satana aveva provato a confonderlo tentandolo nel deserto, ma senza alcun successo. Gesù era un Dio, ma lui è un uomo, un semplice uomo e questa è la sua debolezza. I demoni devono vederlo come incaricato da Gesù e un rappresentante di Cristo non può commettere alcun errore. In nessun caso. Esattamente come Cristo.

Un brivido lo percorre. Un ricordo lo prende, lo stesso ricordo ogni volta che si prepara a lottare nel nome di quell'incarico che gli è stato dato. Un ricordo di una stanza fredda, di una ragazza, di olio benedetto. Di sé giovane, della voglia di combattere, delle sue certezze e delle parole del diavolo che lo avevano investito attraverso la bocca della ragazza.

"Che vuoi da me?"

"Lo sai. Non sei stupido."

"Vuoi che la lasci? È il tuo incarico."

"Vedo che lo sai. Così non ho bisogno di risponderti."

"E tu credi che io sia disposto ad obbedirti?"

C'era freddo nella stanza, ma non il freddo della neve. Era qualcosa di diverso. Quell'essere emanava una profonda solitudine, amarezza. Tristezza, disperazione e al tempo stesso odio verso di lui per qualcosa che possedeva.

"Sì. Devi farlo. È la legge."

"Io non sottostò ad alcuna legge."

"A quella degli uomini, forse, ma non a quella divina."

"Non conosco nessuna legge divina."

"Lascia questa donna..."

Risata. "Altrimenti?"

"Devi lasciarla. È quanto vuole Cristo e tu gli devi obbedienza. Lo sai."

"Dove andrò, se la lascio?"

"Tornerai da dove sei venuto. Nell'Abisso."

"Chi se tu? Perché credi che sia disposto ad obbedirti?"

"Sono un messaggero. Il Suo rappresentante. E tu Gli obbedirai."

"Lo farò. Ma un giorno il tuo Dio ti abbandonerà e tu sarai mio. Questione di tempo ed io ottengo tutto quello che voglio. Io ho tutto il tempo del mondo, tu solo la tua effimera vita."

"Dio non mi abbandonerà mai."

"Lo credi? Vedremo."

Un urlo e la ragazza era nuovamente sé stessa.

"Co... Cosa è successo? Dove sono? Perché sono nuda?

"Prendi il mio mantello e copriti..."

Ogni volta che lotta con Satana, ha sempre paura. Paura di perdere un po' della propria forza e di poter essere un giorno sua preda, come gli ha predetto quella prima volta. Sono passati tanti anni e centinaia di volte ha avuto da lottare con lui, ma ora è vecchio. Forse un giorno rimarrà sconfitto.

Cosa vai pensando! Dio ti è vicino, ti ha dato questo incarico e non lo avrebbe fatto se non fossi stato in grado di sopportarlo.

Dubitare è umano, ma avere certezza è divino. E lui è certo che piuttosto che lasciarlo cadere nelle grinfie di quell'essere, Dio lo chiamerà a sé.

Almeno così spera.

Si alza in piedi guardandosi attorno. Raggiungerà per prima cosa la carrozza in fondo e ne osserverà uno per uno gli occupanti e poi farà lo stesso nelle altre carrozze fino a quando non lo avrà trovato, qualunque aspetto possa avere.

Il treno imbocca una curva ed entra a velocità in una galleria. Il leggero risucchio, sembra trascinarlo in un vortice di nulla. Si riprende. Fa un sorriso ai suoi vicini che lo osservano da quando si è alzato in piedi. Anche loro sorridono di rimando più per cortesia che per altro.

Per quanto il treno sia stabile nella sua corsa, ha la sensazione di dover perdere l'equilibrio in qualunque momento. Sarà una lotta impari, questa volta, novello Caco contro la Terra. Ma vincerà. Non ne ha dubbio. Perché la sua forza gli viene da un potere infinito.

Si dirige appoggiandosi ai sedili laddove possibile fino a raggiungere la porta di uscita dalla carrozza. Le ante trasparenti scivolano con un leggere risucchio aprendogli il passaggio alla successiva carrozza attraverso una bocca nera, pronta ad inghiottirlo.

CAPITOLO 19

CARROZZA 11
POSTO 25

Simbolo messaggio. Premuto. Che cavolo di smalto. Non tiene. Devo parlarne con la ragazza della profumeria. E dire che è stata proprio lei a consigliarmelo. Bella ragazza. Secondo me le piacevo, altrimenti non mi avrebbe sorriso a quel modo. Comunque devo cambiarlo. Oppure devo cambiare profumeria. A pensarci bene era una bella ragazza, ma antipatica. Troppi sorrisi, troppi ammiccamenti.

Finestra dei messaggi. Ready. Potrei dettarlo. Un bel messaggione. Simbolo. Parla adesso.

"Ciao, Mia. Sono Manuela. Sto arrivando. Ho buone notizie. Possiamo andare a vivere insieme a Firenze. Ho trovato la casa giusta per noi..."

No. Non va bene. Fossi stata a casa sì, ma non sul treno. Troppi rumori di sottofondo. Chissà cosa verrebbe fuori. Parolacce o frasi senza senso.

Indirizzato a... È il primo nome nella lista. Mia, lo sai. Sei sempre in cima ai miei pensieri, Honey. Sono forti gli inglesi che per dire dolcezza, dicono miele. Come diceva quella ragazza in internet? Sei il mio ultimo pensiero ogni sera prima di dormire e il primo ogni mattina quando mi sveglio. Me lo hai fatto notare tu. Sdolcinata, ma carina. Beh. È così anche per me alla fine, e credo che lo sia anche per te.

Tastiera kwerty. Posso digitare. Sto arrivando. Uhm. Troppo freddo. Questo lo scrive mio fratello a mia madre quando si aspetta di trovare pronta la cena.... Ti amo. Questo suona meglio. Ma cosa vuoi scrivere in un messaggio al volo, alla fine. Ho trovato casa. Mi pare giusto. Ma se glielo scrivo, finisce il bello. Stasera la abbraccerò e glielo sussurrerò, nel mentre le dirò che le voglio bene. Magari mentre siamo a letto. Una casa tutta nostra. Meglio non scriverle niente di tutto questo. Invio.

Fatto. Il cellulare di Mia avrà già segnalato il messaggio.

Stasera saremo nuovamente insieme. Sono passate tre settimane dall'ultima volta. Ci abbracceremo. Lei si accoccolerà vicina a me, mentre poggerà il suo capo sul mio grembo. Le piace farlo perché in questo modo posso carezzarle i lunghi capelli neri. Le piace, e piace anche a me.

Se ci penso mi vengono i brividi. Mia mi sta rammollendo, questa è la verità. Se penso a come ci siamo conosciute... Su Facebook, chattando, naturalmente. Fortuna che c'è Facebook. Se non ci fosse stato probabilmente ci saremmo perse lungo dei corridoi di vita diversi.

Ma c'è. Io ero stata a letto con Roberto. Per l'ultima volta. Facevamo sesso di tanto in tanto, ma non c'era più amore. Solo il piacere del sesso. Ma c'è mai stato amore fra di noi? Bella domanda. Se non lo sai tu? Certo, facendo un po' di conti la nostra storia durava da meno di un anno. Forse c'era stata un po' di infatuazione. Sicuro. Attrazione fisica, visto che era un bel ragazzo... Comunque era finita ed io ero andata a chattare. E là ho conosciuto Mia. La mia Mia disperata. Anche lei con una storia con il suo ragazzo, ma diversa, triste. Quasi tragica. Quel bastardo l'aveva picchiata.

Pochi minuti. Scoprire che eravamo nella stessa città e incontrarci è stato un tutt'uno. Aveva un occhio nero e diverse abrasioni sul volto. Bastardo! L'ho portata a casa, nella stanza che dividevo con un'altra ragazza, solo che lei non c'era. Era andata giù, dai suoi. Un compleanno, credo. La madre, mi pare. I meridionali fanno sempre così. Fanno di tutto per andare al nord, per studiare, per staccarsi dalla propria famiglia e poi colgono tutte le occasioni per tornare al loro paese e alla loro famiglia.

Ho cercato di curarla e le ho detto che non avrebbe più dovuto vedere quel... Non sapevo come definirlo. Che avrebbe dovuto denunciarlo, ma lei non voleva. Mia è fatta così. Le fanno del male, ma non intende vendicarsi. Io l'avrei ammazzato.

Tutto è iniziato così. Abbiamo cominciato a frequentarci, anche perché volevo essere sicura che non finisse nuovamente nelle grinfie di quell'infame. Ci vedevamo la sera, quando avevamo finito di seguire le lezioni e di studiare. Parlavamo di noi, delle nostre famiglie, del nostro futuro lavoro.

Questo è stato l'inizio, e poi, pian piano, abbiamo preso coscienza del fatto che avevamo bisogno l'una dell'altra, e l'attrazione è venuta al momento opportuno.

Stiamo insieme da quattro anni. Roma, Firenze. Da quando ho questo straccio di lavoro. E ora c'è la casa dove poterci trasferire. E vivere insieme. È la sorpresa per il suo compleanno, per domani.

SECONDA FERMATA

STAZIONE DI FIRENZE

Ho finito di mangiare il mio panino. Ora mi aggiro, avanti e indietro lungo il binario. È stato annunciato l'arrivo del Frecciarossa, del mio treno. I vagoni sono sempre in fondo. Quelli di testa sono quelli per i vip.

Si sono raccomandati di non oltrepassare la linea gialla. È stato detto da una voce registrata, quindi nessuno, in realtà, si sta preoccupando di niente e di nessuno. Chiunque potrebbe decidersi di lanciarsi sui binari al passaggio del treno. Ho un ricordo. Un episodio di Alphas in cui questo avveniva. Ma quella era una metropolitana sotterranea e l'uomo era mentalmente pilotato, ma poco conta. Solo un video per documentare l'azione. Non so a chi appartenesse quel ricordo, ma ora è mio.

Osservo la linea ferrata posizionata una trentina di centimetri al di sotto del livello della banchina. Poco distante da me, accanto alla traversina, qualcuno ha buttato un pacchetto di sigarette vuoto. Prima o poi il personale lo noterà e lo tirerà via. Sigarette. Il fumo fa male. Bisognerebbe evitare di fumare. Certo. Possiamo scrivere che il fumo uccide, ma la gente continuerà a fumare, esattamente come le persone continueranno a salire su un treno dove ci si aspetta che viaggi anche un mostro. I giornali hanno dato l'allarme. Anche le reti televisive hanno dato comunicazione. Il Frecciarossa novemila cinquecento quarantuno non è sicuro. Oppure il novantacinque quarantuno. Oppure il nove, cinque, quattro, uno. Qual è il modo giusto per identificare un treno? È come il numero di telefono. C'è chi lo legge cifra per cifra, chi preferisce ricordarlo come una sequenza di decine e chi lo ricorda meglio come delle centinaia. Fortuna che i treni non hanno il prefisso. Comunque sia, c'è rischio che sul treno ci sia un mostro. Un pericolo dettato dalla statistica. Se è già successo cinque volte consecutive, sarà così ancora e ancora. Sbagliato! Succederà, ma sul treno non c'è ancora nessun mostro. Il mostro è in stazione e ne sta aspettando l'arrivo. Sorpresa! Salirà come un qualsiasi passeggero e poi colpirà, secondo la sua natura, per quel che è diventato.

Un giorno mi sono svegliato e mi sono ritrovato ad essere una specie di Gregor Samsa. Potevo sentire i pensieri dei miei familiari, dei miei vicini, dei miei amici, di quelli che si muovevano attorno a me. Un cambiamento radicale. Una metamorfosi. Non in uno scarafaggio, ma in qualcosa di diverso e al tempo stesso più raccapricciante. Come reagiresti se ti rendessi conto che chi ti sta vicino sente quello che stai pensando, vede dentro di te? Nessuno sa come ci si sente a sapere quello che la gente pensa. Non puoi reagire, perché altrimenti capirebbero che tu sei in grado di leggere dentro di loro e comincerebbero a temerti. Le persone temono quello che è diverso. Quando lei ha capito quello che ero diventato mi ha allontanato immediatamente. Con disprezzo. Con odio. Io potevo entrare nel suo intimo. Stavo oltrepassando un limite che la natura ha sempre posto. Il diritto a pensare senza poter essere ripresi. In un mondo soggetto a dittatura non si ha diritto di manifestare il pensiero per iscritto, a voce o con altri mezzi di diffusione. Ma resta inalienabile il diritto di pensare. Ma se qualcuno d'improvviso violasse anche quello? Paura. Atavica. Come la paura di uno scarafaggio. Sono un insetto da allontanare, da schiacciare con un colpo di scopa. Gregor Samsa. Un fastidio prima, un pericolo dopo.

Mi sono allontanato. Sono sparito. Lontano da coloro che conoscevo, che mi potevano conoscere. Un esule. Un paria in mezzo alla gente. La metamorfosi mi aveva trasformato. Ho imparato a usare il potere. Mi ha guidato Martina con la sua Irene. Posso raccattare denaro per vivere. Mi basta andare ad una corsa di cavalli e leggere nella mente degli allibratori. Molte corse sono truccate o con un finale prevedibile. Mi basta guadagnare quanto basta per vivere. Piccole puntate, giusto per non dare nell'occhio. Come dicono nei film? Mantengo un basso profilo. Piccole vincite. Quanto basta. Può perfino essere divertente, anche se vivi al limite. Non sono un clochard, ma vivo negli alberghi e mi muovo spesso. Troppo spesso in questi sei mesi. Vorrei potermi fermare, ma mi rendo conto che è pericoloso.

Guardo il locomotore comparire lontano. Un piccolo punto bianco e rosso in avvicinamento. Il momento sta arrivando. Qualche minuto e avrò raggiunto il mio posto. Scenderò a Roma, come sempre. Dormirò a Roma in qualche pensione, e domani farò colazione sfogliando il giornale che parlerà ancora di me, del mostro che ruba i ricordi. Poi mi sposterò da qualche altra parte. Napoli, Ancona... Non so ancora. Va dove ti porta il cuore. Così tornerò a Firenze, come sempre. Le abitudini, alla lunga, tradiscono.

Posso scegliere dove andare, ma non posso fermare la fame che mi prende. È qualcosa che ha a che fare con il potere che ho acquisito, con la metamorfosi che mi ha trasformato. Gli scarafaggi si nutrono di tante cose, ma in caso di necessità, possono anche essere cannibali. È così che vengono eliminati da chi fa disinfestazione. Un po' di cibo avvelenato e le tane chiuse. Alcuni mangiano il cibo avvelenato e muoiono. Altri presi dalla fame mangiano i loro simili morti e muoiono anch'essi, fino all'eliminazione dell'ultimo individuo. Io sono onnivoro, come uno scarafaggio e quando la fame prende il sopravvento, mi nutro di una parte di un altro uomo. Dei suoi ricordi, delle sue emozioni. Sono una nuova razza di cannibale, ma sono molto simile ad uno scarafaggio. Sono un moderno Samsa. Se Kafka mi avesse conosciuto, forse avrebbe scritto qualcosa di diverso o forse la stessa identica storia. O forse avrebbe avuto paura di me. Un vampiro. Un Nosferatu. Orrore.

Il treno è ormai arrivato e si è fermato davanti a me. Le porte scorrevoli si stanno aprendo. Qualcuno scende, portando a fatica il proprio bagaglio. Un uomo, una donna, un altro uomo. Ci sono persone ferme sulla banchina che li accolgono. Si salutano, si baciano, si parlano, si allontanano. Altri si accingono a salire. La mia carrozza è in fondo. Mi tocca camminare per raggiungerla. Guardo il numero nella mia prenotazione. Carrozza 10 posto 67. È possibile che io sia da solo nella saletta. Non credo che vi sia molta gente pronta a viaggiare dopo quanto è stato comunicato dai media e dai giornali. Ma ha poca importanza. Mi basterà trovare qualcuno al momento opportuno. Nel Frecciarossa, nella carrozza centrale, c'è il ristorante. Io non ne avrò bisogno. Mangerò in carrozza. Dracula. Col suo sguardo magnetico prese potere sulla sua vittima e quando vide che era totalmente dominata da lui, affondò i suoi denti nel collo alla ricerca della vena, succhiando il sangue caldo e palpitante. Un pasto per un vampiro. Un pasto anche per me. Prenderò potere sulla mia vittima e ne prenderò il controllo. Entrerò nella sua mente e comincerò a nutrirmene, sinapsi dopo sinapsi, ricordo, dopo ricordo. Risucchierò le sue gioie e le sue paure, prenderò ogni suo sentimento fino a quando non saranno diventati miei.

Sono di fronte alla carrozza 10. La porta è aperta, come una enorme bocca pronta ad accogliermi e a inghiottirmi. Un uomo mi dà uno spintone e sale. Quindi girandosi verso di me mi chiede scusa. Ma è un modo di fare non sentito, una semplice formalità. In cuor suo non gli importa affatto di avermi urtato. Ha una missione da compiere, secondo quanto lui crede. Qualunque altra cosa che lo circonda è un fastidio, la polvere da soffiare via da sopra il proprio abito. Mi incuriosisco. Nel salire mi concentro su di lui e percepisco che si tratta di un agente della polizia ferroviaria. C'è un altro insieme a lui. Si è fermato a prendere qualcosa in tabaccheria. Le sigarette. Ma sta arrivando.

Mi volto indietro. Sì. È a pochi metri da noi. Trafelato. Agenti della PolFer. Sono in allarme anche loro. Il mostro potrebbe colpire ancora.

Varco la soglia. Nel vagone sono investito dai pensieri di un prete, uno dei pochi specializzati in esorcismi e autorizzati dalla Santa Sede. Ha in mente qualcosa sul mostro. Crede che io sia posseduto e che lui possa liberarmi dal demone che si è impossessato di me.

Un demone! Un demone che è entrato in me e ha preso potere su di me. E se fosse vero? Se fosse un demone che mi consente di sentire i pensieri della gente e che poi mi fa nutrire dei loro sentimenti? O forse usa il mio corpo e lui si nutre dei sentimenti degli altri così come si è nutrito di me. Tutto è possibile. Un mostro altrimenti non sarebbe tale.

Un mostro dentro o un mostro fuori. Cosa cambia?

CAPITOLO 20

**CARROZZA 8
POSTO 36**

E il treno cammina. Corre. Vola. Andare come un treno. Un modo di dire che la sa lunga. E su questo treno mi muovo controllando i biglietti dei passeggeri. Un lavoro quasi inutile. La gente paga il biglietto. Non è come sugli autobus. Là il controllo è casuale, quando il personale incrocia l'autobus. Stanno a qualche fermata, magari a chiacchierare, poi salgono sull'autobus e dichiarano: "biglietti". E la gente si affretta a cercare il biglietto. C'è quello che prova a scendere prima che loro salgano, perché si muovono sempre in due, come i carabinieri. C'è quello che sta vicino alla macchinetta con i soldi pronti per pagare e quando li adocchia, tira giù un biglietto; e quello pronto a vidimarlo, ma che sta là in attesa, sperando che non salga il controllo in modo da poterlo riutilizzare ancora e ancora...

Sul treno è diverso. Il controllore c'è sempre. Macchinista, bigliettaio, sono personaggi legati ad ogni treno. Personale viaggiante, perché andiamo da una stazione all'altra, da una città all'altra. Viaggiamo come i viaggiatori stessi. Osserviamo. I pendolari, gli stessi ogni giorno. E gli occasionali. Li impariamo a conoscere e a volte nasce un'amicizia. Anche se non si dovrebbe. Poi c'è sempre l'occasione di guardare le ragazze. Se ne vedono tante e tutte belle, come quella della carrozza otto che sta andando al concerto.

Questo invece è un ragazzo. Venti anni. Forse qualche anno di più. Ha gli occhi persi. Se non è fatto, c'è molto vicino. Chissà di cosa si è fatto? Gira tanta roba adesso. Mi ricordo il tempo in cui c'era l'LSD. Ora se ne inventano di tutti i tipi. Ho letto che c'è gente che si spara la vodka negli occhi per sballarsi e c'è chi si uccide con la krokodil.

Mi porge il biglietto. Vorrei poter entrare nella sua mente per poter sentire cosa gli gira in questo momento. Un euro per un tuo pensiero...

Prendi il biglietto. Bucalo. Come la pelle con un ago. Mi sento confuso. Il mondo mi gira attorno. Tutto è disordinato, ovattato e al tempo stesso... Lontano. Vicino. Come una musica che va e viene, che si avvicina e si allontana. Il mondo è vicino ed è lontano. Il centro del mondo. Io. Il biglietto è lontano, nel mentre il treno corre. Il mondo scorre lontano. Sento lo sferragliare. Vicino. Lontano. Vicino. Lontano. Su. Giù. Su. Giù. Avanti e indietro. Un due tre. Un due tre. Il mondo si stringe e si allarga come una fisarmonica, ma più dolcemente. Chiudo gli occhi. Quanto tempo ci mette a bucare il biglietto? Ci vuole tempo. Il treno corre. La gente cammina. Quello si alza e passa. Quell'altra si allontana. Uno torna. Perché sono qui? Voglio provare a sentire i miei ricordi uscire dalla mente. Risucchiare. Strappare. Assorbire. Aspirare. Strappare ancora. C'è rumore, quando si strappa qualcosa e anche quando si aspira. Ci sarà rumore quando qualcuno mi tira via i pensieri. Perplesso. Esito. Sento il rumore della macchinetta mentre fa il buco. Un boato, riflesso

da mille echi. Un buco. Suono indistinto. Sento il mio respiro. Il battito del mio cuore.

CAPITOLO 21

**CARROZZA 8
POSTO 65**

Eccoci qui. Finalmente. È venuto il momento. Mi piace fare i rebus in treno. Mi rilassa. Mi distrae. Mi fa passare il tempo più in fretta.

Vediamo un po'. Apriamo la Settimana. Dove stanno i rebus? Prima quelli, poi passiamo alle parole crociate senza schema della terzultima pagina e poi passiamo a fare Bartezzaghi e gli altri. Ma per il momento i rebus.

Cominciamo da quelli più semplici in terza pagina. Poi passiamo a quello dell'appendice alla Sfinge.

*Ci sono due donne e su una di esse c'è la lettera **S**. Sembra che stiano parlando. Potrebbe esser questa la chiave di interpretazione, ma potrebbe riguardare le caratteristiche fisica. Quella con la **S** è più alta. Poi ci sono due ladri che vengono arrestati con sopra le lettere **CO** e poi un tavolo tutto segnato e sui segni c'è una **N**. Sul tavolo vi sono due lattine di olio di semi con sopra una **V**. Tre parole di lunghezza 7, 1 e 11. Proviamo. S, alta, rei, CO, N, graffi, V, oli. No. Non va bene. S, alta, rei, CO, N, venature, V, oli. No. Ancora non va bene. Venature è troppo lungo. Ci vuole una parola più corta, di quattro lettere. Forse vene. Forse così funziona. S, alta,* rei, CO, N, vene, V, oli. Giusto. Saltare i convenevoli. Fatto. Facciamo sopra una *V* per indicare che è risolto.

Andiamo avanti.

Qua non c'è niente, qua parole crociate e altri giochi, una pagina di vignette, due parole crociate facilitate, ma queste le salto perché sono tropo stupide, da risolvere quando si è finita la rivista e non si sa più cosa fare, e poi le risate a denti stretti con l'antologia di Edipo, ovvero i rebus.

A volte mi domando come facciano a mettere insieme le informazioni su una vignetta dove delle cose apparentemente senza nessun nesso logico riescono a convivere. Bravura del disegnatore!

Vediamo la prima vignetta. Siamo all'interno di una osteria d'altri tempi, dove c'è a un tavolo un cliente con un cappello e un abbigliamento settecentesco. In un angolo una grossa ruota in legno da calesse e un quadro che mostra una costruzione con sotto scritto **Versaille**. Un oste su cui c'è una **C** sta portando del cibo all'avventore che tiene un coltello sulla cui lama c'è una **L**. L'osteria è illuminata da una torcia accesa su cui spicca una **N** mentre sui raggi della ruota c'è una **U**. Sul quadro due lettere **TA**.il rebus è da quattro parole rispettivamente di 5, 9, 5 e 10 lettere.

La chiave è la torcia perché non si chiama torcia, ma viene usato un sinonimo più classicheggiante, come in tutti i rebus. Come si chiama? Chi se lo ricorda. Fammi pensare. Nelle olimpiadi quello che porta la torcia accesa è il tedoforo, il portatore di teda. Teda. Ecco la parola. Vediamo se funziona. C, oste, raggi, U, N, teda, L, lama, reggia, TA. Coste raggiunte dalla mareggiata. Fatto. Non era poi così difficile.

Segniamo come fatto.
Andiamo avanti.

Cosa è un rebus senza pari? Oh, sì. Bisogna prendere le parole indicate e cancellare le lettere pari per formare la soluzione. Solo due parole una di 6 e l'altra di 4 lettere. Non deve essere molto difficile. Nella vignetta c'è una donna che sta guardando un libro illustrato in cui è rappresentato il Dio dei venti, sullo sfondo un grande castello, e un cartello che dice che si tratta del castello della città della Olivetti e a destra un'arnia con le api che vi girano attorno.

Sono indicati i capelli della donna, il libro, il castello e l'arnia. Capelli, Eolo, Ivrea, arnia. Togliendo le lettere pari abbiamo CPL... No, non funziona. Un sinonimo per indicare i capelli. Fammi pensare... Sì. Chioma.

Proviamo ancora. Chioma, Eolo, Ivrea, arnia. Se togliamo le lettere pari, viene fuori C,I,M,E... Funziona. Cimeli rari.

Facile. Pensavo peggio. Fatto.

Lei sbuffa, ma questo è il solo momento in cui riesco a dedicarmi a quello che mi piace. Andiamo avanti. Certo! Quella tizia, dall'altra parte del tavolino mi guarda in modo strano. Cosa avrà da guardare, alla fine? Non ha mai visto uno che fa i rebus? Certa gente non sa farsi i propri affari. Se non le sta bene, può sempre alzarsi e andare da un'altra parte. Ma, tanto. Non lo può fare perché i posti sono numerati. Così, non potendo fare altro, sta a guardare.

Donne! Una sbuffa, l'altra ti osserva.

Passiamo alla vignetta successiva...

CAPITOLO 22

**CARROZZA 8
POSTO 68**

Ma guardalo! Siamo saliti sul treno, abbiamo avuto il tempo giusto di guardarci attorno, controllare il numero dei posti, trovare i nostri e metterci a sedere. Ha poggiato sul tavolinetto il cruciverba, ha tirato fuori dalla tasca interna della giacca la penna e ha cominciato a darci dentro con quel suo stupido giornale.

Senza guardarsi attorno, senza pensare.

Potrebbe esserci una rapina, un assassinio sul treno, potrebbero entrare dei terroristi armati di mitra, ma lui non riuscirebbe a distogliere il suo interesse dai suoi giochi enigmistici. Se ci fosse veramente qualcuno in grado di succhiare la memoria alla gente, come dicono i giornali, troverebbe solo dei rebus nella sua mente e delle parole crociate.

E dire che una volta non era così. Certo. L'età cambia le persone, questo lo sanno tutti, ma spostarle verso il disinteresse totale, è proprio un'altra storia. Vorrei che succedesse qualcosa che gli desse uno scossone... Magari potrebbe succedere quello temuto dalla stampa... Ma purtroppo sono tutte stupidaggini, come la fine del mondo, i Maia e tante altre cose simili.

Oh! Un cervello nuovo. Tutto da succhiare. Vediamo cosa ci sta dentro. Parole in orizzontale e in verticale che si incrociano fra loro, immagini che nascondono dei messaggi criptici. Che stupidata! Morirebbe di noia, esattamente come me.

Guardalo! Gira e rigira quella Settimana Enigmistica come uno studioso che sta analizzando un soggetto visto per la prima volta e appena scoperto. Bisturi. Infermiera mi passi la lama da due. Mi giri il paziente. Pronti ad operare? Lo stiamo perdendo! La cosa peggiore è che crede di esercitare la mente, di sviluppare la sua intelligenza, la memoria, l'intuito, ma non si rende conto che la atrofizza limitandola alle poche parole utili a creare sempre gli stessi incroci e gli stessi schemi. Ormai è diventato così esperto che si sofferma solo pochi istanti su un enigma, lo risolve senza sforzo e passa a un altro, in modo ossessivo, fino a quando non ha esaurito l'intera pagina di giochi per poi passare alla successiva.

Non si sofferma a pensare. Non guarda neppure le vignette disseminate ad arte qua e là per le pagine.

Solo giochi. Cambio di vocale: cena, Cina. Falso accrescitivo: giro, girone. Tre orizzontale: la pallottola di una certa serie di film. Che sciocchezza! Spuntata, naturalmente. Che giochi intelligenti. Come dice la pubblicità? Non far spegnere il tuo cervello ogni dieci secondi. Fai la Settimana Enigmistica. Così si spegne nel giro di qualche anno, in modo irreversibile.

Mi verrebbe voglia di strappargli quel giornale dalle mani e gettarlo fuori del finestrino. Ehi! Mi vedi? Ci sono. Siamo su un treno. C'è un mondo attorno fatto di persone di gente che vive, che respira, che sogna, che discute... Niente vignette disegnate, né quadrati numerati l'uno accanto all'altro, alcuni neri e per lo più bianchi.

182

Guardo la donna seduta di fronte a me. Sta pensando a qualcuno o a qualcosa. Mi sembra che sia sovrappensiero. Le sorrido e lei mi sorride di risposta.

Vorrei scusarmi con lei per il comportamento di mio marito, per la sua indifferenza, ma non ci riesco. Vorrei, vorrei, vorrei...

Da un momento all'altro dovrebbe venire il controllore per controllare i biglietti. Si fermerà dal fare i rebus per prendere i biglietti. Devo essere veloce. Posso togliergli il giornale davanti proprio in quella occasione.

Ma poi dopo cosa succederà? Mi ricordo quella volta senza giornale che è rimasto inebetito per quasi tre ore, lo sguardo perso nel vuoto attraverso i suoi occhiali da miope. Fermo, rigido. Voglio questo? Probabilmente no...

CAPITOLO 23

CARROZZA 10
POSTO 67

Quante persone! Una marea! Di niente.

I posti occupati si possono contare sulla punta delle dita. Magari utilizzando anche i piedi. La carrozza è mezza vuota. Completamente diverso dalle altre volte. Come la stampa aveva previsto. Nessuno avrebbe viaggiato oggi. Pochi, molto pochi. Mi basta pensare ai titoli.

Qualcosa o qualcuno viaggia in Frecciarossa ogni mese alla stessa ora dello stesso giorno e risucchia i ricordi delle persone.

Ricoverati da mesi in attesa di riavere la propria identità.

Sul treno perdono sé stessi.

Meglio così, alla fine. Avrò possibilità di scegliere con più calma. Non come la prima volta. Ricordo quei momenti come se il tutto fosse accaduto ieri. Avevo fame. Una fame indescrivibile. Qualcosa che mi toglieva la ragione. Non ricordo di aver mai avuto fame a quel modo. Mai. Non c'era tempo di scegliere. Sopravvivere era l'imperativo. A pensarci bene non avevo mai avuto fame prima di quel momento. E non intendo fame di cibo. C'è fame e fame. Sono i bisogni primordiali quelli che ci spingono ad agire fuori dalle regole. E quello lo era. Antico quanto il mondo stesso.

Se provo ad andare indietro nel tempo con il pensiero, non sembra che vi siano dei grandi ricordi prima di quel momento. Ed è strano, perché sono un essere umano e sono cresciuto da qualche parte e in qualche modo. Ho un nome e un cognome. Li ho letti da qualche parte e ne conservo memoria, anche se mi sono totalmente estranei e la loro totale estraneità mi spinge a dimenticarli. Non che io abbia perso la mia personalità. Assolutamente. Ma i ricordi sì. Totalmente. Sono rimescolati con quelli degli altri. Non occupano un livello diverso. Tutti sullo stesso piano.

Sono regolarmente iscritto nell'anagrafe della mia città che, guarda caso, è Roma. Roma. *Caput mundi.* Il centro del mondo tanti secoli addietro. Oggi il centro del mio universo, almeno. Ho avuto dei genitori, come tutti gli esseri umani, ma non ho avuto dei fratelli. O meglio. Ho avuto una sorella, ma è morta a causa di un'incidente. Un brutto incidente con la macchina. Se ne può leggere la storia sulle vecchie copie del Messaggero, in emeroteca. Non tanto diverso da altri, a dire il vero. Discoteca. Alcool. Nell'articolo i miei genitori assicuravano che lei non beveva. E forse era vero. Ma chi guidava la macchina aveva bevuto e parecchio. Una corsia presa per il verso sbagliato e uno scontro frontale con un Tir. Praticamente erano morti tutti sul colpo. Credo che i miei genitori non si siano mai ripresi da quella perdita. Forse è questo il motivo per cui io li ho lasciati. Forse. Ma i miei ricordi non mi consentono di saperlo. O, per meglio dire, la miscela di ricordi.

Fatto sta che ho avuto dei genitori. Lo dice la genetica, ma il problema è che non mi ricordo di loro, così come non ricordo il volto o la voce di mia sorella. Sono mescolati agli altri genitori degli altri e li sento tutti miei. Ho tanti ricordi della mia vita passata prima che tutto iniziasse. E della loro. Tanti. E diversi l'uno dall'altro. E se io fossi stato la vittima di qualcun altro? Potrebbe accadere lo stesso a quelli che inconsapevolmente mi hanno aiutato a sopravvivere?

Certo. Posso ricostruire la mia vita passata, ma è più un esercizio intellettuale che altro, perché qualunque cosa io riesca a trovare, a scoprire, non tornerà mai ad essere mia. Vi sono tracce molto più che evidenti lasciate dal vecchio me stesso. Ho frequentato la scuola, il liceo e poi mi sono iscritto all'università. Tutti noi lasciamo tracce per il semplice fatto che viviamo. Le mollichine di Hansel e Gretel. Abbiamo una casa, amici, ambiente di lavoro. Nemici. Persone che ci amano e altre che ci detestano, ci odiano, ci invidiano. Abbiamo vicini. Sono i riferimenti che usa la Polizia quando deve espletare una indagine. Lo vediamo in TV, nella realtà e nella fiction, e sono dei punti fermi. Prima i vicini, poi i colleghi di lavoro, gli amici e infine la famiglia. Forse ho avuto un buon amico con cui ho scambiato pensieri e opinioni su tutte le cose, forse mi sono interessato di cinema o di fumetti o di giardinaggio. Chi può dirlo? Forse mi piaceva la pioggia quando batte contro i vetri delle finestre e probabilmente mi spaventavano i tuoni. Quasi certamente mi piaceva la buona musica, così come mi piace adesso, ma potrebbe essere qualcosa di diverso. La sommatoria dei sentimenti degli altri, quegli stessi che hanno cancellato, corretto, aggiornato i miei. Egoisticamente mi piace pensare che avevo una ragazza, con cui condividevo i miei momenti felici e anche i suoi, e da cui sono stato costretto a fuggire. No. È stata lei ad allontanarmi. Ma forse era la lei di un altro. Possibile. Ho cominciato a raccogliere nuovi ricordi sei mesi fa, quando ho assorbito i ricordi di quell'uomo su questo treno. È per questo che mi piace tornare sempre sullo stesso treno alla stessa ora. Ma se d'improvviso tutto questo diventasse ancora una volta estraneo? Se d'un colpo i ricordi si azzerassero, il cervello si resettasse e si sovrapponessero nuovi bisogni, nuovi pensieri, nuovi valori? Questa è la mia paura.

Ecco. Questo è il mio posto. Carrozza 10, posto 67. Ho dovuto usare il mio nome per effettuare la prenotazione. Un nome serve anche se per te non ha alcun significato e non è legato a nulla. Ma serve in tante occasioni. Insieme ad un documento che attesta la tua identità. Per presentarsi, per fare una prenotazione, per prelevare del denaro.

Il mio è uno dei quattro posti attorno al tavolino, quello che dà sul corridoio e con alle spalle la motrice. I miei nuovi vicini mi guardano. Tre volti sconosciuti. Spero di non averli mai incontrati in altra occasione, ma credo che sia così. Altrimenti si comporterebbero in modo differente. Noi umani abbiamo una serie di comportamenti codificati per ogni occasione. Se mi conoscessero mi saluterebbero, si alzerebbero in piedi, mi stringerebbero la mano, mi chiederebbero come va, farebbero riferimento al tempo dandomi indicazione relative all'ultima volta che ci siamo visti. *Quanto tempo! È tanto che non ci si vede! È incredibile. Ci siamo visti solo ieri! Che ci fai qui? Dove ti eri cacciato?*

È per questo che salgo sul treno a Firenze. Teoricamente non dovrei conoscere nessuno da queste parti. Ci sono sufficienti chilometri di distanza da Roma. Inoltre ho il tempo di capire chi mi potrà dare il nutrimento che realmente mi serve. In quasi un'ora e mezza posso percepire i pensieri, i più intimi desideri di ognuno dei viaggiatori. Capire chi è in sintonia con me.

Mi siedo. Faccio un sorriso ai miei vicini. Strano. Il treno è semivuoto, ma attorno a questo tavolino siamo in quattro.

Il caso. Un cenno di saluto. Anche loro fanno lo stesso nei miei riguardi. Quella davanti a me è una coppia. Avranno cinquant'anni ciascuno. Io ne ho poco più di metà. Lui non ha molti capelli, ma li ha tinti, a differenza di lei che li ha chiaramente grigi. Curioso. Dicono che siano le donne a tingersi i capelli e ad essere vanitose. Evidentemente non è il loro caso.

Il passeggero accanto a me, sulla sinistra, è una ragazza. Ha i capelli rossi e la carnagione bianchissima. Il viso è tempestato di lentiggini.

Ho con me una borsa, vuota a dire il vero. Ma è sempre necessario avere un bagaglio per non dare nell'occhio. Piccolo, insignificante, ma necessario. E una ventiquattr'ore è l'ideale. Puoi essere uno che viaggia per lavoro o perché sei stato un giorno da un tuo familiare o semplicemente perché dovevi incontrare qualcuno. La poggio nell'apposito contenitore.

Mi stanno ancora guardando. Da quando mi sono avvicinato al loro tavolino e ai loro posti. Certo. Sono passati solo una manciata di secondi, ma per me il tempo scorre in modo differente, specie quando ho fame o sono particolarmente teso e guardingo. E ho ragione di essere agitato. Dopo tutta la pubblicità negativa fatta dai giornali, sicuramente attorno a me c'è qualcuno che vuole prendermi. Vuole sconfiggere il cattivo, la Bestia! Così il tempo si dilata. La gente si muove sempre più lentamente sino quasi a fermarsi. Ma sono i miei sensi che accelerano. Amplificano un sistema che abbiamo tutti quanti nel nostro cervello e che serve a gestire il tempo soggettivo. Quello che ci fa passare le giornate in un lampo in certe occasioni e che non sembra farle trascorrere in altre. L'ho studiato. Non sono uno sprovveduto. Ho imparato a gestire tutto questo, ad avere un qualche controllo di questa reazione, anche se all'inizio ne ero praticamente succube. Ma ho imparato in fretta.

Comincio ad emettere i miei feromoni, in modo da tranquillizzare quelle persone e rapidamente prendo il controllo della situazione. Ho bisogno di potermi concentrare sulla gente. Devo analizzare uno per uno i pensieri di tutti i presenti nel vagone e nei vagoni vicini. Devo farlo velocemente e senza destare sospetti. Devo spostarmi in fretta, avvicinandomi ai soggetti e tornare ogni volta a sedere per riprendere le forze. È un tipo di analisi che stanca maledettamente, anche se, alla fine, ricompensa. Tre, quattro soggetti per volta, non di più.

Osservo i miei vicini di tavolinetto. I due anziani si guardano e stanno parlando fra di loro. Naturalmente sono privi di un qualunque interesse diretto al sottoscritto. La ragazza è girata verso il finestrino ed osserva il paesaggio. Anche lei segue i propri pensieri e i miei feromoni li tengono lontani da me. Bene.

Sono diventato trasparente per loro. È proprio quello che voglio. Invisibile fra la gente. Una sensazione di potere e di controllo assoluti.

"Le piace viaggiare? Mi sembra uno che viaggia spesso."

Mi scuoto dai miei pensieri. La donna accanto a me mi ha parlato. Credevo di averla inondata di feromoni, come avevo fatto con i due davanti a me. Ma sembra che su di lei la cosa non abbia funzionato. Non comunque alla stessa maniera, evidentemente. Per la prima volta mi sento confuso. Lei è girata verso di me e mi sorride.

Mi perdo nel verde dei suoi occhi. Sono spiazzato. C'è voluto poco. Solo una semplice frase. Come ha detto? O, sì. "Le piace viaggiare?"

Cosa le rispondo? Non amo parlare. Un tempo lo facevo. Ne sono quasi certo. O forse piaceva a qualcun altro. Ma da quando ho sviluppato la mia nuova personalità le cose sono cambiate. MI avvolgo in me stesso, cerco di mimetizzarmi con il silenzio.

"Dice a me?" chiedo stentatamente cercando di temporeggiare e di riprendere così il controllo della situazione. Ma so bene che non ho nessun controllo. Sono agitato, confuso. Non ho più il controllo di nulla.

Lei mi sorride. Ha capito che non amo parlare. Lo sento. Percepisco il suo pensiero. Mi attraversa netto come la lama di un cutter. Sembra quasi che mi conosca, ma non è possibile. Sono io che sto perdendo il controllo.

Lei fa un gesto con le mani. "A me piace viaggiare. Lo faccio spesso."

Faccio un cenno con il capo. "Capisco," mormoro.

"Viaggiando si incontrano persone. Si fanno conoscenze. Come io e te adesso."

La guardo confuso. Non avevo notato il suo viso quando avevo preso posto... quarantadue secondi fa. Avevo riconosciuto la sua presenza esattamente come quella degli altri due. Un'ombra in mezzo a tante altre. Solo il colore dei suoi capelli e il contrasto del rosso ramato con il bianco del suo incarnato. E le lentiggini, tante piccole macchie sulla neve. Ha gli occhi verdi. Non è bella, ma non riesco a distogliere il mio sguardo dal suo. Non capisco come faccia. I suoi feromoni, se di feromoni si tratta, sono degli elefanti a confronto dei miei. O forse, in qualche modo che io non comprendo, riesce ad avere il controllo delle mie azioni.

Devo sondare la sua mente. Non ho alternativa.

Percepisco curiosità. Ma non è come entrare a contatto con i suoi pensieri. C'è una differenza enorme fra sentire l'odore di un cibo e il mangiarlo. La sua mente è come uno scrigno, chiuso. Sembra impossibile aprirlo. Non capisco. È diversa dagli altri con cui sono entrato in contatto fino ad oggi. Si può aprire, certamente, ma occorre molta più energia, e io non ne ho tanta. Sono salito su questo treno giusto per nutrirmi, perché allo stremo di energie.

Magari la affronterò dopo, quando avrò mangiato e sarò più forte. Consumando le mie energie adesso, rischierei di vanificare ogni cosa.

Non mi resta altro da fare che parlarle.

"Viaggio per lavoro," le dico.

"Ma davvero?" Mi risponde con una domanda e non sembra affatto convinta di quanto le sto dicendo.

"È proprio così," insisto. Devo inventarmi qualcosa che mi consenta di alzarmi e andare avanti e indietro senza destare sospetti e senza che lei chieda ulteriori spiegazioni. "Sono un giornalista," dico alla fine dopo un breve attimo di silenzio.

"Un giornalista?" Fa una smorfia. "Immagino che tu non sia il solo su questo treno."

Forse ha parlato con qualche giornalista per poter esprimere questo giudizio.

"Proprio così," confermo. "Sto viaggiando per cogliere le sensazioni dei viaggiatori di fronte alla misteriosa minaccia che incombe su questo Frecciarossa.

Lei scoppia a ridere. "La minaccia del Frecciarossa. Sembra il titolo di un film di quart'ordine. Ma tu ci credi veramente? Credi che ci sia qualcuno che mangia la mente della gente?"

"Non ha importanza se io ci creda o no," le rispondo. "Quello che conta è che ci crede il mio editore e la gente. E questo è il risultato. Io ci posso lavorare."

Lei fa una smorfia di compiacimento. "Interessante," dice. "Sei giovane e opportunista, quindi."

Provo a sondare la sua mente, ma continua ad essere impenetrabile. Mi stanco solamente. Non è il caso che insista.

Lei adesso mi sorride. "Come funziona?" mi chiede. "Hai un computer e registri le tue sensazioni? Memorizzi tutto nella tua mente e poi scrivi al posto di lavoro? Oppure prendi solo nota con carta e penna?" Un attimo di silenzio. "Non mi pare che tu ne abbia."

Devo darle una risposta e devo fare in fretta. Il telefonino di una signora alcuni posti avanti squilla. Ha una suoneria stile vecchio telefono analogico. Fa fatica e recuperarlo dalla borsa e alla fine riesce ad attivarne la comunicazione. Dice: "Pronto?"

Lo squillo del telefonino mi ha distratto e sembra abbia distratto anche la mia compagna di viaggio. Sorrido. A me ha dato anche uno spunto di risposta. "Il telefonino," le dico. "Mi serve per registrare le interviste e i commenti della gente. La funzione Memo Vocale mi è molto comoda nel lavoro. Certo, a volte il cellulare mi serve anche per telefonare..."

Lei sorride alla mia battuta, ma mi sembra soddisfatta e convinta. Inoltre mi pare un'ottima strategia. Potrò andare da viaggiatore a viaggiatore, presentandomi come un giornalista e fingendo di prendere appunti con il telefonino. Perché non ci ho pensato prima? A questo modo potrò interrompere in qualsiasi momento la scansione delle menti e tornare al mio posto a riprendere le forze, dando la sensazione che stia solo ordinando le mie impressioni e miei appunti.

"Tutto questo mi incuriosisce. Mi darai un'anteprima delle tue interviste?"

Aggrotto la fronte. "Sarebbe a dire?"

Fa un gesto con le mani. "Curiosità," dice semplicemente.

"Vedrò se posso accontentarti," le rispondo. I suoi occhi sono splendidi. Mi danno la sensazione come di un prato. L'erba è fresca e bagnata di rugiada. Mi sembra di averla conosciuta da sempre.

"Sempre nei giusti limiti della privacy," mi dice. È evidente che sta provando a tranquillizzarmi.

Riprovo ancora a sondare i suoi pensieri, ma il suo mondo è impenetrabile.

Mi impongo di pensare. Mi ha chiesto informazioni su cosa faccio, sul mio lavoro. Mi ha perfino chiesto di condividere con lei le informazioni che riesco a reperire. Ma io non so nulla di lei. E non riesco a penetrare i suoi pensieri. "OK," le dico. "Sai che io sono un giornalista e che sto cercando di raccogliere più notizie possibile attorno al mistero del Frecciarossa." Mi prendo un attimo per guardarla, poi aggiungo: "E tu? Cosa fai di interessante?"

Improvvisamente cambia espressione. Non sembra molto compiaciuta della mia domanda. "Sempre che tu abbia voglia di parlarne," aggiungo cercando di metterla a proprio agio. Non tutti amano parlare di sé stessi. Io sono costretto ad inventare storie per coprire la mia vera essenza. Forse lei fa parte di questa categoria di persone, naturalmente per altre ragioni. Se solo riuscissi ad accedere ai suoi pensieri potrei rendermi conto da solo della situazione, ma devo dipendere dalle sue risposte, vere o false che siano.

Lei emette un profondo sospiro. E per un attimo riesco a percepire i suoi pensieri, il suo disagio. "Mi nutro dei pensieri della gente," mi dice.

La guardo stupito.

"Scherzo," dice.

Lo so. Perché quello sono io a farlo. Non lei.

CAPITOLO 24

**CARROZZA 8
POSTI 61, 62**

Lui sa o crede di sapere, o forse non sa un bel niente e sta facendo passare il tempo. Devono passare queste ore, in un modo o nell'altro. Chi diceva "Ha da passà 'a jurnata"? Ah, sì. Edoardo De Filippo. Ma no. Lui diceva "Ha da passà 'a nuttata". Vuole portarti a rivedere il tuo modo di pensare. È un uomo presuntuoso, ma sa il fatto suo. È per questo che mi piace.

Dice di rianalizzare uno per uno i soggetti per individuare tutto quello che possano avere in comune. Non abbiamo fatto altro da quando siamo partiti. L'ha già fatto la polizia, per quel che ne so io. E l'abbiamo fatto tutti noi in ospedale. Girati e rigirati come dei calzini vecchi. Ma fino ad ora nessuno ha visto niente in comune fra di loro. Ora arriviamo noi e scopriamo il mistero. Che puttanata! Vediamo. Cinque soggetti. Il commesso viaggiatore, la segretaria, l'uomo di colore, il tecnico di computer e l'uomo d'affari. Cazzate! Non hanno niente in comune. Niente. Il commesso viaggiatore è stato il paziente zero.

Peccato che sia sposato. Ti farebbe piacere avere una storia con lui, vero? Sì che mi piacerebbe! Ma Miranda dice che è attaccato a sua moglie. Beh. Le cose possono cambiare. Tutto cambia a questo mondo...

Ricominciamo daccapo con le cinque vittime. Per quante volte dovremo parlarne ancora?

"Il primo soggetto è stato un commesso viaggiatore. Si occupava di farmaci. Un informatore scientifico, per essere precisi. Possiamo definirlo, in senso lato, il soggetto zero, anche se obiettivamente non ci troviamo di fronte ad una epidemia. Ho parlato con lui e con i suoi familiari. Ho chiesto notizie di lui anche al suo datore di lavoro."

"Conclusioni?"

L'uomo guarda la donna davanti a sé mostrando un atteggiamento tipicamente professionale. Avevano già affrontato quell'argomento, ma, ne è certo, adesso avrebbero sviscerato qualunque cosa fosse stata di un qualche interesse.

La donna scuote il capo. Emette un sospiro profondo, mentre i suoi occhi sono persi nel vuoto. "Niente di più di quello che ho scritto nella mia relazione e che tu hai letto, immagino. E di quello che abbiamo discusso poco fa e in tutte le occasioni in cui ne abbiamo parlato."

L'uomo fa un cenno di assenso con il capo. "L'ho letta. Più e più volte. Ma adesso pensa a quello che non hai scritto. Quello che è rimasto nascosto fra le righe..."

Quello che non ho scritto? Ma chi si crede di essere!? E soprattutto, chi crede che io sia?

La donna aggrotta la fronte. "Santo Dio, dottore! Ho scritto tutto. Non ho tralasciato niente nella mia relazione. Lo sai bene. Per chi mi hai preso? Tu offendi il mio..."

L'uomo fa un cenno con la mano, quasi a voler fermare la fiumana delle sue parole. "Non intendevo dire quello che hai pensato. So che hai fatto il tuo lavoro al meglio. Ma pensa. C'è sempre a monte un problema semantico. Scriviamo sempre quello che stiamo pensando? Diciamo quello che pensiamo? Riusciamo ad esprimere con le parole a disposizione tutti i nostri sentimenti? Non sempre. Spesso cerchiamo di riassumere, di semplificare il nostro pensiero. A volte adottiamo delle parole per rappresentare delle sensazioni così complesse che a malapena siamo in grado di capire. È questo che intendo. Non voglio assolutamente mettere in discussione la qualità del tuo lavoro."

La donna rimane un istante in silenzio.

Vedi? Sa proprio il fatto suo. Sa come girare la frittata per cadere sempre in piedi. Potrebbe fare il politico. Ma tutto sommato mi piace. Forse ha perfino ragione.

"Cosa vuoi sapere?"

"Parlami a ruota libera di lui, le tue sensazioni, quello che hai provato quando hai parlato con lui... Pensa fuori dagli schemi, non come una psicologa. Quello che hai percepito."

"L'ho visto quattro volte. Praticamente una volta al mese. La prima volta, dopo alcuni giorni che era stato ricoverato. Aveva lo sguardo vuoto. Non ricordava nulla, del suo passato, di sé stesso. Niente. Neppure il suo nome. Una lavagna bianca che era stata meticolosamente cancellata. Ma questo dovresti saperlo. Era nel tuo reparto."

L'uomo fa un cenno di assenso con il capo. "Siamo riusciti a trovare i suoi familiari grazie ai suoi documenti. La cosa che lo aveva ridotto a quel modo non lo aveva sfiorato fisicamente. Non aveva segni di ecchimosi o segni di traumi. In genere la perdita di memoria, è provocata o da un trauma fisico o da uno psichico. Non ci sono grosse alternative. O l'uno, o l'altro. Ma là non c'era niente. Era salito sul treno e stava bene. Era sceso e praticamente non c'era più. Niente. Nessun segno."

"Quando ho parlato con lui era in grado di capirmi. La sua memoria inconscia non era stata toccata. Quelli che erano stati asportati erano solo i suoi ricordi, le sue esperienze. Ogni cosa. Gli ho fatto delle domande e riusciva a capirmi se gli offrivo l'opportunità di apprendimento. Gli ho fatto vedere la mia mano e gli ho chiesto cosa fosse, ma mi ha risposto che non lo ricordava. Gli ho detto che era la mia mano e quando gli ho posto la stessa domanda mi ha risposto che era la mia mano, ma non come una cognizione appena acquisita, ma come se lo avesse sempre saputo. Quando gli sono state tolte le flebo e abbiamo smesso di nutrirlo con il fisiologico, abbiamo dovuto istruirlo su come mangiare. O forse sarebbe meglio dire che abbiamo dovuto risvegliarne i ricordi."

Ha appreso subito, perché erano nozioni che risiedevano nel suo inconscio, ma ha comunque dovuto imparare.

"A cosa stai pensando."

"Niente di particolare."

"Concentrati. È questo che mi interessa. Quello che pensi e che sembra sfuggirti."

La donna chiude gli occhi. "Stavo pensando al modo di apprendere dell'uomo. Sembra per gradi, ma non è così. La memoria è sempre là, nascosta da qualche parte e l'istruzione la fa risorgere. Non è un vero e proprio apprendimento. La conoscenza non è stata toccata. È come quando associ una cosa ad un'altra che ti è già successa e ti torna in mente. Ma in modo più rapido e globale. Era strano. Un bambino apprende per gradi mentre lui apprendeva istantaneamente, anche se aveva comunque bisogno di acquisire conoscenze. Non so come descrivere il fenomeno."

"Ho capito. Stai parlando di una memoria stratificata come una cipolla."

"Non esattamente. Anche se togli uno strato alla cipolla, questa resta ancora tale, con la stessa forma e caratteristiche, e lo stesso accade se tolgo un secondo strato. Qui invece è come se, nel momento in cui togli uno strato sparisca l'intera cipolla, ma ne resti l'essenza. Forse non è stato un lavoro tanto perfetto."

"In che senso?"

"Siamo partiti dal presupposto che la cosa o chi ha agito sulla memoria dei nostri pazienti, abbia fatto un lavoro particolarmente raffinato, al punto da lasciare stabile la memoria inconscia. E se non fosse stato così raffinato? Mi chiedo. E se la memoria inconscia non fosse stata toccata solo perché la cosa che ha strappato via i ricordi non era in grado di andare così in profondità?"

L'uomo fa una smorfia. "Vai avanti."

"Ho parlato con la moglie, ma non c'erano particolari problematiche fra di loro. Una coppia normale. Nessuna sofferenza nel loro rapporto. Fra l'altro lei è in attesa del secondo bambino. La donna sapeva che il marito sarebbe dovuto andare a Roma per un meeting di istruzione in merito al suo lavoro. Infatti il suo nominativo era registrato all'Hotel Esedra, dove c'era l'incontro. Il giorno dopo l'incidente, si è tenuto il meeting e i suoi colleghi sono stati istruiti dalla casa farmaceutica in merito al nuovo prodotto che la ditta si aspettava venisse presentato ai medici loro affidati."

"Sì. Mi sovviene. Un'industria farmaceutica. Credo si tratti della Angelini. Ricordo. La prima cosa che abbiamo pensato è che potesse esserci un qualche legame. Ma è stato tutto inutile. Nessuna droga o sostanza estranea era presente nel suo organismo al momento dell'incidente, o almeno niente che ci sia noto. Gli esami tossicologici sono stati negativi. Anche i valori generali erano perfettamente nella norma. E comunque i suoi colleghi hanno seguito serenamente il corso e ripreso il giorno successivo il lavoro.”

“Che mi dici della moglie? Hai avuto diverse occasioni per parlare con lei.”

“È così. Ma anche per lei non aveva senso. Il marito stava andando a quel corso, perché sperava, fra l’altro, in un possibile aumento. Era quanto le aveva confidato il giorno prima. Il prodotto che avrebbero dovuto pubblicizzare era un prodotto totalmente nuovo per l’epilessia, di cui erano finiti da pochi giorni i test sui volontari. Un prodotto che, come altri, andava a inibire i canali cellulari del calcio, controllando l’insorgenza di crisi e stabilizzando l’attività elettrica del cervello in modo molto più efficace di altri farmaci. Cosa che mi sembra alquanto improbabile, ma non è il mio campo e non mi sento di esprimere giudizio. Il gruppo a cui apparteneva e che avrebbe dovuto proporre il farmaco, era un gruppo pilota che avrebbe dovuto testare l’interesse oltre che dei pazienti, anche dei medici stessi. Erano una trentina di persone. Questo lavoro avrebbe incrementato la loro produttività.

Lo aveva accompagnato lei stessa al treno. Era sereno e motivato.

Ma quando è arrivato a Roma non è sceso dal treno. Il controllore lo ha trovato privo di memoria. Seduto al proprio posto, lo sguardo perso nel nulla. E così è stato portato al Fate Bene Fratelli nel tuo reparto.”

“Con l’EEG dinamico abbiamo registrato i potenziali bioelettrici che avrebbero dovuto originare le attività delle aree corticali e sottocorticali cerebrali ed ogni parametro era nella norma. Solo che non c’era memoria. Nessun ricordo di alcun genere. Niente. Tabula rasa.”

“Mi chiedo cosa abbia potuto provocare il danno.”

"Chi," commenta l'uomo. "E come. Queste sono le due domande. Abbiamo inizialmente pensato alle possibili cause, nel mentre tu sviluppavi i contatti con la famiglia e iniziavi il lavoro di recupero del soggetto. Abbiamo pensato a possibili radiazioni, a virus e a ogni genere di fattore acuto scatenate. Naturalmente, qualunque fosse l'ipotesi, andava a cozzare sempre con il fatto che non vi erano segni simili, neppure parziali, negli altri passeggeri. Ma quando, a distanza di un mese, si è presentato un nuovo caso, identico al primo, sullo stesso treno, abbiamo dovuto rivedere il nostro pensiero. Non era più l'azione di un possibile fattore casuale esterno. Niente più virus o radiazioni. E se comunque queste potevano essere la causa scatenante, doveva esserci a monte qualcuno che stava in qualche modo a noi sconosciuto, cancellando i ricordi della gente, e siccome non c'era alcun legame fra i soggetti, lo stava facendo secondo un criterio a noi sconosciuto o semplicemente in modo casuale. Poi ci sono stati gli altri casi. Così siamo arrivati ad oggi. E non sappiamo ancora né chi, né come, e quel che è peggio, né perché questo avvenga..."

CAPITOLO 25

CARROZZA 10
POSTO 67

Sono riuscito a malapena a percepire qualche pensiero confuso. C'erano suo padre e una donna... Forse vede in quella donna sua madre. Adesso i suoi pensieri sono serrati. Di nuovo, come prima.

Mi guarda, poi fa un cenno con il capo. "Penso che sia giusto che tu abbia una risposta alla tua domanda."

Adesso il suo sguardo vaga per il vagone, osservando gli altri occupanti.

"Anna Anselmi. Lavoro al Sant'Andrea. Sono una psi-chiatra."

Faccio un cenno di assenso con il capo. Il Policlinico ha un grosso reparto di psichiatria. "Sei una strizzacervelli," dico con un sorriso.

"Probabilmente," mi risponde lei, ma non mi sembra molto soddisfatta di come l'ho identificata.

"Si usa dire così, se non sbaglio. Almeno nei telefilm..." provo a dire tentando di scusarmi.

Il mio goffo tentativo di giustificarmi la fa sorridere. Fa spallucce. "Si usa," commenta. "Ma non strizziamo niente. Cerchiamo di capire come aiutare la gente."

"Qualche paziente in particolare?" chiedo.

"Ordinaria amministrazione. Prendiamo questo treno, per esempio. Ci sono persone che stanno viaggiando. Alcune hanno paura che quanto ci sia scritto nei giornali corrisponda al vero, e lo temono. Ma il dover viaggiare ed affrontare il pericolo era imperativo. Altri ci credono, ma hanno atteggiamento di sfida. Altri credono che si tratti solo di una invenzione per guadagnare lettori. E la tipologia di persone potrebbe essere descritta aggiungendo tante categorie quante sono le persone presenti sul treno. Perché ognuno di noi è un soggetto differente, irripetibile."

"È per questo che sei interessata alle interviste che farò? Non è solo curiosità, ma un bisogno stimolato dalla tua professione."

"Proprio così."

"E di lui, del nostro *mostro*, che ne pensi?"

"Se esistesse, sarebbe un disadattato. Avrebbe disturbi dell'umore e della personalità. La sua vita sarebbe costantemente in bilico, al limite della pazzia. Provo ad immaginare il suo bisogno periodico di nutrirsi dei ricordi o dei pensieri di qualcuno. Una specie di vampiro succhia ricordi. Se fosse possibile una cosa di questo tipo, forse una parte dei ricordi di cui si nutre potrebbero entrare a far parte del suo retaggio, fino al punto in cui, in un certo momento, non sarebbe più in grado di distinguere la sua realtà da quella degli altri. Sarebbe come posseduto da molteplici personalità che potrebbero affiorare in qualsiasi momento e prendere il sopravvento su di lui ledendo sempre più a fondo il suo equilibrio. Sarebbe costretto, nei momenti di lucidità, a cercare di raggiungere i suoi vecchi ricordi, le sue esperienze personali di quando era giovane, di prima che la sindrome lo prendesse, nel tentativo di sopravvivere mentalmente. Ma non è certo che riuscirebbe nel suo intento."

Mi sento rabbrividire. Ha fatto un quadro del mio presente e del mio futuro, senza conoscermi. C'è un solo difetto in quanto lei dice. Non sono in grado di tornare al mio passato, anche se lo cerco, perché non sono più in grado di distinguerlo e i ricordi degli altri che si mescolano nella mia mente rendono sempre più estraneo ogni mio possibile ricordo o la sensazione di ricordo che, di fronte all'informazione del mio passato, riesco ad avere. È per questo che mi aggrappo all'orologio che indosso.

Mi sento quasi condannato. Mi muovo in una gabbia senza uscita dentro cui, mio malgrado, sono stato risucchiato. Ma non posso far altro che vivere la mia vita, qualunque essa sia, quanto lunga essa possa essere. Mi sembra che questo vagone in cui mi trovo si stia improvvisamente stringendo attorno a me. Le pareti si avvicinano, quasi schiacciandomi nel mentre la gente parla, sorride, legge, sogna, lontano da me, sempre più lontano espandendosi all'infinito.

Per un attimo mi manca il respiro.

Stringo i denti. Sorrido, riprendendo il controllo del mio essere. Di ogni mio senso, nel mentre la realtà che mi circonda riprende la sua giusta prospettiva.

Faccio un cenno con il capo. "Penso che comincerò a guardarmi attorno e a intervistare la gente. Questo treno è molto veloce e un'ora passa in fretta."

Lei mi guarda e mi sorride. "Buon lavoro," mi dice.

Guardo la coppia di fronte a noi. Distano poco più di cinquanta centimetri da noi, la larghezza del piccolo tavolinetto in legno e fòrmica che ci separa, ma non sembrano essersi accorti di nulla, dei nostri discorsi. Mi ricordo improvvi-

samente dei feromoni. Già. I feromoni. Su di loro funziona-
no. Riescono ad ottundere la loro percezione della realtà.

Quando mi sarò allontanato abbastanza, riprenderanno
piena coscienza del mondo attorno a loro.

CAPITOLO 26

CARROZZA 11
POSTO 47

"Se sei una cerva una volta, lo sei per sempre."

Sono le parole della mia truccatrice. Me le ripete ogniqualvolta passa sul mio volto il colore della notte. Ad ogni passaggio, ad ogni sfumatura. Fino a diventare una tiritera, una cantilena e fino a trasformarsi in una certezza. Lo ha fatto, lo fa ancora e lo farà sempre ogniqualvolta sono chiamata ad essere cerva.

Se penso che avevo sedici anni quando mi è stato proposto di fare la cerva! Credevo che si trattasse di una rappresentazione, solamente. Come tutti, d'altro canto. Un ricordo ancestrale da ripetere di anno in anno, fino alla fine dei tempi. L'ho vista a quel modo ogni anno, anno dopo anno, sin da quando ne posseggo ricordo andando indietro nel tempo. Ferma, nella piazza, con i miei genitori vicino, alla luce dei fuochi, con l'odore della legna bruciata nelle narici e le scintille che, spinte dal vento come nubi di lucciole che si muovono nella nebbia del fumo scuro, ci sfiorano per spegnersi proprio vicino a noi.

Ma quella volta era diverso. La cerva ero io, non una ragazza davanti a me, una più o meno sconosciuta. Lo spirito

della cerva sarebbe entrato dentro di me, mi avrebbe conqui-
stata, guidata. Resa unica. Ero agitata ed eccitata, come una
ragazza della mia età che per la prima volta stava per fare
qualche cosa che sapevo speciale, e che tutto il paese si aspettava io facessi.

Mia madre mi aveva guardato con gli occhi velati di lacrime. Non capivo perché. Credevo che fosse solo orgogliosa di
me, ma in realtà lei sapeva. Nella sua vita aveva visto diverse
ragazze diventare delle cerve, le sue vecchie amiche, e sapeva
che erano cambiate, dentro. Così mi stava a guardare, felice e
triste al tempo stesso, perché sapeva una cosa che io non sapevo ancora. Che non sarei stata mai più la stessa.

E quella sera di quel freddo inverno, la truccatrice aveva
cominciato a passarmi il nero sul viso, seguendo delicata-
mente i tratti del mio volto. Gli zigomi, le guance, il mento, la
fronte. Un primo strato leggero, appena velato di grigio e poi
un altro e un altro ancora, sempre più scuro, fino ad ottenere
la tonalità della notte. E la luce più chiara attorno agli occhi,
come il riflesso della luna. Mi aveva segnato le sopracciglia di
nero e di rosso sangue le labbra.

Mentre mi vestivano con le pesanti pelli e mi mettevano al
collo i campanacci, sentivo, poco lontano da me il ritmare
dei tamburi. Un ritmo che mi entrava nel sangue, che faceva
risvegliare in me sensazioni mai provate, ma impresse nei
miei geni nei millenni delle generazioni che mi avevano pre-
ceduta. Sentivo le urla del cervo, il suono dei suoi campanacci e gli "Oh" della gente. Potevo vedere la scena, così
come l'avevo vista tante volte, anche se questa volta non ero
presente. Il cervo urlava e la sua voce sembrava mutarsi in
veri bramiti, e io lo sentivo dentro di me, con tutta la sua ira
e lo vedevo nel mentre distruggeva tutto quello che era attor-

no a lui. Ed io ero la cerva, ed ero come lui. La sua compagna, colei che lo avrebbe assecondato. Io ero la CERVA.

IO LO SONO.

Sento le sue grida entrare dentro di me, e ad ogni urlo di rabbia, la sua rabbia si trasmette in me e odio quella gente, odio il paese, odio il mondo con i suoi ritmi e le sue stagioni, con l'inverno freddo e intenso, e la neve che ammanta gli alberi e la terra di una candida coltre. E dentro di me c'è voglia di distruggere, di uccidere. E questa voglia cresce ogni istante che passa al suono dei tamburi e alle urla del mio compagno. Non so come ciò sia possibile. Non capisco, ma sento che mi prende, che lo spirito della cerva ormai è tutt'uno con me.

Ho voglia di andare in suo aiuto, ho voglia di sfogare la mia rabbia, una ira repressa dentro di me nel corso degli eoni e che, a dispetto della mia giovane età, varca le soglie del tempo.

Devo andare da lui e lo faccio, nell'esatto momento in cui mi dicono di andare. Ma io non sento le voci di chi mi circonda, non vedo i volti delle persone vicine a me, non sento il suono delle zampogne che, nel frattempo, lo hanno chetato.

E, quando lo raggiungo, lo trovo stanco, ma tranquillo. Ha sfogato la sua rabbia, il suo odio, quelle stesse emozioni che mi ha trasmesso. Così reprimo anch'io la mia ira e lo raggiungo e comincio a danzare con lui, in una danza d'amore, dove ci sfioriamo, cercandoci e lasciandoci e cercandoci ancora. La gente è attorno a noi, ma io non vedo nessuno. Sento solo il battito del cuore del mio cervo che si mescola al battito del mio cuore e al ritmo dei tamburi.

Ma presto mi rendo conto della presenza di quella gente, intrusi che stanno a guardarci, che violano il nostro mondo. E la notte ci avvolge e il freddo penetra dentro di noi. E il mio compagno ritrova nella mia presenza le forze per dimostrare la sua rabbia, ancora. Le urla del cervo adesso sono più chiare, vivide, e anche io sento il bisogno di urlare, di gridare in suo sostegno. E ogni volta che grido, ogni volta che corro verso la gente che si scosta impaurita, sento il freddo della notte che si allontana da me. E i nostri campanacci suonano e si mescolano alle urla che si perdono nella notte.

Siamo io e lui, il cervo e la cerva, i padroni del mondo. E tutti gli uomini sono ai nostri piedi e ci temono perché così deve essere. È sempre stato così da quando è stato creato il mondo. Noi cervi siamo in sintonia con la natura, sentiamo il tempo che passa, la luna che si alza illuminando la notte e che alla fine affonda lentamente nella luce del giorno. Ci muoviamo al ritmo della natura, sentendo il battito del cuore della terra, un battito che ci avvolge e ci dà forza. Noi siamo il frutto della terra e gli uomini sono quelli che hanno invaso il nostro mondo e che lo distruggono sistematicamente, con le loro azioni, con la loro malvagità. E noi non vogliamo essere corrotti da loro e per questo urliamo e gridiamo e spaventiamo, per tenerli lontani, e distruggiamo i loro raccolti e le loro opere, perché non vogliamo che invadano la nostra vita, che la sporchino con la loro presenza.

Io corro e il cervo corre anche lui, e i tamburi battono e la gente si ritrae spaventata al nostro passaggio.

E poi, fra di loro, ne compare uno vestito di bianco. Lo chiamano Martino. Ha un cappello a punta con dei nastri colorati. È diverso dagli altri. Lo sentiamo simile a noi, anche se non appartiene al nostro mondo. Vuole combattere. Non ci teme. Ma neppure noi lo temiamo e non temiamo il suo bastone, anche se ogni volta che riesce a colpirci ci fa male.

La gente lo ha chiamato per fermare la nostra aggressione. Vigliacchi! Non hanno il coraggio di lottare contro di noi.

Hanno bisogno di Martino. Io corro verso di lui e lui alza il bastone. E anche il cervo fa lo stesso e viene colpito. E mentre noi lottiamo con Martino la gente accorre. Sono anche loro armati di bastoni e ci circondano e ci colpiscono, ci sopraffanno e Martino ci lega, ci fa prigionieri.

Siamo stanchi. Tentiamo più e più volte di fuggire, ma è inutile. Martino è più forte di noi. Così ci accovacciamo. Ha vinto.

Vedo una donna che si avvicina. Vuole offrirci del cibo. Guardo il mio compagno. Forse gli umani non sono così cattivi. Forse ci eravamo sbagliati.

La donna ci offre polenta, tortellini, pastasciutta. Quanto di meglio lei possiede. Ci avviciniamo affamati. Ma nelle ciotole che ci offre c'è solo della paglia. Ci ha preso in giro. Ci ha ingannato. Gli uomini ingannano. Lo hanno sempre fatto. E così il cervo si arrabbia e anche io mi arrabbio e urliamo e ci dimeniamo e ci liberiamo di Martino e siamo nuovamente liberi di distruggere, di tenere lontani dal nostro mondo quegli uomini.

Le nostre urla sono ancora più forti e anche il suono dei nostri campanacci e la gente è sempre più impaurita. Quando ci avviciniamo correndo si ritrae e vediamo nei loro occhi il terrore. Non ci può fermare nulla. Niente può arrestare la nostra ira. E poi sento uno sparo.

Ho il tempo di girarmi e vedo un cacciatore col fucile imbracciato e il mio compagno, il cervo, cadere ferito, morente. Sono sola. La mia rabbia cresce ancora di più e mi lancio contro il cacciatore che spara un nuovo colpo.

Mi accascio, ferita, morente anch'io.

Ma il cacciatore non è un uomo cattivo. Lo sento nel mentre mi si avvicina. Voleva fermarci e lo ha fatto nel solo modo in cui un cacciatore può farlo. Uccidendo.

Nel mentre si avvicina, però, sento che come ha potuto ucciderci, allo stesso tempo può aiutarmi, può aiutarci. Ma come? Ci ha sparato e stiamo morendo. Sento la gente che è felice perché non ci teme più, non ha più nulla da temere. Nessuno teme il cervo e la cerva che sono morti.

Il cacciatore mi si avvicina e mi soffia nelle orecchie e lo fa anche con il cervo e improvvisamente ci rialziamo, perché ci ha ridato la vita che ci aveva tolto. Ma è diverso. Ci guardiamo l'un l'altra. Siamo confusi. Sembra che il mondo sia diverso.

Sentiamo tranquillità, pace. Ci rendiamo conto che possiamo vivere insieme, noi e gli uomini, sulla terra, fra i boschi, fra i monti e le valli. Che davanti a noi v'è un periodo in cui il freddo si allontanerà dal mondo e in cui i colori dei fiori invaderà il nostro cammino. E guardiamo gli uomini e ci allontaniamo per tornare in silenzio nei boschi nel mentre il suono delle zampogne ci accompagna.

Sono una cerva.

Sono stata una cerva altre volte e altre volte lo spirito della cerva è entrato dentro di me, ha invaso il mio corpo e lo ha dominato e assecondato al tempo stesso. Fra qualche mese tornerò ad essere una cerva per l'ultima volta nella mia vita, ma resterò dentro di me sempre una cerva.

Quando passeggio nei boschi, sono a contatto con la natura, quando colgo una margherita, il mio rapporto con il mondo è diverso e io sento il mondo pulsare all'unisono col battito del mio cuore. Quando guardo negli occhi mia madre la vedo in modo diverso e capisco che io e lei siamo l'una una parte dell'altra anche se lei non è mai stata una cerva. Lo sono state le sue amiche e le ha invidiate per questo. Ma la mia chiamata a cerva l'ha rasserenata, poiché io e lei siamo un tutt'uno.

Sto tornando a Castelnuovo con una laurea, e con questi ragazzi che mi festeggiano e che non sanno che io sono una cerva. Mi nascondo in mezzo alla gente, in attesa di poter tornare nel mio mondo fatto di boschi, di terra, dell'odore dell'erba fresca dopo la pioggia, del freddo della neve che imbianca ogni cosa.

Vorrei gridare, ma non posso fare altro che ridere e scherzare con loro e cantare. Uno di loro un giorno sarà il mio cervo. Se solo mia madre lo sapesse impazzirebbe, perché, per lei, gli unici ragazzi che hanno un qualche valore, sono quelli della mia terra e Giuseppe non lo è. Lui è nato nella grande città e vissuto senza provare certe emozioni.

Ma vorrei portarlo con me fra qualche mese a fargli vedere cosa vuol dire essere una cerva. Sono orgogliosa di esserlo e lo sarò per tutta la vita. È proprio vero. Se sei una cerva una volta, lo sei per sempre.

CAPITOLO 27

CARROZZA 10
POSTO 67

Ho perso troppo tempo a parlare con questa donna. Sono sorpreso di me stesso. Mi sono lasciato andare, proprio quando non avrei dovuto. Strano. Fra l'altro la lancetta dell'orologio scorre, inesorabilmente. Lo so bene. Devo riprendere il controllo della mia vita.

Vi sono quattro carrozze dentro cui posso muovermi liberamente. Il mio biglietto non mi consente di andare nelle altre. Io sono nella carrozza dieci, praticamente al centro. Dopo di questa vi è solo la undicesima. La mia prima tappa sarà la carrozza undici. Lascerò questa per ultima o forse ne controllerò gli occupanti prima di andare alla nove. Comunque sarà un problema da affrontare in seguito, non adesso.

Nel mentre mi sto per alzare dal posto, sento un leggero risucchio dietro di me.

Mi giro. Si è aperta la porta del vagone ed è entrato il controllore. Percepisco un'ondata di disprezzo, di fastidio. L'uomo si guarda attorno, cercando di individuare le persone che sono salite a Firenze. Quest'uomo detesta il suo lavoro. Odia la gente. Percepisco chiaramente la domanda dentro di sé che suona come: "Ma quanti sono?"

Nella sua mente si muovono mille pensieri, ma tutti si convogliano sul fatto che la presenza delle persone nella carrozza è per lui un fastidio. Vorrebbe essere a casa a cenare, magari davanti a un film e poi vorrebbe fare sesso. Il bisogno di sesso sembra primario, avvolgere ogni cosa nella sua mente, in modo prepotente. Non è una bella persona. Non vorrei i suoi pensieri neppure se fosse l'ultimo uomo sulla terra.

Resto fermo. Potrei fargli vedere il biglietto immediatamente, ma la troppa fretta potrebbe destare sospetti di qualsiasi genere. Nella sua mente c'è anche il dubbio che le informazioni date dai giornali possano avere un fondamento di verità. Un'accozzaglia di idee, di pensieri, di desideri. Quando può, infastidisce i passeggieri. Lo ha fatto poche ore fa, su questo treno, con dei ragazzi.

Si ferma poco distante di me, sulla destra. Fa un cenno di saluto e chiede il biglietto.

Una donna che ha preso il posto vicino ad altri due uomini che sono saliti a Milano. La donna sembra confusa. Sta leggendo un romanzo giallo e ancora nella sua mente stazionano le ultime frasi appena lette.

Posa il libro sul tavolo e con fare metodico, anche se appena agitato, comincia a cercare nella borsa. Non mi giro nemmeno verso di lei. Non ho voglia di vedere il suo viso, anche se posso sentire i suoi pensieri confusi con quello del controllore che la trova attraente. Non mi sorprende. Troverebbe attraente anche sua nonna, a prescindere.

I pensieri della donna si rincorrono.

Dove è finito?

Prima di salire l'ho timbrato?

Si dice obliterare. Che parolone, per una timbratura.

Mi pare di sì.

O Dio! E se me ne fossi dimenticata?

E poi una sensazione di benessere, di tranquillità. Deve averlo trovato. Sento che è soddisfatta e lo porge al controllore con una punta di sollievo.

L'uomo passa il biglietto nel suo lettore, con una punta di fastidio. Stava godendo del disagio della donna e il fatto che lei abbia trovato il biglietto gli ha fatto perdere tutto l'interesse e il piacere. Avrebbe voluto tormentarla.

Adesso sta venendo verso di me. Sono il solo salito a Firenze al mio tavolo.

Aspetto che arrivi. Me lo trovo davanti. Mi fa un sorriso di compiacenza.

"Buona sera," mi dice. "Biglietto?"

Non gli piaccio e lo stesso sentimento provo io verso di lui. Ha un viso butterato e la barba, per quanto sia stata rasata di fresco, mostra dei minuscoli peli non tagliati. Ha un paio di sopracciglia grosse e i capelli riccioluti, per quel che mi è possibile vedere essendo ampiamente nascosti dal cappello d'ordinanza.

Estraggo il biglietto dalla tasca. Spero che vada via presto. Non mi piace come guarda Anna e i pensieri libidinosi che gli attraversano la mente. Mi sembra quasi di poterli toccare.

Mi ridà indietro il biglietto. Sarei tentato di distruggere la sua mente, di risucchiare il suo essere, come ho fatto nel passato su questo treno, ma non funziona a questo modo. Non posso lasciarmi prendere dalla rabbia o dall'ira. Questi sentimenti sono negativi perché offuscano la ragione e impediscono di agire in modo ben ordinato.

Lo osservo mentre si allontana alla ricerca di una nuova vittima.

Mi alzo, faccio un lieve sorriso ad Anna.

"Vado," dico e senza aspettare una risposta mi allontano. Per un attimo la sua mente si apre. Non ha protezione. E subito vengo scaraventato in una specie di brodo primordiale. Vedo i singoli atomi colpiti da potentissime scariche elettriche, fulmini che sembrano avviluppare ogni cosa. E la luminescenza blu e la ramificazione sembra prendere vita e trasformarsi in un groviglio di vermi che si muovono lentamente nella putredine all'impazzata, senza ordine, moltiplicandosi e dividendosi per meiosi e formando nuove entità che si uniscono ancora, e poi il vuoto dentro cui mi sento risucchiato e dentro cui posso perdermi, un buco nero in cui mi sento affondare. Percepisco amore e malvagità, odio, rabbia, passione, gioia, paura, tristezza, sorpresa, disgusto... Sento centinaia di menti insieme che sembrano collidere l'una con l'altra, e dalle collisioni nascono pensieri e nuove menti. Ma manca una personalità dominante. Sono ancora una volta emozioni che si disperdono e si ricongiungono. Sento me stesso, fra quelle menti, ma è una mera illusione. Mi sento avvolto da musica e sulle note primeggiano dei violini che sembrano impazziti, fra trilli di note altissime e roboanti volute di bassi, coperti appena dal suono di centinaia di tamburi che si muovono a un ritmo ossessivo. Poi, d'improvviso, più nulla.

Sono confuso. La mente di Anna è nuovamente impenetrabile. Quello che ho percepito mi fa quasi paura, ma non deve essere stato vero. Forse è il frutto della mia immaginazione. Forse è il contatto con quell'uomo che ha fatto scaturire queste sensazioni.

Anna mi sorride anch'ella. E una sensazione di tranquillità mi pervade.

Feromoni.

Anna adesso ha preso in mano una rivista. La sfoglia.

Mi allontano di qualche passo.

CAPITOLO 28

CARROZZA 11
POSTO 56

L' uomo è tarchiato, fisico possente, capelli rasati, lo stereotipo dell'agente da film d'azione, una specie di incrocio fra un bodyguard e Rambo.

È nell'ultima carrozza, carrozza 11, esattamente al centro, in una posizione che gli consente con uno sguardo di abbracciare tutti i viaggiatori presenti ed osservarne i movimenti. I ragazzi che festeggiano la laurea delle loro amiche, i tre giornalisti, un attore e dal suo lato una donna, quello che sembra una specie di manager e un altro uomo, con lo sguardo perduto.

I suoi compagni di lavoro sono nella stessa posizione, ognuno nella propria carrozza. Il capo è nella quarta, i nervi tesi, pronti, se necessario, all'azione. Quattro carrozze, quattro agenti d sorveglianza. È il sistema che Morelli ha adottato per tenere sotto controllo l'intero spazio in cui, potenzialmente, si potrebbe verificare l'incidente.

Si chiama Aldo, ma ha un nome in codice per questa operazione, come gli altri, d'altro canto. Uno. Quanta fantasia! Il suo compagno nella carrozza accanto è Due e poi c'è Tre. Morelli non ha un codice. È solo Morelli.

In mano, come gli altri suoi colleghi, tiene un comunicatore, un walkie talkie militare il cui segnale riesce a superare la gabbia di Faraday creata dalla struttura della carrozza. Ha un ordine: comunicare ed eventualmente avvertire gli altri di qualunque movimento fuori dalla norma venga effettuato dai passeggeri; e intervenire se necessario, anche con la forza.

È un uomo che difficilmente ha paura, ma oggi è diverso. Di fronte a lui può esservi una minaccia perfino al di fuori della sua portata, incontrollabile. Un qualcosa che difficilmente può fermare fisicamente se questa prende il controllo della sua mente o, peggio ancora, è in grado di azzerarla.

Due segue con lo sguardo, con la massima attenzione, il passeggero del posto 67 nel mentre si alza e si dirige verso la porta scorrevole. Il giornalista del Corriere della Sera. Si alza in piedi anche lui per poter seguire meglio il soggetto mentre si sposta. L'uomo sembra passare accanto ai passeggeri presenti nella carrozza senza degnarli di uno sguardo. Forse deve solo andare in bagno.

La porta scorrevole si apre con uno sbuffo.

Porta a vetri. Semplice seguire le sue mosse.

L'uomo non prova neppure a dirigersi verso il bagno, ma si accinge a passare nell'altra carrozza.

Cavolo! Sta per passare nell'altra carrozza. No. Si ferma. Ci sta pensando. Che hai da pensare! O passi dall'altra parte o torni indietro oppure ti ficchi nel cesso. Non hai alternative.

In quel momento vede la causa della titubanza dell'uomo. Un altro sta attraversando la passerella. Non si può passare in due. Uno alla volta. Come quando si entra in certe banche.

Automaticamente porta il comunicatore alla bocca. Ma viene anticipato da Uno.

"Sta arrivando un tizio. Penso che sia un giornalista. O uno scrittore. Non ho capito bene."

"Facciamo a cambio. Io ti do un altro giornalista in cambio."

"Scherzi?"

"Magari."

L'uomo entra nella carrozza. Si muove guardandosi attorno. Osserva uno per uno i pochi passeggeri. Sembra curioso. Percorre il corridoio centrale passandogli vicino e raggiunge il fondo dove c'è il gruppo di studenti universitari.

"Il mio si guarda attorno. Il tuo?"

"Si è fermato e si è seduto vicino a un prete. Sembrano conoscersi."

"Che bello. Facciamo anche le rimpatriate, adesso."

CAPITOLO 29

**CARROZZA 11
POSTO 32**

Sono fortemente indecisa. Ma ti pare giusto fare così? Non so se chiamare casa e sapere come sta Pako, o aspettare qualche ora e controllare di persona. Ma tanto, questa seconda ipotesi attuerà comunque, perché sto tornando a casa. Quindi mi resta il dubbio. Chiamare o non chiamare. Vuoi fare Amleto, adesso?

Certo. Stamattina, quando sei partita per andare a discutere la tesi, non te ne sei eccessivamente preoccupata! Povero Pako. Ma era necessario agire a questo modo. Non avevo alternative. Era in ballo il mio futuro. E inoltre non ce l'avrei mai fatta a lasciarlo sapendo che stava ancora male.

E i ragazzi qui parlano e scherzano. Non so più cosa stiano dicendo. Ehi! Uno dei ragazzi ti ha domandato qualcosa. Come mi comporto? Non gli rispondo? Si offenderebbe. Gli dico che non lo stavo neppure ad ascoltare? Peggio che mai. Sei proprio furba, Clara. Questi sono i tuoi amici, e tu che fai? Li snobbi per un cincillà. Calmati. Pako non è UN cincillà. È il mio migliore amico. Un amico a cui crescono sempre i denti. Un vero amico. Dolce, affettuoso. Non mi chiede mai nulla, ma mi dimostra la sua gioia quando torno a casa, esattamente come farà stasera quando lo raggiungerò.

Guardo il ragazzo che mi ha parlato. Gli faccio un abbozzo di sorriso, che è un modo politico di rispondere e di non rispondere, ma che dovrebbe comunque dare la sensazione di una risposta coerente con quanto lui si aspetta di sentire. A volte gli atteggiamenti del corpo dicono più di mille parole e un sorriso ambiguo è proprio quello che ci vuole in casi come questo.

Pako. Mi stai uccidendo.

Se non avessi la brutta abitudine di mangiare tutto quello che ti capita sotto tiro! Ma d'altro canto, non saresti un roditore e neppure un cincillà. Come diceva quella vecchia canzone da avanspettacolo? O cincillà, mordi, rosicchi, divori... Proprio così. La bottiglia era gelata e non potevo lasciare che entrasse a contatto con il tuo corpo. D'altro canto, c'erano quasi quaranta gradi quel giorno e dovevo raffrescarti l'ambiente in qualche modo visto che l'aria condizionata non ce la possiamo permettere.

Fatto sta che la dieta di panno non è esattamente quello che viene consigliato al posto del fieno secco. Hai smesso di mangiare e ti sei lentamente accasciato. È stata una gara contro il tempo portarti dal veterinario, e poi c'è stato il ricovero e gli antibiotici perché ti eri persino beccato la bronchite. E dopo la bronchite, l'otite. Come le ciliege. Una tira l'altra. Giravi su te stesso, senza quasi orientamento.

Lo fai ancora, a dire il vero, ma di tanto in tanto, e comunque quando sei particolarmente stressato. Ma allora era un continuo, con un'orecchia abbassata e la testa piegata. Abbiamo pensato che ti avremmo perso, ma alla fine ce l'hai fatta.

Povero Pako! Chissà se mamma ti ha fatto uscire dalla gabbia. Sarà felice della mia laurea. Il suo desiderio era quello di essere presente, ma come poteva? Pako non poteva venire e comunque lei non sarebbe stata bene insieme a tanti ragazzi. Ma smettila! Sii onesta con te stessa. E va bene. Sarei stata male io vicino a lei. Non per lei, che sia chiaro. Ma siamo tutti giovani e lei non ci stava affatto nel gruppo. Sarebbe stata un impaccio... Ma che dico! Clara! Ma ti rendi conto di quello che stai pensando? Tua madre non è d'impaccio. Oh, cavolo! Che figlia da schifo che sei!

Ma Pako aveva bisogno di qualcuno. Questa è la verità. Il mio Pako. Mi sto svenando per curarlo. Tutti i soldi che avevo guadagnato lavorando per due mesi come commessa... Sono saltate le vacanze per curarlo. Beh, alla fine le vacanze si possono fare più avanti, ma di Pako ce n'è uno solo.

E questi parlano, ridono, scherzano, discutono, cantano. Vogliono che anch'io canti. Che palle! Vorrei vedere loro al posto mio. Non hanno niente nella testa. Zucche vuote. Sono vuoti, senza sentimenti. Se fossero diversi capirebbero che sono preoccupata per qualcosa. Certo. Non posso dire loro di Pako. Mi sfotterebbero a vita, e io ho bisogno del loro sostegno, alla fine.

Ma guarda quel tipo! Che ha da guardarci? Non ha mai visto dei ragazzi che festeggiano delle lauree? È entrato nella carrozza e si è seduto all'ultimo posto, qui, vicino a noi. Che ha da guardare. E perché quel sorriso compiaciuto. Cos'è una specie di guardone di giovani laureati e laureandi?

Ho il cervello che mi fuma. Ho ancora davanti agli occhi i professori della commissione mentre discutevo la tesi. Il pensiero filosofico come indirizzo dell'arte pittorica e artistica.

Quante ricerche! Sono fortunati i giovani fiorentini ad avere a disposizione la Biblioteca Nazionale. Puoi rimanere ore ed ore a fare ricerche e puoi essere certo che per quanti libri riesci a consultare ce ne sono ancora altrettanti da guardare.

Chissà se Pako ha ripreso a salire lungo la scaletta e a scendere saltando sulla ruota. Per un attimo ho temuto di averti perso. Già, perché hai bisogno di mangiare continuamente, come tutti i roditori. E avere smesso di mangiare... È stato terribile vederti in un angolo della gabbia senza forza, con le orecchie tristemente abbattute.

Quasi quasi, chiamo. Dove ho messo il cellulare? Eccolo qui. Mi basta premere il numero di casa e parlare con mamma. Il mio pollice scivola sulla tastiera. Devo solo premere avvio, per attivare la telefonata. È meglio lasciar perdere. Sentirebbero tutti. Cosa dico? Ciao mamma, come sta Pako? E tutti si domanderebbero chi è Pako. Inevitabile. Qualcuno penserebbe a un ragazzo. Poi dovrei dare delle spiegazioni. È così che si fa quando un amico o un'amica ti chiede qualcosa.

Meglio posare il telefono. Non mi sembra proprio il caso. Pako può aspettare e anche mamma. Forse è meglio che canti insieme agli altri. Ma che canzone hanno scelto? Possibile che io non la conosca?

CAPITOLO 30

**CARROZZA 8
POSTO 61**

La donna guarda il suo compagno di viaggio. Il controllore è appena passato, ancora una volta, ma non si è fermato presso di loro. Si è diretto verso i nuovi passeggeri saliti a Firenze, un uomo e una donna avanti con l'età, presumibilmente una coppia.

L'uomo ha aperto subito un giornale di enigmistica e ha cominciato a risolverne gli enigmi mentre la donna è rimasta indifferente, impegnata a guardare il paesaggio scorrere fuori dal finestrino.

"Credo che sia venuto il momento di fare un giro."

"Quel giro che volevi fare quando siamo partiti?"

"Già."

"Speri davvero di poterlo individuare?"

Roberta fa una smorfia. "Forse sì, forse no." Per un attimo sembra riflettere sulle proprie parole. "No," dice. "Credo proprio di no. Ma voglio provarci lo stesso. Come hai detto tu, sono l'unica che conosce a fondo le sue vittime. Indirettamente, sono forse la sola in grado di riconoscerlo."

"Buona fortuna," le augura l'uomo. *Povera idiota. Troverai solo gente. Tutti possibili colpevoli e innocenti. Non riconoscerai nulla e nessuno.* "Stai attenta."

Lei fa un cenno di assenso con il capo e si alza.

Si gira indietro verso i ragazzi.

Vanno a un concerto. Ragazzi. Spensierati. Lo ero anch'io alla loro età. Voglia di vivere. Nessuno di loro pensa che alla fine del viaggio uno di essi potrebbe essere privo di sé stesso. In realtà viviamo programmando un futuro incerto e imprevedibile. Dal primo giorno della ragione. Domani. Farò questo. Farò quello. Nessuno pensa alla morte o a qualcosa che ti impedisca di fare. Fare. Programmare. Tu hai smesso. Per alcune cose, sì. Ma non per tutte. La carriera, la vita sociale, l'amore. Domani. Quei ragazzi vivono oggi. Vorrei essere anch'io come loro. Stupida! Un tempo lo eri. Ma il lavoro forse ti ha inaridito. Forse. Ma forse sei sempre stata così. Difficilmente si cambia. Nessuno di loro può essere il mostro. Viaggiano insieme. Il succhia memoria deve essere necessariamente un soggetto solitario, un uomo chiuso in sé stesso. Perché hai pensato a un uomo? Potrebbe essere una donna. Ma è scattato il condizionamento sociale. La donna. Madre. Quindi protettiva. L'uomo come soggetto malvagio, l'animale pronto a colpire, con la sua forza, chi lo circonda.

Piuttosto quei due accanto a loro. Non sembra che si conoscano. Lei ascolta musica con le cuffiette e lui... Dio! Ha gli occhi dilatati. È sotto l'effetto di qualche droga. Un drogato. No. Nessuno di loro è il soggetto giusto.

L'uomo brizzolato mi osserva. Sembra che stia coordinando la sicurezza. È in contatto con qualcun altro, perché sussurra ad un walkie talkie. Potrebbe essere lui. Sembra il cattivo della situazione, ma parla con altri. Quindi non rientra nel profilo. Sembra infastidito dal fatto che mi sia alzata.

*Se il tuo lavoro fosse quello di controllare che oggi non suc-
ceda nulla, saresti infastidita anche tu nel vedere qualcuno
che si alza o va in giro. Anche per fare pipì. Mi metterei in
agitazione. Questo è certo.*

*Forse dovresti restare tranquillamente seduta ad aspettare.
Tanto, se deve succedere, accadrà comunque, sia che tu vada
in giro per le carrozze o che tu resti a cuccia al tuo posto. Il
bisogno della conoscenza. È quello che muove l'uomo. Non
si conosce l'ignoto restando fermi. Bisogna agire, intraprendere il viaggio. Ulisse sarebbe morto se fosse rimasto a Itaca.
E alla fine riparte, alla volta delle Colonne d'Ercole, verso
l'ignoto. L'ultima sfida. Questo mostro è la tua sfida. Andiamo avanti. Forse non scoprirai nulla, o forse no. Chi può dirlo. Devo lasciare questa carrozza, la mia Itaca, e affrontare le
altre carrozze con i mostri che possono nascondere.*

*Una donna alla mia sinistra e un uomo che sta leggendo.
Non ci posso credere! Sta leggendo l'Ulisse di Joice e io,
proprio un attimo fa, stavo pensando a Ulisse. Il mondo è
strano. Una coincidenza o un segno del destino? Uno che
legge potrebbe essere il tuo mostro? I mostri non leggono.
Agiscono. Non pensano. Si nutrono. Senza riguardo per le
loro vittime.*

*Forzo l'apertura della porta. Una folata di vento mi schiaf-
feggia il viso e il rumore delle rotaie sembra uno scoppio a
confronto di come lo percepivo prima. La passerella si muove, oscilla. Attorno a me c'è il soffietto nero che mi isola
dall'esterno. Sembra quello dei bus a due vagoni. Ma è proprio necessario attraversare, andare dall'altra parte? Torna
indietro. È più sicuro. Non sono mai stata una persona co-
raggiosa. Stupida. Si passa normalmente. Il controllore passa
di qua per andare da una carrozza all'altra. Non compare
dall'altra parte per magia. Però sarebbe bello. Come nei vec-*

chi film di fantascienza. Teletrasportata da una carrozza all'altra. Non è che sia un gran che di teletrasporto se serve a spostarsi di pochi metri. Però...

La maniglia. Mi aggrappo e la forzo. Si apre la porta e sono nuovamente nella carrozza. È tornato il silenzio. La porta scorrevole mi accoglie. Non c'è molta gente. Un gruppo di militari, un altro che ascolta musica con le cuffiette, un altro uomo della sicurezza e altri passeggeri, sparsi nel vagone semi vuoto.

Dove sei, mostro? Ma che ti aspettavi? Un tizio con un cartello con sopra scritto "Il mostro sono io"? Che stupida! È gente comune. Non ha né la pelle verde né due nasi. Gente come me. L'uomo della sicurezza è l'unico che sembra occuparsi di te. Parla nel suo walkie. Probabilmente con quello della mia carrozza o forse con quella della prossima. Gli altri sono impegnati a leggere, a guardare il paesaggio, a parlare, a pensare ai fatti loro. Che ti aspettavi. Un uomo con gli occhi a palla, come Zio Fester? Oppure lo sguardo sornione di Dexter? È gente comune. Ma potrebbero essere tutti colpevoli.

L'uomo della sicurezza mi segue con lo sguardo. Gli sto passando vicino. Posso percepire il suo respiro. Ha un alito cattivo. Chissà che alito ha il tuo mostro. Non cattivo, altrimenti la gente scapperebbe e lui non potrebbe risucchiare la loro mente. Magari ha l'alito profumato. Lampone o fragola. Il mostro dall'alito al lampone.

Swoshhh.

Porte scorrevoli. Sospirone. Passiamo daccapo sulla passerella. Logico. Sulla passerella si passa. Lo dice la parola stessa. Se penso a questa stronzata, non mi accorgo di attraversarla. Porta e porta scorrevole.

Qui c'è più gente. Nessuna fa caso a me. Se il mostro fosse qui mi osserverebbe come fa l'uomo della sicurezza. Ce n'è uno in ogni carrozza. È evidente. Ma nessuno fa caso a me. Dovrebbero. Dovrebbero essere preoccupati perché in mezzo a loro potrebbe esserci il loro carnefice. E invece niente. Non gliene importa niente a nessuno. Almeno così sembra. In questa carrozza c'è un po' più di gente. Ci sono molti posti vuoti, ma qua sembra che ci siano più viaggiatori. Ce n'è uno che dorme. Non è il mostro. Non può essere. Ehi, mostro. Si dorme? Che razza di mostro che se ne sta a dormire invece di risucchiare la memoria alle sue vittime! Ma forse è proprio lui. Dorme. Quando si sveglia, risucchia e poi torna a dormire. Ehi! Gente. Ma c'è qualcuno che ha paura oltre me? L'uomo della sicurezza sembra l'unico preoccupato e ora mi guarda squadrandomi dalla testa ai piedi. Non sono il mostro, io! Ma lui non lo sa. Diffida. Fa parte del suo lavoro. C'è pure un prete che parla con un tizio. Sembra che si conoscono. E se fosse il prete. La religione è l'oppio dei popoli. Ti toglie la volontà. Ti instrada. Ti plagia. La conoscenza ti fa libera. Il prete potrebbe essere il mostro. Ti benedice e ti risucchia la memoria. Il prete veste di scuro. Come i vampiri. Aprono la bocca e ti risucchiano il sangue. Ah! Morso sul collo. Sei in mio potere. Non ho visto buchi di morsi nelle vittime. Ho visto disorientamento, confusione, ma non morsi.

Il prete mi sta guardando e anche il suo interlocutore ti osserva. E pure i due dall'altra parte stanno guardando verso di me. Forse non hanno mai visto una che cammina in una carrozza. Non voglio girarmi indietro per paura di scoprire che mi stanno osservando tutti. Forse sono tutti mostri. Assassinio sull'Orient Express. Un morto e tanti assassini. Una pugnalata ciascuno. E se ogni volta ci fosse una sola vittima, ma tanti carnefici? Se i mostri fossero tanti? Se ognuno di questi risucchiasse una parte del tutto? Quello risucchia i ricordi scolastici, quello risucchia le letture, quello risucchia la musica ascoltata, quello risucchia i momenti di gioia... Devo fuggire. Potrei esser io la loro vittima. Una carrozza piena di alieni succhia memoria.

Maniglia.

Passerella.

Maniglia.

Ho il cuore che sembra voglia uscirmi dalla gola a forza di battere. Se penso che per tornare indietro, devo rifare lo stesso percorso, mi si accappona la pelle. Te lo sei voluto, signorina Falini. La tua presunzione.

Quanta gente c'è in questa carrozza! C'è un bel gruppo di studenti universitari. Stanno festeggiando la laurea di due di loro. Ragazze. Si vede da come sono vestite, il serto di foglie di alloro. Chissà poi perché di alloro. Forse perché con l'alloro si fa un buon decotto per alleviare i dolori di stomaco. E all'Università gli studenti ne hanno di dolori! E c'è sempre il solito uomo della sicurezza. Questo sembra più indaffarato degli altri. Guarda me e osserva un altro uomo che è seduto vicino ai ragazzi. Lo sta invitando a lasciare la carrozza. Quindi si è spostato in questo vagone come sto facendo io. Potrebbe essere lui il mostro succhia memoria. Come potresti esserlo anche tu agli occhi dell'uomo della sicurezza. Ma io non lo sono e questo gioca a favore o a sfavore dell'uomo. Probabilmente non lo è neppure lui. Anche lui mi sta osservando come io osservo lui. Magari sta pensando che io sia il mostro. Forse è meglio che torni nella mia carrozza, prima che qualcuno mi inviti a farlo.

Sospirone.

Tornare indietro.

Passerella, mostri, passerella, mostri.
Che Dio me la mandi buona.

CAPITOLO 31

CARROZZA 10
POSTO 67

Ho fame. Non so come chiamarla, altrimenti. È un bisogno che non parte dallo stomaco, come quando ho voglia di mangiare. Ma dal cervello. Con la differenza che la fame di cibo sono in grado di controllarla. Come tutti. Certo. Lo stomaco comincia a borbottare, forte, sempre più forte. La gente ti guarda quando ti borbotta lo stomaco. Brum. Brum. E sorride, compiaciuta, come quella che sotto i baffi pensa: è successo anche a me, ma non quando c'erano tante persone attorno. Ma quello dipende dalla fortuna. C'è chi è fortunato e chi non lo è. Ma si resiste, comunque. Si può. C'è gente che resiste giorni senza mangiare. Pannella ha fatto mesi di sciopero della fame e anche Cristo digiunò quaranta giorni nel deserto. Chissà come gli borbottava lo stomaco. Ma tanto nel deserto non lo sentiva nessuno. Per il cervello è diverso. Comincia tutto con dei lievi mancamenti. Comincia due, tre giorni prima. Niente che io non riesca a controllare, almeno in principio. Ma è il segnale certo che è venuto il momento di mangiare. È cominciato l'altro ieri e stamattina era sensibilmente più forte. Una volta al mese, come i cicli mestruali, le fasi lunare, le pagine di un calendario da muro, i mercati rionali speciali. Quelli dove ci sono un sacco di cose buone da mangiare, le ciambelle fritte, fragranti, con quel leggero sentore di strutto e i bomboloni con la crema calda, specie la mattina. Certo nel corso della giornata perdono in parte la loro morbidezza, spugnosità. Ma le spugne non si mangiano mentre i bomboloni certamente sì. La crema. Buona! Ne mangerei uno proprio ora. Ma non è fame. È golosità e non c'entra con quanto sto provando.

Ho poco meno di mezz'ora per individuare la persona giusta. C'è troppo controllo, oggi. E poche persone che viaggiano. Conseguenza del chiasso mediatico che è stato fatto attorno alla vicenda. Giornali, televisione. Tutti ad accusare il mostro che mangia la mente ai passeggeri. Il cervello. Ammesso che tutti ne abbiano. C'è gente che ce l'ha ma lo utilizza come soprammobile. C'è un agente della sicurezza in ogni carrozza. Quello in questo vagone si chiama Mario. Come Mario Del Monaco, il grande tenore della metà del secolo scorso, prima che Pavarotti calcasse le scene. Mario è praticamente a meno di un metro da me. Lui non canta. Bestemmia. Ci divide solo una fila di poltroncine vuote. Guardami! Mi stai cercando e sono così vicino che puoi quasi toccarmi. Ironia della sorte. Molte poltroncine sono vuote. Ci sono pochi passeggeri, oggi. Naturalmente i giornalisti hanno creato il panico nella gente. C'è il mostro, quello che ruba la memoria. Io non rubo. Prendo solo ciò che mi serve per vivere. Come dicevano i romani. Mors tua, vita mea. Lo faccio solo per sopravvivere. Non mi ci diverto. E così chi ha avuto paura, ha preferito prendere un altro treno, un orario diverso, oppure l'Italo. E in queste carrozze sono rimasti solo dei giornalisti in cerca dello scoop che non arriva mai, qualcuno che vorrebbe cogliere l'occasione per porre fine alle proprie sofferenze, dei poliziotti privati... Certo, avrei potuto prendere un altro treno, ma vuoi mettere. Il piacere della sfida. Il gatto e il topo. È vero che il gatto mangia il topo e che lo fa per nutrirsi. Ma una cosa è mangiare un po' di polmone che ti hanno messo nella ciotola e invece giocare con la tua vittima, inseguirla, dimostrare di essere più furbo di lei, prenderla, addentare la sua carne calda e palpitante...

Mi giro verso Anna. Sta guardando la rivista. La sfoglia, ma sembra che le serva più per passare il tempo che per leggerla realmente. Come quando stai dal medico. Prendi una rivista e la giri e la rigiri guardando le fotografie, senza neppure soffermarti su quello che c'è scritto. Perché, a parte che non sono notizie che ti interessano, sono spesso vecchie di settimane se non di mesi. Forse i medici hanno accordi con i giornalai per avere a metà prezzo tutte le riviste invendute, quelle buone per avvolgervi il pesce. Ma le riviste, per quanto vecchie, ti fanno passare il tempo. Ti aiutano a far scorrere il durare dell'attesa. Su un treno bisogna occupare il tempo. Se non hai nulla da fare, sembra che il tempo non passi mai, ma se hai qualcosa di importante che ti prende... Il tempo vola. Ti sfugge fra le mani, fra le dita, come un pugno di sabbia, quando sei a mare. E i granelli scivolano via e si lanciano nel vuoto certi di poter raggiungere la spiaggia a cui erano stati sottratti... Una clessidra a cielo aperto, un sottile fiume di sabbia che sfida il vento e il tempo. Il filo di sabbia sembra aprirsi a ventaglio spinto dal vento ma va giù, inesorabile. A parte quell'attimo e quella strana sensazione, continuo a non percepire i suoi pensieri. Sembra che la sua mente sia blindata a differenza di quelle di coloro che mi sono vicini. Vorrei solo capire il perché. Un giorno lo saprò. Non è possibile conoscere tutte le cose. Non tutte in un colpo, comunque. Ma l'esperienza degli altri può essere di aiuto. Certo ci vorrà del tempo, ma, prima o poi, capirò. Ogni volta acquisisco nuove conoscenze, che si imprimono in modo indelebile nella mia coscienza. Ogni mese. Ogni volta che mi nutro. E queste conoscenze mi aiutano a comprendere sempre di più e in modo chiaro la realtà di ciò che mi circonda e il perché delle cose. Anche del fatto che io sia diverso dagli altri. Anche se ogni volta, come contropartita, perdo un pezzetto di me stesso.

Devo stare attento, quando mi sposterò. Mi sento controllato e in realtà lo sono. Anche se non proprio direttamente. Suppongo che su questo treno siamo tutti controllati, chi più, chi meno. C'è l'agente della sicurezza che comunica continuamente con gli altri suoi colleghi dislocati nelle varie carrozze, esattamente dietro di me e, poco avanti a me ci sono i due agenti della Polizia Ferroviaria. Loro non credono che io esista. Sono annoiati. Vorrebbero essere da tutt'altra parte e invece sono costretti a fare il loro servizio su questo treno.

Devo aggiornare Morelli. E gli altri. Non credo che succederà nulla. Ammesso che sussista un qualche pericolo, la stampa ha allarmato a sufficienza l'opinione pubblica, ma anche il nostro soggetto. Solo uno stupido agirebbe alla stessa maniera, ancora una volta nello stesso treno, nelle stesse carrozze.

Il segnalatore. Chiamata in corso. "Uno, passo. Qualcosa da segnalare?"

È proprio Morelli. Beh. È lui, alla fine che paga. Possiamo stare qui tutto il tempo che lui vuole.

"Ci stiamo avvicinando all'arrivo a Roma. Se c'è un momento in cui si dovrà muovere è proprio questo. Occhi aperti." La voce arriva gracchiante attraverso l'altoparlante scadente del piccolo comunicatore.

Logico. Non ci vuole molta fantasia. Più ci avviciniamo all'arrivo e più aumentano le possibilità che io debba muo-

vermi se voglio mangiare. Ed è una cosa che voglio. Di cui
ho bisogno. Più aumenta il rischio e più si accentua la loro
attenzione.

*Non succederà niente. Che palle, stare qui! E dire che è
stata definita azione sul campo. È peggio che restare dietro la
scrivania a controllare gli imei dei telefonini per scoprire quale è rubato e quale no.*

"Spero che non ci diano più incarichi come questo, altrimenti giuro che mi metto in malattia."

"Qual è il problema? Guardala da questo punto di vista.
Ci stiamo facendo un giro in Frecciarossa. Con quello che
costa, non credo che lo faremo tanto spesso."

"Guardala da quest'altro punto di vista. Il lavoro che avevamo da fare è ancora sulle nostre scrivanie e nessuno lo farà
per noi, mentre noi siamo ad andare avanti e indietro come
degli idioti su questo treno su cui non succederà nulla, perché naturalmente nessun altro ha voluto affrontare questo
Gran pericolo."

Non capisco perché ti lamenti. Io ho dovuto rinunciare...

"Ho dovuto rinunciare ai miei programmi, per questo giro. Mia moglie ci teneva, visto che oggi è il nostro quinto anniversario di nozze. Già. Ma tu non puoi capire queste cose."

*Non le posso capire e non le voglio. Perché sposarsi se
poi ci si deve lamentare delle eventuali rinunce che il matrimonio impone. È per questo che io non intendo sposarmi.
Libertà. Conosci una ragazza, ci stai per un poco e poi la lasci. Niente impegni. Niente cinque anni. Anni interi con la
stessa persona vicino! È una prigione. Un carcere a vita da
cui un tentativo di evasione si trasforma in alimenti da pagare. Meglio la convivenza. La molli quando ti sei rotto o
quando le cose sono diventate difficili da gestire. Una volta
una ragazza mi ha detto che, sotto sotto, era una specie di fu-*

ga. Mancanza di spina dorsale. Non essere in grado di affrontare le difficoltà. Una ragazza o mia madre? Non me lo ricordo. Ma sempre una donna. A pensarci bene, mi pare proprio che sia stata mia madre...

L'uomo e la donna di fronte a me stanno pensando ognuno alle proprie cose. Lui sta programmando di tradirla e lei non lo sa. Anzi lei è certa che lui le sia fedele. Triste. Ma succede molto spesso. C'è un sacco di gente che tradisce. Chissà se hanno fatto delle statistiche in merito. Probabilmente sì. L'ISTAT fa statistiche anche sul numero di volte che uno va in cesso.

Chissà cosa sta facendo in questo momento. A volte mi domando perché viva da sola. Ha trent'anni e dovrebbe essere con un ragazzo o un compagno in questo momento. Ma non è così e quando proviamo a parlare sembra che la cosa non la interessi. Pensa alla sua casa, al suo mondo... Ai suoi gelati monogusto. E comunque inevitabilmente alla frutta. Fragola o limone. E parla, parla, parla... Vorrei provare a far parte del suo mondo. Se solo avessi qualche anno di meno e non fossi sposato. Certo lei non sembra preoccuparsene. Devo invitarla a cena, una di queste sere. Ti pare facile. Due problemi. Due donne da gestire. Convincere una ad uscire e giustificare l'uscita con l'altra. Perché la vita è così difficile? Naturalmente devo trovare una scusa, qualcosa che dia una qualche spiegazione alla mia assenza da casa. Lavoro. Posso provare con una mezza verità. Le mezze verità sono sempre credibili perché sono in parte vere. Una cena di lavoro. Suona bene. Chi non ha una cena di lavoro nella propria vita? E, se necessario, se ne possono fare anche più di una. Pensa. Programmazione. Nuovi progetti per aumentare la produttività... Magari potrei andare con lei a casa sua. Non credo che la infastidirebbe. Mi ha fatto capire che le piace stare con

240

me. Probabilmente aspetta che sia io a fare il prossimo passo. Ma ho famiglia. Devo essere cauto. Non intendo far soffrire la mia Silvia. Mi è stata sempre accanto in questi venti anni. Sarebbe un colpo per lei sapere di Marina. Che mi soffermo a pensare a lei. Si sentirebbe tradita, ma io non la tradirei mai. Il fatto che Marina mi piaccia, che vorrei passarci qualche ora insieme, magari farci sesso, non è tradimento. Perché un uomo non può amare due donne contemporaneamente, mi domando. Sono fisse del mondo occidentale. In molte parti del mondo esiste la poligamia. Vuol dire che un uomo può amare allo stesso tempo più donne...

Sono in piedi. Mi guardo attorno per una frazione di secondo. Anna continua a sfogliare il suo giornale, Mario, parla con il suo capo rassicurandolo che io non ci sono, l'uomo di fronte a me lotta con la propria coscienza per giustificare il fatto che vuole farsi la sua amica a discapito della moglie, i due agenti della Polizia Ferroviaria si annoiano per un incarico che non approvano, certi che io non agirò. Se solo sapessero che sono loro così vicino.

Da quando sono in piedi uno dei due sta a guardarmi. Faccio un abbozzo di sorriso, quasi a voler significare che devo andare in bagno e richiedo da uomo a uomo la sua complicità. Dicono che il sorriso sia un modo naturale per instillare tranquillità. Potrei usare i miei feromoni, ma è difficile gestirli quando ho fame. Rischierei di fare rincitrullire tutti quanti. No. Mi sono sbagliato. Forse non ha notato affatto il mio sorriso o non gliene frega niente del fatto che io mi sia alzato, perché riprende a parlare con il suo collega o forse sì. Direi proprio di sì. Mi ha notato e ha dedotto che devo andare in bagno. Sento che pensa che anche lui dovrebbe andarci, ma è costretto a tenersela.

Ma appena siamo a Roma, sicuro che ci vado!

Posso vedere nella sua mente l'immagine dei bagni posizionati all'estrema destra della stazione, poco distante della fine dei binari. Posso vedere il muro divisorio e le latrine attaccate al muro. Le mattonelle verde acqua, quasi tutte sbrecciate e i segni sul muro fatti con l'Uniposca dove qualcuno promette eterno amore e qualcun altro ha trascritto il numero di telefono della ragazza che lo ha lasciato per fargliela pagare. E posso sentire il cattivo odore di urina che aleggia nell'aria a dispetto dei disinfettanti che le donne delle pulizie riversano per terra. Non è la prima volta che va nei bagni della stazione di Roma, evidentemente.

Fuori dai finestrini scorre rapidamente il paesaggio quasi che voglia fuggire da quanto sta accadendo su questo treno, da questa gente, ognuno impegnato nei propri pensieri, assorbito dalla propria vita. Gli alberi più vicini sembrano venirci incontro, mentre lontano le colline sembrano ferme ad osservarci. È già buio, anche, se in lontananza un barlume di luce sembra colorare di vaghe striature rossastre le nuvole che sovrastano il mondo avvolgendolo in una cappa plumbea, oppressiva, che accentua la solitudine di tutti quanti noi che stiamo correndo, fermi all'interno di un lombrico rosso che si muove su un percorso segnato da rotaie di ferro, veloci per essere inghiottiti dalla notte. Domani sarà una bella giornata. Come si dice? Rosso di sera, bel tempo si spera.

Mi muovo verso la porta scorrevole che immette verso l'ultima carrozza. Cammino veloce, ma il tempo si espande nel mentre colgo scampoli di pensieri di quelli a cui passo vicino. Sento i pensieri immediati che spesso accompagnano le loro parole; le loro voci, mentre parlano; e riesco a percepire i loro pensieri più profondi le loro sofferenze, e i loro dubbi, le loro paure, la loro rabbia, l'impotenza, la tristezza, la gioia, la confusione.

Vorrei che ci fosse Marisa in questo momento. Ma non per far dispetto a Silvia. Vorrei che si conoscessero? È normale? O è un pensiero contorto. Ma se si conoscessero, se fossero amiche, sarebbe più naturale...

Chissà cosa sta pensando. Per il suo compleanno vorrei regalargli un tablet. Ha detto che gli farebbe piacere. Lavora tanto. Ha diritto a qualche piccolo piacere. Fra l'altro mi sta sempre vicino. So di colleghi suoi che spesso si fermano a fare riunioni fino a orari assurdi, ma lui no...

Merda! Lui sta pensando come tradirla e cova anche fantasie a tre, mentre lei gli vuole regalare un tablet. Come sono stupidi gli esseri umani. Non sorprende il fatto che siano destinati ad estinguersi. Daglielo in testa, quel tablet!

Appena arriviamo a Roma devo telefonare a casa. Potrei farlo anche ora. C'è il telefonino di servizio. Niente da fare. Non ci è consentito comunicare con quello con le nostre famiglie. Possiamo comunicare solo con la centrale. Come se gli altri non lo fanno. Ma io non sono come gli altri. E comunque se lo facessi io, mi beccherebbero subito. Guarda caso ci sarebbe subito un controllo sui tabulati. Meglio evitare. Avrei dovuto portare anche il mio. Ma due telefonini. Cavolo! Mi sarei sentito un manager rampante. Dicono che ci sono alcuni giovani che hanno anche quattro o cinque telefonini con numeri differenti... Diavolo! Che ci devono fare con tanti telefonini! Uno per lavorare, uno per la famiglia... e gli altri? Uno per l'amante e poi? Se avessi il mio chiamerei e la farei felice perché probabilmente è convinta che mi sia dimenticato del nostro anniversario. Non me ne sono mai dimenticato. Perché dovrei dimenticarmene proprio oggi? C'è sempre una prima volta. Beh, questa non sarà la mia. A Roma la chiamo e le dico che la amo e le dico di guardare nel primo cassetto del comò. Sorpresa! Magari l'ha già trova-

ta. Ma non mi direbbe mai che l'ha scoperto. Le piace stare al gioco...

Ma guarda questo. Lui va in cesso e io me la devo tenere. Grazie, lavoro. Grazie, mostro del Frecciarossa. Quanto manca? Venticinque minuti. Spero che sia puntuale questo treno. Dovrebbe esserlo. Non stiamo avendo neppure un minuto di ritardo. Grazie. È mezzo vuoto. Non si perde tempo a salire e scendere dalle varie carrozze. Potenza dei giornali. Chissà quanti soldi stanno perdendo oggi le Ferrovie. Un fiume di soldi... No il fiume, no. Sento il rumore dell'acqua che scorre. Devo andare in bagno. Pazienza...

"Ma pensa veramente che questo essere possa essere espressione del Maligno? Mi sembra fuori dalla realtà tutto questo..."

"Eh, mio caro. Satana esiste e si presenta in tanti modi per fuorviare gli uomini..."

Posso scrivere il mio articolo prendendo spunto proprio da tutto questo. L'idea che possa esservi una forza del male, è sicuramente interessante e sul giornale può fare il suo effetto. La gente deve essere spinta a cambiare la propria prospettiva, specie perché la vita di tutti i giorni è ormai molto lontana da quanto sta accadendo. E comunque i lettori del nostro giornale si dividono in devoti e creduloni. Potrei iniziare dicendo: "Secondo la Santa Sede c'è Satana dietro il mostro..." No. Meglio "Potrebbe esserci Satana dietro il mostro del Frecciarossa." Dicendo "potrebbe esserci" lascio margine all'incertezza e rendo così più credibile il pensiero. La gente non vuole che gli si dica quello a cui deve credere. L'incertezza lascia un buon margine per la scelta personale. Comunque sarebbe da appurare chi ha dato a quest'uomo l'incarico di esorcizzare in questo viaggio. Potrebbe essere solo una sua iniziativa...

"Lei ritiene che si tratti di un caso di possessione, Padre?"

Che domanda! Santa ignoranza! È sempre un caso di possessione. Satana e le sue armate si presentano a questo modo. Prendono possesso di un corpo e fanno con quel corpo delle cose malvage. Certo. È la prima volta che si parla di un essere in grado di prendere i ricordi di altri. Ma forse si tratta di un succubo, come Abrahel. Ma non ha senso perché le sue vittime sono tanto maschi che femmine. Ma, a pensarci bene, non c'è limite alla perversione di un demone. Comunque sia, questo agisce al contrario. Si impossessa dei ricordi delle sue vittime e poi le lascia per tornare nel corpo principale. A conti fatti possono essere più di uno, così che possono continuare a tenere possesso di un corpo da cui uno di loro esce ed entra dopo aver preso i ricordi di un altro. Una schiera. Cristo era in grado di vederli. Io mi devo muovere a lume di naso. Non sarà facile individuarvi e non so ancora come posso liberare il mondo da voi, ammesso che si possa liberare il mondo dalle forze del Male. Ma non vi temo, chiunque voi siate. Ho lottato tante volte contro di voi e continuerò a lottare sino alla fine dei miei giorni...

"Il problema, mio vecchio amico, è che la gente non crede più a queste cose e ha perso di vista la verità. I demoni sono esseri cattivi. Sono angeli che si sono ribellati e sono diventati seguaci di Satana, sempre in costante ricerca della distruzione di noi uomini e del piano di Dio."

Così sarei un demone. Buuuuu! Ti sbagli mio buon padre. Io sono un'evoluzione o una involuzione di un uomo. Preferisco credermi una evoluzione. È successo qualcosa in me che mi ha cambiato, che mi ha trasformato. Non ricordo come sia successo, ma è accaduto in qualche modo. E non c'è stata nessuna possessione demoniaca. Probabilmente era nel mio DNA. Un ordine curioso nella disposizione sequen-

ziale dei nucleotidi. Ad un certo punto della mia vita, venticinque anni, il cambiamento. Adesso ho bisogno di nutrirmi dei ricordi di altri e li faccio miei. E a questo modo divento sempre più potente, con una conoscenza sempre maggiore. Ma la mia forza è anche la mia debolezza. Poiché sono succube di questo bisogno. Demone. Potenza. Che stupidi pensieri vi passano per la mente. Se solo vi rendeste conto di quanto siete sciocchi nel pensare queste cose e nell'attribuirmi questi poteri. Se sapeste quanta sofferenza io debbo sopportare nel congiungere i miei sentimenti a quelli degli altri percependo tutte le loro gioie, ma anche le loro debolezze, la loro disperazione, la loro tristezza... Non c'è un uomo che non abbia contrasti interiori. Aveva ragione Catullo quando, pensando alla sua donna, descriveva il suo conflitto interiore con due semplici parole: odi et amo. Condannato a percepire i conflitti interiori di quelli con cui mi congiungo. Certo. Sento i conflitti semplicemente quando percepisco i pensieri, ma è diverso. Sono solo superficiali. Resto un osservatore. Ma quando avviene la congiunzione diventa tutto più intenso. Tutto diventa parte di me stesso, nel bene e nel male. Ricordi, conflitti, gioie, dolori...

La porta scorrevole scivola silenziosa e si apre per farmi passare.

La oltrepasso e raggiungo il passaggio fra le due carrozze. Giro la pesante maniglia. Uno scatto e la porta si apre. Sento il risucchio del vento e il rumore delle ruote che scivolano sui binari. La chiudo dietro di me. Sono sulla piattaforma, protetto solo da uno spesso strato di gomma a mantice costruita apposta per isolare la piattaforma e ammortizzare le curve fra le due carrozze. Sento il risucchio dell'aria alla forte velocità, le vibrazioni della carrozza, il rumore ovattato del metallo che sfrega contro il metallo.

Giro la maniglia e apro la nuova porta. La oltrepasso e chiudo dietro di me. Nuovamente il silenzio mi avvolge mentre, avvicinandomi alle porte scorrevoli, queste scivolano sulle loro guide per farmi entrare.

Mi guardo in giro.

Questa è l'ultima carrozza del Frecciarossa, ma non se ne percepisce il beccheggio, forse perché dopo vi è un secondo locomotore il cui peso ammortizza le eventuali oscillazioni. Almeno credo. Non ho conoscenze specifiche in merito.

Una metà dei posti sono occupati, forse anche meno, come nella carrozza da cui vengo, la mia. Con estrema probabilità la situazione è identica in tutte le carrozze. Su molta gente, probabilmente, il pericolo e la paura del mostro succhia anime ha preso il sopravvento.

Il suono del passaggio delle ruote sui binari è ovattato e lontano, effetto della pressurizzazione. Niente a che vedere con il rumore che ho sentito pochi istanti fa quando ero sulla piattaforma. La maggior parte delle finestre hanno le tende aperte e dietro ogni vetro il paesaggio scorre veloce. Per un attimo mi lascio andare, consentendo ad una parte del mio cervello di giocare con la realtà. Adesso il treno è fermo e il mondo scorre e si allontana da noi, oppure, in alternativa, il mondo non esiste ed è solo una registrazione visiva lasciata scorrere in sincrono su diciotto schermi Ultra HD posti in due lunghe file ai miei lati. Mi rendo conto improvvisamente che questa fantasia non mi appartiene, ma che era di Martina. L'ho conosciuta alcuni mesi fa. Una segretaria di azienda. Maniacalmente ossessionata dalla tecnologia HD. Strano. Certe scelte sono più maschili. Evidentemente non è sempre così.

Ma che cavolo fai, Mia! Che cavolo di messaggio! Non me la sento. Con la faccina triste. Che vuol dire non te la senti?

Mi stai liquidando con un messaggio? Dopo quattro anni? Assurdo! Che cavolo ti rispondo, ora? Ho davanti agli occhi l'emoticon del messaggio. La faccina triste. Un sole giallo su uno sfondo bianco. Cosa è? Il sole dei Teletubbies? Non puoi farmi questo. Deve aver incontrato il bastardo. Tastiera kwerty. "L'hai visto?" Scommetto che è così. Non è detto che mi risponda. Si sente in colpa per la decisione che ha preso. Lo so. A dire il vero, conoscendola, si sente in colpa a prescindere. Mia è una debole. Me lo immagino. Lui le avrà detto: "Sono cambiato, ti amo ancora." Chissà dove. Per strada o al supermercato. Magari lei c'è andata apposta sperando di incontrarlo. E naturalmente lei ci sarà cascata come una pera matura. Giù dall'albero di pere. Le pere cadono quando sono mature. Alla base dell'albero. Poi marciscono. Una volta sono stata in un campo coltivato a pere. Sono belle quando sono sull'albero, pronte per essere colte, dorate, puntinate di marrone scuro. Ma c'è odore di morte quando il tempo è passato e le pere sono cadute ai piedi dell'albero. C'è marciume, putredine. Morte. Vermi. Dicono che la terra abbia leggermente la forma di una pera. Per questo c'è tanto marciume in giro. Manca meno di mezz'ora prima di arrivare a Roma. Poi ne parleremo di persona. Un messaggio. Mi sta rispondendo. "Sì." Non ha molto da dire. L'ha visto. Quattro anni buttati al vento. Tutte le fatiche per aiutarla a venirne fuori. I suoi pianti. La sua disperazione. Fino a quando era tutto finito e lei era tornata a vivere. Vuol dire che per quattro anni è stata accanto a me e pensava a quel bastardo. Cosa è? Sindrome di Stoccolma? Dio! Ma perché lasci campare certe schifezze di gente? Un altro messaggio. "È cambiato." Oh sì. Me lo immagino, quanto sia cambiato. Ha quattro anni di più e puzza di merda ancora di più. Ma giuro che appena arrivo a Roma l'ammazzo e ammazzo anche lei...

I sentimenti di questa donna si riversano su di me come uno tsunami, inarrestabili. Potrei prendere questi. Sarebbe... Interessante, ecco la parola giusta per esprimere la cosa. Una esperienza nuova. Mi nutrirei e acquisirei una nuova conoscenza, come è successo le altre volte. Ma questa volta sarebbe diverso. Sarebbe come passare dalla cucina casalinga al cibo da gran gourmet. Ma sarebbero sentimenti troppo negativi e io non ne ho bisogno. Non al momento, almeno. Credo di non sentirmi ancora pronto per essi.

Alla mia destra c'è un giovane più tranquillo. I suoi pensieri si limitano solo a delle parti recitative da presentare per un provino. Le ripassa a ciclo continuo, senza pensare, come un automa. Ha un provino a Cinecittà per domattina e vuole la parte a tutti i costi. Probabilmente ce la farà. Glielo auguro. Spero solo che sappia recitare e che non si limiti a ripetere il testo meccanicamente come sta facendo in questo momento. Fare l'attore è un mestiere difficile. Tutti credono di poterlo fare. Come tutti credono di poter cantare con il karaoke. Ma quello non è cantare. È scimmiottare il cantante. E lo stesso è recitare. Gli attori americani. Quelli sì che sono bravi! Anche i bambini hanno una professionalità... Ma il cinema è nato da quelle parti. Certo. L'hanno inventato i fratelli Lumiere che erano francesi. La gente atterrita dalla locomotiva a vapore che sembrava arrivare addosso a loro proiettata in bianco e nero su un lenzuolo bianco. E se avessero visto un film 3d cosa avrebbero fatto? Si sarebbero suicidati? Ma gli americani hanno saputo sfruttare l'invenzione. I francesi non sono un gran che come cinema. A parte i film in chiave umoristica, sono tutti dei mattoni. Ma sono film d'autore, come quelli italiani. Gli americani invece sono dei mestieranti. Costruiscono i loro film a tavolino in modo da aver successo e, naturalmente, ci buttano sopra un sacco di soldi. Ma il successo è quasi sempre assicurato.

Come questo tizio che sta alla mia destra. Fa conti per diventare produttivo e competitivo. È là con il suo tablet che scorre pagine di Excel e pagine web e prende appunti in power point. Che ci fa qua? Non dovrebbe essere nella carrozza business? Evidentemente non è tanto competitivo e produttivo. Praticamente un morto di fame che sogna di fare il grandone. Ma sentilo!

Naturalmente c'è da confrontare il costo oggettivo della forza lavoro locale con la possibilità di esternalizzare in altri paesi dove i costi di produzione sono decisamente inferiori. Posso mostrare una slide con le percentuali di abbattimento dei costi per i singoli articoli prodotti e poi sintetizzare il tutto in un bel grafico a torta...

Avrà un incontro stasera fra meno di tre ore. Deve dimostrare di poter portare dei concreti vantaggi alla sua azienda. Il problema è che, a guardare bene, non ci crede neppure lui stesso. Per questo è un perdente. Bisogna credere in quello che si fa, altrimenti si finisce in classe economica, mio caro. Questa è la chiave del successo. Avere fiducia in sé stessi e in quel che si fa. Si possono perfino vendere frigoriferi al Polo se uno crede che possano essere utili, visto che con l'effetto serra i ghiacciai si stanno sciogliendo.

Di qua c'è un giornalista del Resto del Carlino. È stato mandato per essere presente nel caso il mostro spunti come previsto... Mostro. Non sono un mostro. Insistono tutti con questa idea. Il mostro di Loch Ness è un mostro. Lo yeti è un mostro. Big Foot è un mostro. Io sono uno che ha sviluppato questa capacità... Ma che dico! È comparsa da sola e non è una capacità. È una maledizione che mi prende ogni mese e mi controlla fino a quando non mi sono nutrito a sufficienza della coscienza di qualcuno.

E anche gli altri due più avanti sono giornalisti. Mi pare logico. Dopo il polverone che è stato sollevato dalla stampa con il loro "Dagli all'untore", devono essere presenti quando l'untore colpirà. Se non fosse per la fame e per il malessere che mi condiziona, mi divertirei a lasciarli a bocca asciutta. Ma non posso. Ho bisogno. È una questione di sopravvivenza. Suppongo di non essere sempre stato così, ma il mio passato è molto confuso, viste le diverse personalità e i diversi ricordi che convivono in me tutti allo stesso piano, come se fossero miei.

Perché non succede niente? Fra poco saremo a Roma ed è tutto uguale. Come quando sono salito. Eppure i giornali dicevano che ci sarebbe stato il mostro. Succhia i ricordi. E io non voglio ricordare. Non voglio andare dai miei figli e da mia moglie e dire loro che ho perso il lavoro. E sono troppo vigliacco per togliermi la vita. Sì, perché dicono che suicidarsi è da vigliacchi. Ma già. Sono quelli che non hanno problemi che dicono queste cose. Sono quelli che non hanno provato l'amarezza della vita. Intanto chi si suicida ha risolto i propri problemi. Certo chi resta ha altri problemi, ma li avrebbero comunque. La gente direbbe: "Cerca un altro lavoro e non piangerti addosso". Ma dove lo trovo un altro lavoro a cinquant'anni? Succhia ricordi, dove sei? Sono pronto. Sono a tua completa disposizione. Tu mi prendi i ricordi, io non so più chi sono. I miei familiari quando mi troveranno soffriranno un po', ma poi si adatteranno alla nuova situazione. È un patto da cui potremmo trarre vantaggio entrambi. Un buon patto, a conti fatti...

Ma chi diavolo è questo? Perché è venuto qui? Che ci sta a fare? Devo avvisare gli altri? È il caso? Dovrei essere in grado di gestire la situazione. Oggi c'è un sacco di movimento da parte dei giornalisti. Si alzano, cambiano carrozza, ritornano. Per forza. Sono in attesa della notizia, che scoppi la bomba. Il segnalatore del walkie talkie.

"Qui carrozza Undici."

"Qui carrozza Dieci. Soggetto trasferito su Undici."

"Ricevuto. È qui. Lo tengo d'occhio. Si sta guardando attorno. Passo."

Battuto sul tempo. Un attimo di indecisione e sei arrivato tardi. Avresti potuto essere tu a richiedere la comunicazione. Pazienza. Sarà per il prossimo spostamento. Tanto, ce ne sono continuamente.

C'è veramente allerta. Un agente di controllo per ogni carrozza. Questo è davvero avere paura. Paura dell'ignoto, evidentemente. Da quest'altra parte c'è un altro giornalista. Ma quanti ce ne stanno in questa carrozza? Una specie di meeting? Questo ha già preparato il suo articolo, come viene fatto per i necrologi dei personaggi importanti. Sempre pronti e periodicamente aggiornati, in modo da poter arricchire la notizia spoglia con informazione storiche. Sta apportando le dovute correzioni nel suo tablet, ma riesco a percepirne il significato.

Questo di fronte a cui ci troviamo, può essere associato al cannibalismo dei melanesiani e di altri popoli come gli indiani Anasazi, dove il cervello del defunto, sia esso un nemico o un familiare veniva mangiato per assorbire le qualità del defunto. È più che evidente che in questo caso la vittima rimane viva e il carnefice non si nutre di carne umana, ma resta concettualmente identico. Un bisogno di estrarre conoscenza, esperienza e quant'altro dalla vittima per farla propria. Questo deriva dal bisogno di assorbire il Mana della vittima, la sua forza vitale, il suo potere, le sue conoscenze.

Stiamo dunque assistendo ad un atto di cannibalismo moderno? Qualcosa che prevarica ogni conoscenza ed ogni esperienza fino ad oggi acquisita? Chi può dirlo. Fatto sta che in questi mesi e su questo treno abbiamo potuto assistere ad almeno cinque vittime che hanno subito tutte lo stesso trattamento. Ed anche oggi, puntualmente, il nostro carnefice ha trovato la sua sesta vittima fra i passeggeri, ignari di quanto stava accadendo intorno a loro e della portata di quanto stavano per vivere...

Sì. Fanno proprio così. Preparano l'articolo prima ancora che le cose succedano. Io non ho trovato ancora la persona giusta e lui mi ha già fatto entrare in contatto con qualcuno.

Metà della carrozza è occupata da un gruppo di giovani, fra cui due ragazze con il capo circondato da un serto di alloro. Stanno festeggiando la loro laurea.

Mi porto verso di loro. Non mi soffermo sulle loro parole e sulle cose di cui stanno discutendo. Voglio entrare in contatto con loro, con il loro io interiore, ma per farlo devo avvicinarmi loro il più possibile. Se fosse avvenuta la fusione, sarei stato molto più forte, ma a quel punto non avrebbe avuto alcun senso. Significherebbe esclusivamente farmi del male. Perché se mangi troppo cibo, poi stai male. Il tuo organismo vuole liberarsi del cibo in eccesso. Succede lo stesso dopo che avviene la fusione con qualcuno. Troppo cibo ti porta a stare male, a perdere il controllo delle emozioni...

Sul fondo c'è un posto libero, proprio sotto lo schermo televisivo in dotazione alla carrozza. Uno dei posti riservati per i portatori di handicap. Lo raggiungo e lo occupo.

Sopra di me scorre la pubblicità di un formaggio. Un topo che somiglia a Stilton comunica che a lui piace in modo particolare quel tipo di formaggio. Che formaggio? Chi se ne frega. Non mi interessa. Sono le menti di questo gruppo che mi interessano. Non certo dei latticini!

Lascio che la mia mente scorra libera fra le loro. Sento che una delle ragazze per quanto sia felice del proprio successo e degli onori che i suoi amici le stanno tributando, non è contenta. Ci sono dei problemi che prendono il sopravvento nei suoi pensieri.

Posso entrare nei suoi pensieri e saggiarne la densità, la forza. È una brava ragazza. Non è stupida, ma non si sente di confidare i suoi problemi agli amici presenti. Così deve fare forza sul suo io per sorridere e scherzare anche se non ne ha proprio voglia.

C'è una cappa che incombe su di lei. Una cappa di tristezza, di preoccupazione, di solitudine. È una cerva. Che vuol dire? Mi lascio scivolare fra i suoi ricordi e i suoi pensieri. Ci sono ricordi di momenti vissuti quando viveva al suo paese. Vividi, non sbiaditi dal tempo. E poi c'è Giuseppe. Il ragazzo che le sta vicino. Vorrebbe che le stesse vicino per tutta la vita, ma non è certa che ciò possa essere possibile. Ma non ha paura delle decisioni del ragazzo. Ha paura di sé stessa. Le esperienze che ha vissuto l'hanno forgiata rendendola diversa dagli altri e anche dal suo ragazzo. Percepisco la sua confusione e la sento molto vicina alla mia. Anche io sono diverso. Essere diversi non porta felicità, anche se sei superiore agli altri. Porta solitudine, al punto da isolarti dal resto del mondo.

La sua mente è interessante. Non mi dispiacerebbe effettuare la fusione con lei e assorbire parte del suo io, come ho fatto nel passato. Spesso il passato racchiude errori, confusione. Non mi piace prendere un soggetto a caso come è successo la prima volta. Ma allora avevo fame e il bisogno era diventato incontrollabile, dando fondo al lato bestiale del mio essere. In fondo era la prima volta. Non devo giustificarmi, neppure davanti a me stesso. Ma penso ancora con rammarico a quanto è accaduto a Martina e vedo Irene che corre ridendo senza suono.

Ma non c'è solo lei, la cerva. I suoi pensieri sono più forti, al punto che sembrano una voce che urla in mezzo al parlottio della gente, ma ci sono tutti gli altri. L'esperienza di Martina e della sua Irene ancora mi confonde. Mi sembra di essere tornato indietro nel tempo. Cerco di distogliermi dai suoi pensieri e raggiungo quelli dell'altra ragazza che, come lei, ha il capo circondato da un serto di alloro intrecciato e quelli dei suoi compagni. Ma è difficile isolarli. No. I suoi pensieri sono stupidi. I suoi ricordi vaghi. Non violenti e vivi come quelli della cerva. Passo ai pensieri degli altri. Sono quasi dei bisbigli. È naturale confrontarne l'intensità con quelli della cerva. Mormorii.

Chissà cosa staranno facendo quei due. Da bravi genitori sono stati presenti ai miei esami e oggi al momento della laurea delle ragazze, ma poi hanno deciso di lasciarmi con gli altri. Hanno detto che lo hanno fatto per offrirmi l'opportunità di stare con i miei amici. Te lo immagini! La balla del secolo. Hanno trovato la scusa per farsi un piccolo giro da soli. Sono una coppia, alla fine. Non più giovani, ma hanno anche loro i propri desideri e bisogni. Magari sono in un ristorantino a mangiare degli spaghetti speciali con polpettine di carne con uno spaghetto che si mescola fra i due piatti fino al punto di trovarsi labbra contro labbra. Lilli e il Vagabondo. E magari c'è Tony che canta:

"È dolce sognare
E lasciarsi cullare
Nell'incanto della notte..."

Certo potrebbe essere una scusa per restare da soli e fare sesso. Lo fanno anche loro, sai? Ma lo fanno? È strano. Non mi ispira molto l'idea. Immagino che sia normale per un figlio. Meglio non pensarci. Meglio concentrarsi sulle mie amiche. Amiche? E così le stronze si sono laureate e io ancora no. Invidia? Assolutamente no, a queste condizioni. Certo. Sono femmine. Un sorrisetto ai professori e anche se non sanno rispondere beccano un trenta anche se fanno scena muta. Sono femmina anch'io, ma io certe porcherie non le faccio. Non fa parte del mio carattere. I miei genitori mi hanno data una ferrea disciplina. Mi hanno dato degli insegnamenti cattolici profondi che mi hanno insegnato a vivere. Quelli che forse in questo momento stanno entrando in un albergo e stanno prenotando una camera. Stronzi pure loro. Se la spasseranno senza la loro figlia. E a me tocca stare qui a festeggiare con gli altri. E dire che ci credono... Che noia. Chissà se ci sarà davvero il mostro che succhia i ricordi alla gente. Manco a pensarci. È un trucco delle Ferrovie per pubblicizzarsi, perché hanno la concorrenza dell'Italo. Da quando quelli hanno abbassato i prezzi anche le Frecce sono diventate a buon mercato. E un po' di pubblicità fa sempre bene. Certo, perdono viaggiatori su questo treno specifico, perché c'è gente che rimanda il proprio viaggio, ma partiranno domani e le Frecce saranno nuovamente a pieno carico. Come ha detto il vecchio Oscar "Bene o male purché se ne parli". Tutta pubblicità. Ma se ci fosse davvero, il mangiatore di ricordi non troverebbe granché nei due cervelli "d'alloro cinti". I serti di alloro stanno molto bene attorno ai capi femminili. Da una parte coronano i capelli e poi il loro colore dà maggiore lucentezza ai capelli. I parrucchieri dovrebbero usare i serti come abitudine. Capelli. Rossi, lunghi. Io li ho riccioluti, che non si sa come tenerli. Guarda Sara. Senza il serto è praticamente insignificante, mentre adesso è bella con i suoi capelli lunghi raccolti per contenere l'alloro. Certo è una situazione temporanea. Quando toglierà la sua coroncina, tornerà ad essere insignificante. Vorrei anch'io avere i capelli a quel modo, lisci e rossi. I capelli castani sono comuni e i ricci non fanno un gran che. Non sai mai come pettinarli. Li lasci liberi e ti fanno una montagna di capelli che sembra ridurre le dimensioni del tuo viso. Li puoi raccogliere, ma sembra alla fine di avere un broccolo sulla testa. E i broccoli sono solo buoni da mangiare insieme ai fagioli. Mamma ci mette anche le cotenne per renderli ancora più buoni, ma mi appesantiscono troppo... Fra un semestre toccherà a me. Una storia della filosofia attraverso la musica ovvero gli effetti che le mutazioni del pensiero hanno avuto sulla musica e come questa ha condizionato il pensiero. La prof dice che si tratta di un buon lavoro e di un soggetto originale. Ho ancora tanto da scrivere e da ricercare, ma devo mettere insieme le ultime due parti prima di poterla consegnare...

Ho fame. Mamma mia. Mi mangerei un bisonte. Dicono che su questo treno nella quinta carrozza ci dovrebbe essere il servizio ristoro, ma chissà quanto costa la roba. La roba. Non c'entra niente con la novella del Verga. Usiamo questo termine anche per indicare il cibo. Roba da mangiare. Che fame. Non è il caso di attentarsi. Se provassi ad andare a mangiare qualcosa dovrei dire dove vado agli altri. Ognuno chiederebbe: Dove vai? E io dovrei dare spiegazioni e magari offrire anche agli altri. Siamo tutti insieme. Se uno ha fame anche gli altri ne hanno. E se non ce l'hanno, se la fanno venire. Per il puro piacere di scroccare. Tutti per uno, uno per tutti. A scrocco. No. Non se ne parla proprio. Piuttosto mi tengo la fame. Tanto fra un paio d'ore sarò a casa, aprirò il frigo e mi farò un panino. A casa c'è sempre del pane e della roba buona. E se non c'è niente in frigo, male che vada, c'è la Nutella. Quella c'è sempre. Piace a mamma e la mangia quando si sente giù, o ha litigato con papà o le è andato male qualcosa o sta male o è nervosa... Tutte le scuse sono buone. Per lei ci vorrebbe un barattolo grande come quello che aveva Nanni Moretti. Chissà quanto costerebbe un bicchiere di Nutella di quelle dimensioni. Anche se ci fosse l'offerta, almeno ci vorrebbero mille euro. Come si chiamava il film? Dai! Lasciami pensare. Aveva il nome di una donna, come buona parte delle canzoni di Ivan Graziani. Sì. Ecco. Bianca. Come la ragazza di Giorgio. Ma forse non potrò mangiare niente. Dovrò aspettare la cena. Perché appena arrivo ci sarà mamma che mi dice di non mangiare perché altrimenti perdo l'appetito e poi a tavola non mangio. Mi sta sempre a controllare, solo perché c'è stato un tempo in cui ho sofferto di disturbi alimentari. Ma dovrebbe saperlo. Si cresce e si cambia. E io sono cambiato. Almeno credo.

"Ragazzi. Siete pronti?" *Ora ridiamo. Dai, guardatemi!* "Uno, due, tre."

"Dottori, dottori! Dottore del bucio del culo, vaffanculo, vaffanculo!"

Uno dei ragazzi fa finta di dirigere il coro e tutti cantano un messaggio che probabilmente si perde nella notte dei tempi. I miei ricordi sono confusi, mescolati insieme a quelli di coloro con cui mi sono fuso, ma questo ritornello mi sembra che sia conosciuto da tutti. Una specie di rituale che si canta alle feste di laurea. Adesso ridono tutti e le ragazze sono contente di quanto i loro amici stanno facendo.

Perché quello si è seduto vicino ai ragazzi? Non è neppure il suo posto. È della carrozza accanto. Non dovrebbe stare lì. Una cosa è camminare lungo la carrozza, un'altra cosa è occupare dei posti che non gli competono. Perché? Forse dovrei indagare. E se fosse lui e mi friggesse il cervello? È il mio lavoro. Certo, indagare. Ma non farsi distruggere. Non sono pagato per questo.

"Uno chiama Due. Mi senti?"

"Dimmi Uno. Problemi?"

"Il tuo uomo si è seduto vicino a dei ragazzi. Potrebbe essere sospetto. Te lo rimando." *Speriamo che dica di no. In fondo non sta facendo niente di particolare oltre che guardare.*

"Lo aspetto. Passo" *E ti pareva! Va bene, andiamo a farci del male.*

Mi si sta avvicinando il tizio della sicurezza. Leggo chiaramente nella sua mente che vuole che ritorni al mio posto. Se non lo facessi desterei sospetti. Gli darò delle spiegazioni, poi, eventualmente, tornerò indietro, ma non subito, a meno che non me lo imponga. In quel caso dovrò dimostrarmi contrariato. E non penso che dovrò fingere. Anche se qui ho finito, mi darebbe fastidio comunque.

C'è quella ragazza... Conflitto interiore. È stata una Cerva. Potere. Animale. Sentimenti molto forti. Interessante.

"Signore."

"Mi dica," rispondo con aria indifferente.

"Lo sa che non può stare qui? Dovrebbe stare al suo posto. Ha con sé la sua prenotazione."

Faccio un cenno di assenso con il capo. Sento che ha paura. Sta pensando che se io fossi il mostro, potrei risucchiargli il cervello. A quanto pare questo è quello che tutti pensano di me. Sono un mostro e per giunta una specie di idiota. Uno stupido Dracula che, dopo aver succhiato il sangue alla sua vittima, ancora sgocciolante sangue, si sofferma a farsi vedere da tutti...

"Dio, fa che non sia proprio lui..."

"Sono uno scrittore," gli dico candidamente. L'idea scaturita mentre parlavo con Anna ha attecchito bene. "Ho preso questo treno perché tutta la faccenda del mostro mi intriga. Ci si potrebbe tirare su un bel romanzo. Ci sono tutti i personaggi già belli e pronti. Basta guardarsi attorno. Ogni passeggero è un personaggio potenziale. Basterebbe intervistarli uno per uno e il libro sarebbe già scritto. Ma non lo posso fare. Dubito che mi concederebbero delle interviste. Forse qualcuno. Così mi limito ad osservare, ad ascoltare. Penso che non sia illegale tutto questo."

Lui fa un cenno di assenso con il capo. È sollevato. Mi mette una mano sulla spalla. "Capisco," mi dice. "Ma io ho degli ordini.

Ora parla al comunicatore.

"Ne è entrata un'altra. Perché non mi hai avvisato?"

"Cominciano a muoversi in troppi. Dovremmo mettere ad ognuno la maglia con il nome come i calciatori, così noi li possiamo identificare anche da dietro."

"Non è un'idea malvagia. Comunque come non detto. Si è guardata attorno e poi ha cambiato idea. Ha lasciato la carrozza."

"Sì. È tornata da questa parte."

Chiude la comunicazione. Lo sento più rilassato. La mia spiegazione deve averlo convinto. O la donna lo ha distratto. Era interessante anche lei. Una mente aperta, ricettiva, curiosa. Comunque adesso posso inondarlo di feromoni. A questo punto Dracula gli saltò addosso e affondò i suoi denti nella gola... "

"Come le dicevo lei dovrebbe raggiungere il suo posto. Spero che abbia preso appunti sufficienti..."

Mi costringe ad alzarmi e mi spinge lentamente verso l'uscita.

... Fame...

... il fatto che sia rossa la avvantaggia certamente...

... correre insieme al mio cervo...

... estrarre lo spirito dal cervello del proprio nemico...

"Stia tranquillo che vado via. Osservazione, raccogliere notizie e conseguentemente commentarle. Faccio solo questo. Niente di male, come può ben immaginare."

Lui fa un cenno di assenso con il capo. "Lo può fare dove e quando vuole, ma non qui e non oggi. Magari potrà fare un giro su questo stesso treno domani. Vedrà. Non sarà poi tanto diverso."

... Vieni a prendermi e liberami...

... Non sarà tanto semplice liberarti di me, Mia. Non puoi giocare così con i miei sentimenti...

La porta scorrevole scivola sulle sue guide e io mi ritrovo da solo nella piattaforma. L'uomo sta parlando con l'uomo della sicurezza del mio vagone e gli dice che sto rientrando.

La porta scorrevole si apre e questa volta sono nuovamente nella mia carrozza.

Beh. Ho ancora buona parte dei passeggeri di questa carrozza da analizzare, prima di decidere con chi effettuare la fusione. La fame si fa di momento in momento sempre maggiore, in progressione geometrica, ma devo resistere. Le mie scelte non saranno mai più condizionate dalla disperazione. È una decisione che ho preso diversi mesi fa e che intendo mantenere, ad ogni costo.

Alla mia sinistra ci sono gli agenti della polizia ferroviaria, sempre più annoiati e alla mia destra il prete che, se sapesse che sono io il suo diavolo, inizierebbe con i suoi riti di esorcizzazione che adesso sta descrivendo dettagliatamente al suo amico giornalista dell'Avvenire.

Supero il giornalista de La Nazione, che ha approntato anche lui un suo articolo, in cui deride le paure dei suoi colleghi. Evidentemente non crede che io possa esistere. Ognuno ha diritto di credere in quello che vuole. Comunque fra poco meno di venti minuti sarà costretto a ricredersi.

L'uomo della sicurezza è a destra poco più avanti e mi osserva. Mi toccherà tornare a sedere. Non ho altro da fare se non voglio destare sospetti. Sedermi, chiacchierare con Anna, la mia vicina di viaggio, e poi riprendere la mia analisi.

Anna è là, seduta, ma non sta più leggendo la rivista di prima. Il suo giornale lo sta guardando la donna di fronte a lei mentre il marito di fronte a me ha lo sguardo perso nel vuoto. Sono perplesso. L'uomo non sta pensando a nulla. È in una specie di trance e anche la donna. Mi accorgo che, se sta leggendo, il giornale è sottosopra. Due marionette, due statue di cera. Guardo Anna e per un attimo sono confuso. Un istante. Quanto basta per capire. Poi un suo pensiero entra con violenza nella mia mente.

"La cerva è mia."

Sono confuso. Come hai fatto, mi chiedo. E nel mentre penso, mi rendo conto che la sua mente adesso è aperta. Ma non riesco a scrutarla a fondo. Troppe menti insieme. Centinaia. Uomini, donne, bambini. C'è di tutto ora che ha deciso di abbassare le sue difese.

"Sei nuovo," mi dice. *"Lo so perché ti ho visto nascere."*
"Cosa intendi?"

"Ero presente quando ti è successo la prima volta. Per caso eravamo su questo treno. Ed ora sono salita nuovamente per aiutarti."

"Aiutarmi?"

Si passa la mano sugli occhi, in un gesto che normalmente potrebbe essere interpretato come di leggero sconforto.

"Lo facciamo l'uno con l'altro. Oggi io a te, domani tu a qualcun altro. Ci aiutiamo. Sei grezzo. Ti lasci prendere dall'istinto. Ma devi imparare ad essere cauto. Se tutti facessero come fai tu ci sarebbe il caos. L'evoluzione porta ordine nella temporanea confusione."

Assaporo le sue parole o i suoi pensieri che condivide con me. Non so come descrivere la sensazione. Non ci sono parole in grado di descrivere questo tipo di comunicazione di cui sto facendo parte. Ed è anche logico. È una cosa totalmente nuova. Posso pensare e contemporaneamente comunicare sempre con il pensiero come se emettessi onde radio su frequenze diverse che non si influenzano in modo assoluto l'una con l'altra.

"Tutti? Quanti siamo? Cosa intendi per caos? E per evoluzione?"

Fa un gesto vago con le mani.

"Piano! Piano. Calmati. Pensa una cosa alla volta. Sarà più semplice per te capire. Ma proverò lo stesso a risponderti. Siamo tanti. Non so quanti siamo, naturalmente. Forse uno su mille o forse uno su diecimila? Non sono in grado di dirtelo con precisione, ma incontro spesso qualcuno come me e te. Gli uomini stanno evolvendo. È un nuovo passo dell'evoluzione che è cominciata duecentomila anni fa. Ma non stiamo evolvendo tutti. È evidente. Il nostro è un nuovo ramo evolutivo, come ce ne furono diversi prima che prendesse piede l'Homo Sapiens. Stiamo ampliando probabilmente la portata del nostro cervello. Forse lo usiamo interamente. Non ti so dire. Non ho incontrato nessuno di noi in grado di dare risposte concrete su questo argomento, ma penso che presto saremo in condizione di saperlo. Tutti. Come vedi siamo in grado di comunicare telepaticamente e

possiamo acquisire le conoscenze di altri individui dell'altro ramo, ma non del nostro."

"È per questo che non riuscivo a sondare la tua mente come faccio con gli altri?"

"Proprio così. È così che ci riconosciamo. Se non siamo in grado di sentire un altro, vuol dire che è uno di noi. Anche se non lo sa ancora."

"Non ricordo come sia successo. Ho una grande confusione..."

"Credo che nessuno di noi ricordi come succeda la prima volta. Nessun bambino ricorda come ha imparato a camminare o a parlare. Ha imparato e basta. Qualcosa scatta e il nostro cervello si apre e comincia la fame."

"Non mi pare un gran che di evoluzione, detta così."

"È un bisogno istintivo, come quello di mangiare o di alzarsi in piedi per camminare. Non ci sono dei parametri per misurare i tempi e i bisogni di un individuo appena nato. È lo stesso per noi. In un momento della nostra esistenza il nostro cervello evolve. Tutto qui."

"Per fare cosa? Nutrirci dei ricordi degli altri? Un bisogno ossessivo compulsivo?"

"Hai ragione. Ma acquisiamo conoscenza a questo modo. Impariamo, e ciò che hanno vissuto gli altri diventa la nostra esperienza e il nostro retaggio. Possiamo acquisire conoscenza in ogni campo, senza limite. Possiamo condividere le nostre conoscenze. Forse il nostro genere sarà quello di un Uomo Universale. Chi può dirlo."

"Non mi pare che tu sia in grado di aiutarmi. E poi. Come? E perché?

"Semplice. Abbiamo bisogno di loro. Pensa alle api. Le api producono il miele che serve fondamentalmente per il loro nutrimento. Ad una colonia di api ne occorrono da 10 a

15 chili per superare l'inverno. L'apicultore lo sa e non prende loro tutto il miele, ma solo quello che è in sovrappiù. Se lo prendesse tutto le api morirebbero e non ci sarebbe più miele l'anno dopo. È questo il segreto. Tu puoi prendere i ricordi e le conoscenze delle persone per nutrirti, ma non puoi prosciugare la loro mente. E purtroppo è quello che hai fatto fino ad ora, da quando sei evoluto."

"Non conosco altro modo."

"Devi imparare. Lo abbiamo fatto tutti. Ci abbiamo messo un po' di tempo, ma abbiamo imparato. E tu sei pronto. Pensa ad una fotocopiatrice. È la luce che ti consente di ottenere la copia di un documento. Se la lampada fosse spenta non potresti fotocopiare la tua immagine. Ma la luce deve essere dosata. Troppa luce non ti dà una buona copia. Inoltre la luce troppo intensa può bruciare l'originale. Devi imparare a bilanciare la tua luce senza danneggiare l'originale. A questo modo puoi ottenere conoscenza e la stessa resta disponibile per chiunque altro ne voglia usufruire."

"Come?"

Un flusso di pensieri si incanala da lei verso di me. Sono esperienze, conoscenze di lei e di tanti altri che hanno provato, toccato, imparato. Ci sono i suoi ricordi e quelli di altri, tutti insieme in un unico ricordo. Ora capisco perché ha parlato di Uomo Universale. Uno di noi ha coniato questo termine e comincio a credere che non vi sia niente di più giusto per descriverci. Non siamo solo conoscenza, ma anche esperienza. Ognuno può imparare a cucinare i fagioli leggendo la ricetta in un libro, ma non ne assaporerà il gusto semplicemente leggendo. E quando avrà messo mano ai fornelli e avrà cucinato avrà messo in pratica le istruzioni presenti nel libro per poter gustare alla fine il gusto di quei fagioli. Noi acquisiamo in un colpo solo l'informazione, ma anche l'esperienza e la percezione sensoriale.

"Credo di capire," Poi aggiungo: *"Proverò a non sbagliare più. Ma ho fame..."*

"Non è una giustificazione. Se hai fame di cibo non ti butti a capofitto mangiando come un animale. Vai al ristorante. Siedi a tavola, aspetti che ti sia servito. Controlli i tuoi istinti. Vorresti gettarti a capofitto su quanto è disponibile sul tavolo fino a placare la tua fame, e invece mangi lentamente. Sorridi, ringrazi chi ha cucinato o il tuo commensale, assaggi, pilucchi. E quando ti alzi non è detto che tu abbia placato completamente la tua fame. A volte mangi per nutrirti, a volte semplicemente per gustare una nuova pietanza o un dolce. Devi fare lo stesso, nel nutrire la tua mente."

Guardo l'orologio. Venti minuti all'arrivo. Non ho molto tempo. Non ho trovato un soggetto interessante, a parte la ragazza con l'animo da cerva. A dire il vero non so se mi attiri veramente. Forse mi incuriosisce solamente. Ma Anna la vuole per sé. Evidentemente è una esperienza a cui non vuole rinunciare.

"Ho capito," le dico. E questa volta mi rendo conto di avere parlato. Di non avere usato la telepatia. Ma dal mio cervello parte un flusso di pensieri che rende chiari i miei bisogni, l'urgenza dettata dalla velocità del treno e al tempo stesso la certezza che sarò cauto ad usare i miei poteri da ora in poi. Comprendo di possedere un mezzo di comunicazione che non è limitato ad un semplice lessico di un migliaio di parole.

Lei mi fa un cenno di assenso con il capo e sento che mi suggerisce di sbrigarmi, di andare.

Torno a concentrarmi sui pensieri della gente che mi circonda. Sono tanti, un bailamme di voci, di pensieri, di sentimenti. Gioia, tristezza, paura, sogni, desideri, disperazione, confusione, storie. Ognuno di loro ha una storia da offrire, l'esperienza in tante cose utili e inutili al tempo stesso, la conoscenza che dall'esperienza deriva. Qualcuno ha detto che dietro ogni uomo c'è una storia. Io ho fame, ma adesso so che devo scegliere non solo del cibo, ma devo cominciare a selezionarlo per il mio uso, per la mia conoscenza per ampliare il mio essere. Non che non lo sapessi prima, ma adesso ne ho preso piena coscienza. Ho capito di cosa ho bisogno.

A pochi passi da me c'è l'uomo della sicurezza. Uno in ogni carrozza. È nervoso e via via che il tempo passa, si accentua la sua tensione per timore che possa accadere qualcosa e, al tempo stesso, è anche soddisfatto perché si riducono le possibilità che l'essere, che poi sarei io, possa colpire. Strano il suo conflitto. Timore e gioia al tempo stesso, in modo perfettamente bilanciato. Se avessi più tempo approfonderei meglio cercando di sondare più a fondo i suoi pensieri.

È il momento di andare nella carrozza nove e poi nella otto. Alla mia sinistra ci sono due gemelle assieme a un uomo anziano. Se provo a mettermi in contatto con lui vengo investito da un quantitativo incredibile di ricordi, immagini che si susseguono alle immagini, che si mescolano, si incrociano. In una frazione di secondo provo a entrare in contatto con lui. Scampoli di ricordi, momenti di gioia e di felicità, di solitudine.

Tutto scorre veloce. Il paesaggio lontano sembra muoversi lentamente, ma i punti più vicini sembrano volare. I pali della luce, le siepi, le case, tutto fugge. Come il mio tempo. Angela e Clara sono così gentili. Regalo di compleanno. Novanta anni. Chi avrebbe mai detto che avrei potuto raggiun-

gere quest'età? Somigliano tanto alla loro mamma, ma sono più... Giulia è sempre stata riflessiva. Sin da piccola. Le piacevano gli aquiloni. Trascinati dal vento. Chissà se c'è vento fuori. In trincea spesso c'era vento, ma ci riparavamo nei terrapieni. La terra ci colpiva il volto quando scoppiavano vicine le granate. Erano come colpi di tuono. Giulia aveva paura dei tuoni. Non devi temere il tuono. Il fulmine, magari, ma non il tuono: quello è solo un rumore. Siamo entrati in una galleria. È come un colpo di fucile. Ne ho tenuti in mano, sin da piccolo. I calzettoni e il fez. Eravamo là, sempre pronti per marciare. Pronti contro il nemico. Il nemico è in mezzo a voi. Vi osserva...

È un soggetto interessante, ma non credo che i suoi ricordi siano molto diversi da quelli degli altri. Sono ricordi di amicizie, di famiglia in uno scenario diverso da quello degli altri. 0Ma niente altro di più. Forse sono più interessanti le due gemelle. Hanno pensieri abbastanza simili, ma su percorsi differenti. Non sono uguali come la gente crede. I ricordi sono generati dalle esperienze e dalle scelte e le due ragazze hanno avuto esperienze abbastanza simili nel corso della loro vita, ma i loro pensieri sono differenti. Probabilmente lo sarebbero anche le loro aspettative se non fossero condizionate dal fatto di essere gemelle e dai luoghi comuni a cui la società e la vita le ha sottoposte. Stessi gusti, stesso modo di vestire, stesso aspetto, stesse scelte, stessi pensieri. Falso.

Sono contenta di quanto abbiamo fatto. Certo, senza l'aiuto di Angela, avrei potuto fare ben poco. Non a caso siamo sorelle e per giunta gemelle. Il nonno meritava questa esperienza. Povero! Una vita dedicata alla famiglia. Era giusto che potesse godere di qualche momento. Avevi ragione, mamma. Era una cosa che desiderava. Personale viaggiante.

Era stato su migliaia e migliaia di treni per decine e decine di anni. Subito dopo la guerra era riuscito ad avere quel lavoro. E poi le Ferrovie lo avevano lasciato a casa. Lo racconta sempre, insieme ai momenti della guerra. Ma lui avrebbe voluto continuare il suo lavoro, anche se ormai aveva raggiunto l'età per riposare. Non tutti amano andare in pensione. No. Caro nonno, tu avresti voluto continuare a percorrere il mondo avanti e indietro su un treno. Gli indiani americani immaginavano il paradiso come una immensa prateria su cui poter correre cavalcando i loro mustang, con le criniere al vento. Il tuo paradiso potrebbe essere una lunga linea ferrata dove poter correre a bordo di un treno...

Clara è felice. Non so se sia più felice lei del nonno. E dovrei esserlo anch'io alla stessa maniera e con la stessa intensità, visto che siamo gemelle. Ma chi ha detto che sia proprio così? Certo sono contenta. Guardo gli occhi del nonno e quelli di Clara e sono felice anch'io per loro. Ma... Ma chi voglio prendere in giro? Anche se sorrido, non sono per niente soddisfatta. Chissà cosa sta facendo in questo momento Luca. Avremmo potuto essere insieme, proprio in questo momento, invece di stare su un treno che ci porterà a Roma dove dovremo aspettare un altro treno che poi ci riporterà a casa. Non è il massimo. Mi piace stare con Luca. Certo Clara non ha un ragazzo e quindi non può capirmi, ma... D'altro canto lei è quella che fa tutto quello che dice mamma. E siccome mamma dice niente ragazzi, non fino a quando... Ci sono dei momenti in cui non la sopporto. Anzi non sopporto tutte e due. Avrei dovuto dire a Luca di venire anche lui. Naturalmente senza farsi vedere da Clara. Ci saremmo potuti appartare nel bagno... Non è il massimo, ma per amore si fanno dei sacrifici. Anche stare nel gabinetto di un Frecciarossa. Avremmo potuto fare quel sacrificio. Tanto né Clara, né il nonno se ne sarebbero accorti, imbambolati come sono a guardare il paesaggio...

Una delle due è felice di questo breve viaggio con il nonno, l'altra vorrebbe stare con un ragazzo con cui spera di avere una storia vera che la faccia sentire diversa da sua sorella. Essere uguali non sempre è gioia, come nei film dove le gemelle si sostituiscono l'una all'altra traendo vantaggio dalla perfetta somiglianza, sempre in costante accordo e intesa. Ma quelli sono solo i film di Disney. Essere gemelli a volte può essere una condanna. Il mondo è strano...

Ho un attimo di mancamento. Non è la prima volta e la frequenza di questi momenti di sbandamento si va accentuando. Mi appoggio a uno dei sedili. Anzi mi siedo. Sono proprio accanto all'uomo della sicurezza che mi osserva incuriosito.

"Sta bene?"

Sembra preoccupato. I suoi pensieri si accavallano.

Ci mancava anche questa. Uno che si sente male proprio quando forse sta per succedere...

Vorrebbe aiutarmi, ma non può mollare tutto per occuparsi di uno come me. Ha il suo lavoro da svolgere e fallire significherebbe perdere qualsiasi ingaggio nel futuro.

Lascio che la mente scivoli nel nulla. È un modo per riposarsi e al tempo stesso per rinfrancarsi.

Hai bisogno di aiuto?

È Anna. Provo a tranquillizzarla.

Non preoccuparti. Ce la posso fare.

Lo spero per te. In genere i malesseri si accentuano verso la fine del periodo.

Lo so bene. È la fame mentale. Sto male. Si fa sempre più urgente per me trovare una mente di cui nutrirmi, altrimenti sarò costretto a prendere la prima che capita e rinunciare ad acquisire conoscenza mirata.

"Sto meglio," dico rivolto all'uomo della sicurezza. "Soffro di mal di treno. Ho preso qualcosa prima di partire, ma evidentemente non è stato sufficiente. Dovrei evitare di viaggiare."

L'uomo fa un cenno con il capo. "E chi può farlo oggi come oggi," commenta. "Il problema è che questi treni sono pressurizzati ed è come viaggiare su un aereo. Prenda."

Ha infilato nel parlare una mano in una tasca e ora mi sta porgendo una Big Bubble.

"La gomma da masticare aiuta."

Lo guardo perplesso.

"Funziona. Mi creda. Funziona davvero."

La prendo e comincio a masticare la gomma al sapore di fragola. Forse farà davvero qualcosa per il mal d'aereo o il mal d'auto o di treno o quello che è, ma non certo per il mio malessere. Comunque sorrido e lo ringrazio. Un istante e gli dico che sto già meglio. In fondo è quello che si aspetta che gli dica.

Vicino alle gemelle e al vecchio ci sono tre studenti di medicina. Si sono già laureati, ma stanno studiando una specializzazione in psichiatria. Hanno acquistato il biglietto perché convinti di poter studiare le reazioni delle masse di fronte a un pericolo imminente. Ci vorrebbero fare una specie di ricerca e di pubblicazione. Ma l'entusiasmo che li aveva presi al principio adesso sembra stia scemando.

Qui non succede niente. Stiamo per arrivare e non c'è né il mostro, né una possibile vittima e, quanto alla gente, ognuno sta seduto per i fatti propri, qualcuno si alza, qualche altro parla, ma quanto a isteria... gettiamo un velo pietoso. E dire che abbiamo pagato un sacco di soldi per i biglietti...

Ma di chi è stata questa bella idea? Andare sul treno ed assistere alle reazioni della gente di fronte a un pericolo incombente. Quasi sessanta euro a testa per la sola andata. Ma nessuno sembra preoccuparsi di niente. E stiamo per arrivare a Roma. Appena a Roma il giochino sarà finito...

"Pensate che succederà veramente?"

"Potrebbe. In diciotto minuti possono accadere i miracoli. Ma non sembra che ci siano grosse possibilità."

"C'è troppo controllo. Guardatevi attorno. Agenti della ferroviaria, polizia, giornalisti. È un deterrente per il mostro."

Poco avanti c'è quello della sicurezza. Si capisce che sta controllando il vagone e probabilmente ce ne sono in ogni carrozza, visto che a volte parla con la ricetrasmittente. Se il mostro c'è non potrà fare nulla.

"Dobbiamo essere pronti. Se c'è tanta sicurezza, il nostro soggetto agirà negli ultimi minuti. Ma tutta questa sorveglianza farà scoprire immediatamente la vittima e a quel punto scatterà l'isteria di massa. Direi che sarà provocata proprio dai controllori; e poi la gente si muoverà verso la carrozza dove c'è la vittima o si allontanerà, a seconda della reazione individuale..."

C'è un altro giornalista, e prima ancora ce n'era un altro. Ma quanti giornalisti ci sono su questo treno? Vada per la notizia, ma a questo livello... Potrebbero mettersi tutti d'accordo, scrivere una bella storia e poi pubblicarla tutti insieme. Quasi quasi vado a farmi intervistare. Salve gente! Sono il mostro. Mostro... Non esageriamo. Ho dei problemi di appetito e il cibo di cui ho bisogno non si trova al supermercato dove vi servite voi. Ma sono buono. Non sono cattivo, come vi hanno fatto credere. È che mi disegnano così... Un altro malessere. Non vedo l'ora che finisca. Quasi quasi prendo un giornalista e non se ne parla più. Nessuno soffrirà se lo troveranno privo di conoscenza. Giornalisti e avvocati. Nessuno li rimpiangerebbe. Perché fargli perdere conoscenza? Ha detto Anna che posso nutrirmi senza fargli del male. Ma come posso fare con la fame che ho?

Ce la puoi fare. Devi solo mantenere il controllo.

Cosa? Anna mi sente? Ma quant'è la sua portata?

Col tempo cresce. È come un muscolo. Più lo eserciti più il suo potere aumenta. Tu sei ancora all'inizio. Comunque se manterrai il controllo, anche se ti sembrerà difficile, alla fine consumerai meno energie.

Va bene. Ci proverò, ma non mi sento di impegnarmi.

Vedrai che ce la farai.

La gomma. Se riprendo a masticarla controllando la masticazione, forse mi sento meglio. Uno. Due. Tre. Sembra funzionare. Uno. Due. Tre. Sto un po' meglio. Forse è la gomma o forse è la durata normale dell'attacco. Preferisco credere che sia l'effetto della gomma. Mi fa credere di aver un maggior controllo della situazione. Effetto placebo mentale. Ci potrebbero fare uno studio. Devo ricordarmi la prossima volta di comprarne un pacchetto. O delle caramelle o delle noccioline. Burro d'arachide. Mi piace, ma non c'entra niente.

L'investigatore dell'assicurazione vicino al giornalista è un altro scettico. Non crede che accadrà nulla. Spero di riuscire a dargli ragione. In fondo la tecnica suggeritami da Anna non è molto difficile da applicare e dovrebbero sortire un ottimo risultato. Se riesco a mantenere il controllo saranno in molti a restarci male oggi su questo treno. Mi dispiace ragazzi. Niente di personale. Forse il mostro colpirà, ma non ve ne accorgerete e non troverete neppure una vittima. Che delusione. Niente da scrivere; niente da condividere; niente da studiare. Niente nemico.

Quando sfioro il ragazzo sulla destra mi ritrovo in un mondo fantastico dove lui si muove insieme ad una ragazza dalla carnagione bianca come il latte, gli occhi azzurri e i capelli biondo platino. Sta dormendo e, per un attimo sono proiettato nel suo sogno. Vi sono castelli sospesi nel cielo, come nuvole e un mare di un azzurro chiarissimo che sembra fondersi con il cielo. Sembra lo sfondo per un film di Miyazaki. Lui è cosciente di stare sognando. Sa di essere sul treno e una parte di lui è all'erta, per timore che il mostro di cui parlano i giornali possa colpirlo. Al tempo stesso sembra crogiolarsi nel suo mondo. La ragazza non è totalmente frutto della sua fantasia. È una ragazza che ha visto prima, in questa carrozza e che probabilmente è scesa a Firenze. Sembra incarnare il sogno della ragazza perfetta che ha nella sua mente. I suoi occhi l'anno vista, il suo cervello ne ha memorizzate le fattezze e lui adesso sta creando attorno ad essa un mondo di sogni. Mi chiedo chi possa essere. Senza rendermene conto, vado indietro fra i ricordi che ho assorbito. È un'esperienza nuova anche per me. Il contatto mentale con Anna deve avere stimolato o attivato qualcosa nel mio cervello. Posso muovermi fra i ricordi degli altri, liberamente, senza vincoli. È come spulciare i file in un computer. Ora capisco cosa intendeva dire Anna quando accennava a qualcosa di speciale. Mi pare un volto familiare. Somiglia a Eva Riccobono. Ma è modellato sulla scorta dei suoi desideri inconsci, con le fattezze per lui ideali.

La sabbia è scura, quasi nera. Come la sabbia di Vulcano nelle Eolie. Il mare è appena increspato, mosso in superficie da folate di vento, limpidissimo. Sembra congiungersi in lontananza con il cielo in un tutt'uno dove il blu sfuma verso l'azzurro chiarissimo. È strano il contrasto fra il colore scuro della sabbia e quello chiaro del mare. Lei mi sta vicino e mi sorride. La mia mano sfiora la sua. Mi rendo conto che i suoi occhi sono dello stesso colore del cielo e del mare, ma è una cosa che so già.

"Che c'è?" mi chiede. Sente che ho voglia di parlare con lei, di esprimerle tutti i miei sentimenti. Ma alla fine so che si tratta di un sogno. Una serie infinita di scenari dove il personaggio principale è sempre lei. Le gallerie scavate nel tufo illuminate dal rosso e dal giallo delle fiamme delle torce, le stanze di un fantomatico centro di comando, nato allo scopo di trovare un altrettanto fantomatico mostro, i boschi canadesi con le altissime sequoie che all'improvviso si piegano quasi per intrappolarci e ora una spiaggia, il mare.

"Sono preoccupato."

"Non dovresti. Sai bene che si tratta solo un sogno. Dovresti godere di ogni momento e di ogni sensazione che ti offre."

"Mi piace per questo. Ma so di essere sul treno. E di poter essere in pericolo. L'ho sempre saputo, come so che tu non sei reale."

Lei mi sorride. "Non essere sciocco. Fino a che tu continui a sognare io continuerò ad essere reale. È la natura stessa dei sogni. E qui non ci sono creature in grado di rubare i pensieri. Non ce ne dovrebbero essere neppure nel mondo reale, ma comunque non qui."

"Non mi sento tranquillo. Non era quello che dicevi nell'altro sogno quando temevi che potesse prendere il sopravvento."

"Può darsi, ma il tempo passa e il pericolo diventa sempre più inconsistente. Dovresti essere sereno. Ci sono io a difenderti."

Ma, d'improvviso, il cielo cambia colore, nel mentre si alza un vento sempre più forte quasi a volere smentire le paro-

le di lei. Si scurisce rapidamente, quasi che stia scendendo la notte e, all'orizzonte, appaiono misteriose lingue di fuoco. Anche il mare cambia colore e, da increspato che era, adesso ha ceduto il posto alle onde. Onde rosse come il sangue e nere come la notte che si frangono con violenza sulla spiaggia minacciando di travolgerci. Sento freddo, all'improvviso. La guardo e adesso sul suo volto è disegnato il terrore. Ma so che è la paura che scaturisce dal profondo della mia anima.

"Non capisco," dice. "Non c'era pericolo."

Ondate nere si abbattano tutto attorno a noi. E sembra che il mare ci circondi, minaccioso.

"È qui," dico spaventato. "Lo sento. Si insinua nei pensieri, si appropria del nostro mondo."

"Lo sento anch'io," ripete lei. E nei suoi occhi si può leggere il terrore.

Mi sente. Mi ritraggo confuso. Non mi era mai successo. Ero entrato nella mente di quel giovane, ne avevo condiviso per un breve istante i sogni, ma lui aveva percepito la mia presenza. Come è possibile? Mi chiedo. Mi volgo verso Anna, ma lei non c'è. Deve essere andata nella carrozza dove c'è la cerva. Speravo che potesse darmi una mano a capire. Forse è una esperienza che ha già vissuto. Non mi resta che pensare. Forse il fatto che il giovane stia sognando lo pone in una condizione differente e può percepire la mia presenza con maggiore facilità o forse quest'uomo sta cambiando. Sta diventando come me. È per questo che riesce a percepirmi, ma non ha ancora una chiara comprensione di quanto gli sta accedendo, della metamorfosi che lo sta coinvolgendo. Come è successo a me diversi mesi fa. Sembra che sia passato un tempo interminabile. O forse... Non ho tempo di pensare. I minuti scorrono veloci e io torno ad avere un nuovo malessere dovuto alla fame. Stringo i pugni e resisto, mentre passo nell'altra carrozza.

Quando la porta si apre davanti a me, mi accorgo che il vagone è semivuoto. Solo una dozzina di persone. Davvero poche. Il mondo mi teme, anche se non mi conosce. Le altre volte i vagoni erano pieni di gente. Dannati giornalisti! Scrivono, scrivono. La forza centrifuga mi costringe a piegarmi leggermente. Evidentemente stiamo percorrendo una curva. Ci sono due tipi di forze nel moto. La centrifuga che ti trascina verso l'esterno e la centripeta che ti spinge verso l'interno. Lo diceva il mio professore di fisica all'università... Che dico! Non ho mai frequentato l'Università e non ho mai avuto nessun professore di fisica. Deve essere un pezzo di ricordo. Mi sono nutrito solo sei volte e i ricordi degli altri prorompono con tanta violenza. Cosa succederà quando avrò immagazzinato i ricordi di centinaia o di migliaia di persone? Impazzirò. No. Devo solo coordinarli meglio, imparare a gestirli. Sono io che comando sulla mia mente, non i ricordi. Già. Ma come? Anna può saperlo. Devo parlare con lei. In fondo lo ha detto lei che è su questo treno per aiutarmi. Forse un giorno io salirò su un altro treno o sarò in un altro posto per aiutare qualcun altro. Si fa così. Ci si dà una mano d'aiuto l'uno con l'altro. Via via che subentra il cambiamento. Quando succede ti senti solo, confuso. Poi prendi coscienza, a fatica. Ma se hai qualcuno che ti sta vicino tutto diventa più facile. Così deve essere. È il prezzo del cambiamento. Ci evolviamo. L'uomo sta mutando. Siamo una nuova specie. Ci nutriamo dei resti della precedente, delle loro carogne, come le iene o gli avvoltoi, alla ricerca del boccone più prelibato o dell'esperienza più interessante per farla nostra, per acquisirla in modo indelebile e trasformarla a nostro uso e consumo. Siamo come le tribù dei melanesiani che mangiavano i loro nemici per assorbire le qualità dei defunti, la loro forza. Mangiamo i nostri simili come tanti Hannibal Lecter, solo che non ci nutriamo di carne umana, ma della personalità degli altri. A cosa ci porterà tutto questo? È una evoluzione che creerà un nuovo essere umano o siamo invece un cancro che distruggerà per sempre l'umanità? Sì. Perché una cellula cancerogena alla fine altro non è se non una mutazione. E se la cellula potesse parlare, direbbe che lei si sta evolvendo a discapito delle vecchie cellule per generare qualcosa di nuovo, di migliore. Evoluzione o involuzione? Come ha detto il Manzoni di Napoleone: "Fu vera gloria? Ai posteri l'ardua sentenza." Forse lo stesso vale per noi. Siamo un vero cambiamento? Un miglioramento per la razza umana? Non siamo certo noi a poterlo dire, anche se ci nascondiamo dietro questa affermazione. Solo le generazioni future potranno rispondere a questa domanda.

E quando noi porteremo alla morte il resto dell'umanità per affermare il nostro potere come nuova specie, ci sentiremo fieri delle nostre scelte o saremo presi da crisi di coscienza come quelle che attanagliano l'uomo alla mia destra? Perché un'evoluzione porta inevitabilmente la fine della precedente specie, a maggior ragione quando il mutare è rapido e non ci sono anelli di congiunzione. La selezione naturale decreta automaticamente la fine della precedente specie. Pensare. Devo smettere di inseguire i miei pensieri. Perché il tempo scorre inesorabile e io sono fermo qua, a pochi passi da questo uomo che si sente colpevole della morte di un suo paziente. Già. È il suo primo paziente morto. Ha ricevuto il battesimo della morte.

Succede a tutti noi, prima o poi. Dobbiamo solo imparare a convivere con la morte. I medici non salvano nessuno. Mettiti in testa questo concetto. Tutti dobbiamo morire.

Nessuno impedisce a un altro di morire. Noi posponiamo la sua morte, forse, o rendiamo la morte meno dolorosa. Questo è il nostro compito. Noi non siamo Dio. Non siamo in grado di salvare nessuno...

È triste e solo. E i suoi pensieri sono una fiumana, legati l'uno all'altro. Vorrei poterlo aiutare, ma cosa posso dirgli? Mi concentro sulla ragazza vicina dall'altro lato. Anche lei sta male. È salita sul treno perché spera che io mi impossessi della sua memoria, che la faccia dimenticare, che la faccia morire. Vogliono morire tutti. Vuole morire il medico, vuole morire questa ragazza e vuole morire anche l'altra che lotta per non dimostrare i suoi cinquanta anni, che deve incontrarsi con un uomo che si chiama Dario, ma che pensa ad Alessandro che è morto anni fa...

Morte. Solo morte. Tutti pensano alla morte. Morte che li tocca, che li prende, che ha preso chi era vicino a loro, chi conoscevano, chi sperava in loro. C'è solo morte in questo vagone. Le persone sono vive, ma è come se fossero morte. Poi ci sta un giornalista e l'immancabile uomo della sicurezza che mi squadra dalla testa ai piedi, diffidente e che vorrebbe rimandarmi nel vagone da cui sono venuto. Ho uno dei miei malesseri. Più forte. E i pensieri di morte che aleggiano tutto attorno a me non mi aiutano a superarlo. Il mancamento è sempre più forte. La striscia dei divanetti della destra sembra mescolarsi con quella di sinistra. Mi devo tenere. È tutto confuso. Ma quanto dura questa sensazione? Oh, mio Dio! Sento la testa in fiamme. Le tempie mi pulsano e dolori lancinanti mi attraversano il cervello. Chiudo gli occhi, ma ho la sensazione che il mondo giri anche ad occhi chiusi. Respiro lentamente. Respiri brevi. Uno, due, tre. Uno due, tre. Tutto torna lentamente come prima. Mastico con sempre maggiore forza la Big Bubble. Ma ormai non ha più sapore. È un pezzo di gomma morta che schiaccio e che reagisce spingendo le mie mascelle in senso contrario. Non so per quanto tempo posso resistere. Ho bisogno di nutrirmi. Ma non c'è nessuno in questo vagone che possa darmi quello di cui ho bisogno. Assorbire la memoria di qualcuno dei presenti, significherebbe integrare nel mio essere dei sensi di colpa che mi distruggerebbero ancor più di quanto possano distruggere loro.

Vado avanti. Alla mia destra c'è un pastore protestante che sta preparando il suo sermone. Parlerà ai suoi fedeli di... Non è possibile. Parlerà della morte spirituale. Non ci posso credere. Un intero vagone pieno di morte, di pensieri legati alla morte, alla sofferenza, al disfacimento del corpo, alla distruzione dell'anima. E quel che è peggio, la fame amplia la mia portata, così che riesco a sentire i pensieri del medico, della ragazza, della donna e del pastore, tutti insieme che mi sovrastano e che si insinuano nel mio essere. Comincio a pensare anch'io alla morte. Alla mia morte. Se acquisiamo conoscenza giorno dopo giorno, mese dopo mese, traendola dalle esperienze delle nostre vittime, che succederà quando toccherà a noi morire? Ci sarà qualcun altro che si nutrirà di noi o si perderà ogni cosa nel limbo del non essere o si imprimerà nel nostro DNA così che i nostri figli possano conoscere le nostre esperienze? Sciocchezze. Non si può prevedere la morte e comunque i nostri figli potranno avere solo una parte di noi. Forse ci toccherà mangiarci l'uno con l'altro, nutrirci dei cervelli di quelli di noi che sono morti perché non si perda neppure un'oncia della nostra conoscenza. Un brivido mi attraversa. Evoluzione?

Cerco di concentrarmi sul gruppetto di militari alla mia destra, proprio alla fine della carrozza. Stanno tornando a casa, in licenza. Forse uno di loro potrà aiutarmi.

"Tornare a casa. Mi pare un sogno."

"Alla fine abbiamo fatto il giuramento il mese scorso e là abbiamo visto le nostre famiglie."

"Tu hai visto la tua. Io non ho visto nessuno."

"Sento ancora la voce del comandante leggere la formula e gridare alla fine -Lo giurate voi?- e tutti noi con la mano destra alzata che gridiamo –Lo giuro!- Sento ancora i brividi."

"È stata una bella cerimonia."

"Già."

"Ma tornare a casa è molto meglio. Tre giorni di permesso sono impagabili."

Se non fosse che non c'è lavoro, avrei già mollato tutto. Ma purtroppo ho bisogno di lavorare se vogliamo sposarci. Cavolo! In cinta. Potevo prendere qualche precauzione quel giorno. Ma che vuoi che succeda una volta? Una probabilità su un milione. Bel colpo! Sei diventato milionario.

Tutti in linea di colonne. Tutti in abito d'ordinanza, gli ufficiali con la sciarpa azzurra, sciabola e decorazioni. Tutti con i guanti bianchi. Lo giuro!

Ma guarda sti impuniti! E sono pure convinti. Viva la Patria! È tutta scena. Non ci crede più nessuno, ma loro sì. Per dirla come direbbe Alfredo, sarebbe da buttarci dentro una bomba. Peccato che io ci sono dentro, caro Alfredo. Ci resterei fregato...

Er barcarolo va contro corente
E quanno canta l'eco s'arisente
Sì, è vero fiume che tu dai la pace
Fiume affatato fajela trovà...

Casa. Mi faccio una dormita che non ti dico. Ventiquattr'ore di sonno. Come una volta che mi sono addormentato dopo pranzo e i miei mi hanno chiamato il giorno dopo all'ora di pranzo. Questo sì che è dormire. Certo. Non è che mi ricordassi niente e mi sentivo un po' frastornato. Ma vuoi mettere...

Sono giovani. Questi almeno hanno voglia di vivere. Posso sondare a fondo le loro menti. L'ultimo numero di Wolverine. Il film di Veronica Mars, la voglia di ragazze... La ragazza più avanti, quella concentrata sul pensiero di essere annientata. Questo la trova carina. La guarda mentre gli altri stanno a parlare. Ma il suo interesse è legato solo al desiderio di fare sesso. Quello accanto a lui lo conosce a fondo. Dormono nella stessa camerata e a volte la sera si soffermano a scambiarsi le proprie opinioni. Alla fine hanno solo voglia di divertirsi. Tutti. Provo confusione. Comincia ad essere difficile isolare i pensieri dei singoli individui. L'ultimo attacco ha acuito e intensificato le mie sensazioni. Adesso riesco a percepire i pensieri anche di quelli delle carrozze vicine, dove sono stato e dove devo ancora andare. Pessima sensazione. Un vocio costante. Pensieri che si mescolano gli uni con gli altri come le voci concitate di chi sta allo stadio. C'è chi grida, chi sussurra.

Il ragazzo nell'altra carrozza sta ancora sognando la sua splendida ragazza androgina che adesso è unita a lui in un amplesso e che sembra fondersi assieme a lui in una mescolanza di odori, suoni, sensazioni, immersi in una boscaglia piovosa.

... E andiam di fratta in fratta,
or congiunti or disciolti
(e il verde vigor rude
ci allaccia i malleoli
c'intrica i ginocchi)
chi sa dove, chi sa dove!

Il vecchio ferroviere ricorda momenti di gioia passati, istanti fuggevoli che sa di aver vissuto e che ormai sono irrimediabilmente persi. Sento la morte che mi circonda. Il desiderio di morte sembra permeare ogni cosa e ogni sensazione fino a quel momento percepita come piacevole, gradevole, adesso sembra filtrata attraverso il vaglio di un negromante.

Cerco di distrarmi. Devo uscire da questo vortice che mi ha avvolto. Un appiglio. Una canzone. Una musica. Una nenia. Un suono di un violino lontano. Che sembra richiamarmi verso nuove sensazioni. Una ragazza bionda suona muovendo il suo archetto con colpi secchi decisi, ruotando su sé stessa, sorridendo. Un suono di tamburi, colpi secchi. Ragazze che danzano, che cantano. Mi avvicino a questo tipo con le cuffiette che sta ascoltando le Celtic Woman. Ha visto centinaia di volte i loro video, ha ascoltato le loro canzoni. Sogna un giorno di poter assistere ad un loro concerto e magari Nil Se'n la, poter danzare con loro fino al mattino. Una specie di sabba di streghe. Per niente male, come streghe!

Posso sentire Anna che si avvicina alla ragazza che è stata una cerva. Chissà se lei riesce a percepirmi.

Certo che sì, stupido.

Credevo che fosse una ipersensibilità dovuta alla mia fame.

È così, ma è nei due sensi. Hai acuito l'ascolto, ma gridi quando pensi.

Non... Non lo sapevo.

Mi sento confuso. Quasi mi vergogno.

Mi dispiace.

Sento che mi comprende, che ha quasi compassione.

*Non preoccuparti. Ci siamo passati tutti. Imparerai a con-
trollarti. Non si può fare tutto in un giorno. Nessuno c'è mai
riuscito.*

La sento entrare in sintonia con la ragazza, percepisco tutte le sensazioni che lei ha vissuto. L'istinto animalesco che si
sprigiona dai suoi ricordi. I suoi pensieri, i suoi sogni. Ora
sono anche di Anna e sono ancora della ragazza. Ha fatto
come ha detto. Li ha presi senza strapparli via come faccio
io. Credo di aver capito come fare. È meno difficile di quanto sembra. Posso farcela. Posso imparare. A dispetto del bisogno che sento di nutrirmi, dell'istinto che sembra prendere
il sopravvento, della confusione che regna nella mia mente,
dalle urla della gente, dalle loro difficoltà, dalla loro solitudine, dal bisogno di vivere e di morire.

Torno a concentrarmi su quanto mi circonda. Mi resta
ancora una carrozza, altre persone da sondare e da controllare. Potrei farlo da qui stesso. Li sento come se fossero tutti
accanto a me, ma è meglio che vi sia anche un contatto visi-
vo. Tutti i sensi sono attivi quando avviene il contatto. E
ognuno di essi ha un suo specifico compito. È quello che ha
detto Anna. Non posso sbagliare. Lei si aspetta che io non
commetta errori. Non questa volta. E neppure io voglio sbagliare. Non sono un animale. Mi rendo conto del danno che
ho causato a quelle persone, della paura che ho suscitato col
mio modo di agire. E del danno... per loro e ... per tutti noi.
Inesperienza. È una giustificazione? Lo è, almeno per me
stesso. Ma per il mondo? Dovremmo essere una evoluzione,
una condizione superiore, migliore; e invece distruggiamo gli
altri, inesorabilmente li priviamo della loro essenza e se non
togliamo loro la vita, strappiamo la loro stessa anima ridu-
cendoli a delle larve costrette a ricominciare a ricostruire i
ricordi. Mi rendo conto di aver segnato la loro fine, di averli

uccisi, anche se non fisicamente. Morte. Ora capisco perché sento tutto intorno a me la morte. Non perché chi è vicino pensa ad essa, ma perché sono io che ne filtro i sentimenti.

Stai calmo. Puoi farcela. Devi. Noi rispettiamo gli altri.

Lo voglio fare anch'io, anche se ho sbagliato.

Inesperienza. Lo hai detto anche tu un istante fa.

Forse è un alibi, una giustificazione...

Lo sarebbe se continuassi. È una realtà se cambi. Fino ad ora, in questi mesi, per prendere un paio di ciliegie hai sistematicamente segato l'albero, abbattendolo, uccidendolo. Ma adesso sai come coglierle, senza danneggiarlo. Come ho fatto io. È quello che fanno le specie superiori. Che hanno sempre fatto. Prendono dalle inferiori senza danneggiarle. La vita è sacra. Se la vita si estingue non deve essere mai per causa di un'altra vita. Guai! Se ciò fosse, sarebbe la fine di entrambe.

Vorrei dirle che ha ragione. Che sono d'accordo con lei. Che sono pentito. Ma non c'è neppure bisogno che io formuli il pensiero visto che in questo momento io sto urlando tutto me stesso. Fortuna che su questo treno c'è solo lei. Fortuna. Ci sarebbe di che vergognarsi. È venuta per aiutarmi. Proprio così. So che è vero.

Mi interrompo. Quella donna! L'ho già vista. L'ho incontrata mentre ero nella carrozza con la ragazza cerva. Stava guardando tutti. Osservava e cercava di memorizzare mentalmente tutti i presenti. Mi sta cercando. Le sono passato vicino nell'altra carrozza e ora è lei che mi sfiora in questa mentre la porta si apre. Sta andando nella nona carrozza, in quella in cui ha un posto a sedere con il suo capo. Ero concentrato sui pensieri degli altri per analizzare i suoi. Provo a percepire i suoi pensieri. Ho pochi istanti prima che sparisca oltre la porta scorrevole. Certo. Posso seguirla subito e comunque fra qualche minuto lo farò. Voglio vedere chi c'è nell'altra carrozza. Ho fame. Anna ha trovato la cerva, ma io... Non ho ancora trovato nessuno con cui effettuare la fusione.

Non posso crederci. Conosce tutti quelli con cui ho fatto la fusione. O dovrei dire ho malfatto? Ha parlato con le loro famiglie, i genitori... Viaggia con il suo capo. Le piace quell'uomo. Non vuole uccidermi, o studiarmi. Vuole solo conoscermi. Sta guardando uno per uno i passeggeri cercando di capire chi possa essere la causa. Quello che viene definito il mostro. È giusto definirmi così. Ho fatto del male a della gente. Un mostro, e non posso rimediare. Ma posso evitare di fare danni nel futuro. Lasciare che il ciliegio continui a produrre le sue ciliegie. Magari coglierne qualcuna, ma senza strapparle dai rami, cogliendole con dolcezza, ruotandone i peduncoli fino a che le ciliegie finiscono nelle mie mani, rosse, carnose. I nostri sguardi si sono incrociati più volte e lei non mi ha notato. Non ha percepito la mia presenza come un pericolo. Forse perché sta mutando anche lei? O perché io sono più cauto e sto mettendo in atto i consigli di Anna? Chi può dirlo. Ha studiato le mie vittime. Le considera tali. Qualcuno sta riprendendo a vivere, anche se ormai i loro ricordi sono andati perduti. Per sempre. Lei spera che possano tornare, ma io ho tagliato l'albero e l'ho ucciso. Non torneranno mai più. Ma non succederà mai più. Ma lei è sicura che... E se ci fosse una speranza? Se Martina potesse ritrovare la sua Irene. Farei qualunque cosa perché questo avvenisse.

Posso rimediare?

Non so. Non credo.

Anna sembra sempre attenta a ogni mio pensiero.

*E se ci fosse un modo di rimediare? Di ridare loro una
parte dei ricordi che ho preso?*

*Dovrebbero mutare anche loro. Ma è molto improbabile
che ciò avvenga.*

La donna ha varcato la porta. Non è più nella carrozza. È
mia. Adesso so con chi fondermi. Con lei. Voglio sapere tutto delle mie vittime, voglio capire cosa lei pensa di tutto questo e quello che ne pensa il mondo filtrato attraverso di lei. E
voglio capire se c'è una speranza.

CAPITOLO 32

**CARROZZA 8
POSTI 61, 62**

"Ce ne hai messo di tempo."

"Ho dato un'occhiata a tutte le quattro carrozze. Non ci sono molti passeggeri. Giornata fiacca. Avevi ragione. Probabilmente l'informazione del potenziale pericolo ha sortito il suo effetto, e molti hanno rinunciato a usare questa corsa definita a rischio."

L'uomo abbozza un sorriso. "Tutto sommato è un bene. Minore è il numero dei passeggeri, minore è il numero dei soggetti da tenere in osservazione..."

Si interrompe. La porta scivola sui binari con il suo caratteristico sbuffo. Il controllore entra nella carrozza e comincia a percorrere, lentamente, il corridoio, osservando i viaggiatori.

La donna fa con il capo un leggero cenno di saluto. L'uomo fa loro un cenno con la mano. Sa di aver già controllato i loro biglietti. Quindi si dirige verso l'unico passeggero salito nella carrozza a Firenze. Un giovane dai capelli rossi tagliati a spazzola.

"E se fosse lui? Pensaci un po'. Ha contatto con tutti i passeggeri. Li può studiare e si può fermare con ognuno di loro con la scusa del controllo del biglietto."

"Possibile, ma altamente improbabile."

"Perché?"

"Il personale ferroviario lavora per turni. È praticamente impossibile che sia di turno, sullo stesso treno lo stesso giorno di sei mesi consecutivi. È più probabile che si tratti di un passeggero."

"Li ho guardati uno per uno. Non ho visto niente di sospetto, e ormai dovremmo quasi esserci. Manca poco meno di quindici minuti prima dell'arrivo a Roma."

"Per un attimo avevo creduto che ti fossi persa. Sei mancata per un po' di tempo. O che ti avessero risucchiato..."

"Te l'ho detto. Li ho osservati uno per uno. L'ho fatto con la dovuta cautela, senza che se ne rendessero conto. Non volevo che in qualcuno scattasse la molla della paura e mi indicasse con il *dagli all'untore*. Immagino che tutti quanti, chi più chi meno, siano in allerta per timore di diventare vittime del nostro mangia cervello."

"Già. Comunque devo ammettere che l'idea che stia affinando i propri poteri, non è malvagia. In un certo momento ha scoperto di avere determinati poteri mentali, immagino che si tratti di questo e di nient'altro, circa sei mesi fa e sta imparando ad usarli. Bisogna vedere quanto traumatizzante sia stata per lui la scoperta."

"Cosa intendi dire?"

"Guardala da questo punto di vista. C'è una grande differenza fra *l'Oh, guarda, riesco a percepire i pensieri della gente. Strano. Cosa pensa quella donna? Fammi concentrare. Ops. Non pensa più*, e, per esempio, un improvviso bisogno di assorbire i pensieri di un altro, una specie di fame mentale. In questo secondo caso, non ha avuto molto tempo per pensare e capire cosa stesse facendo. Un leone sceglie la sua preda, ne valuta la velocità, la forza, ma un cucciolo pensa solo al cibo e alla fame che lo attanaglia. Mangia qualsiasi cosa da un pezzo di carne succulenta che gli fornisce la madre a un miserabile topo. Tornando al nostro uomo, se la cosa si ripete ogni mese, sicuramente cercherà di affinare la sua azione perché, in qualche modo, la ragione cercherà naturalmente di prendere il sopravvento su quelli che sono i suoi bisogni istintivi. Pensa ad una ragazzina a cui viene il ciclo per la prima volta. È spaventata. Cosa sta succedendo? Perché le perdite? Ne parla con la madre che la tranquillizza. Le sorride, le dice che sta diventando grande. La fa sentire importante. In alcune società c'è perfino l'abitudine di festeggiare l'evento. Sono tutti metodi per esorcizzare la paura. Ma prova a pensare a una ragazza totalmente sola. Priva di contatto con il mondo. La sua paura si accentuerebbe il mese dopo e il mese successivo. Certo. Col tempo tutto diventerebbe routine. Ma i primi mesi sarebbero terribili. Immagino che sia stato lo stesso per lui, con la sua fame..."

"Ora che stai parlando di fame, improvvisamente mi rendo conto di avere un certo languore. Quando arriveremo a Roma penso che dovremo fermarci ad una tavola calda..."

"Pensavo di andare in ospedale. Magari dopo potrò offrirti la cena."

"Andare in ospedale, significa controllare i nostri pazienti e poi andare a mangiare dopo le dieci. Sempre che non si aggiunga un nuovo caso su questo treno nei prossimi tredici minuti."

"Per questo si chiama cena."

"Già. E per questo ci sono gli spuntini, dottore. Alla tavola calda, per esempio. Per impedire che i succhi gastrici abbiano a deteriorare le pareti intestinali."

L'uomo sorride. "Va bene," dice. "Ma ho un'idea migliore. Più avanti, al centro del treno, c'è una carrozza ristorante ben fornita. Vado a prenderti qualcosa."

La donna fa una smorfia. "Tutto sommato non è una cattiva idea. Ad essere sincera era proprio quello a cui stavo pensando. Però... Mangiare da sola. Non è una bell'immagine."

"E prenderò qualcosa anche per me."

Lei sorride. "Così va meglio."

Lo osserva mentre si allontana e la porta scorrevole lo inghiotte. "Decisamente molto meglio."

CAPITOLO 33

CARROZZA 10
POSTO 67

Ho sentito tutti i loro discorsi. Ho percepito ogni loro pensiero. Il suo capo l'ha lasciata per comprare del cibo. Ho pochi minuti. La fame mi attanaglia e adesso che ho deciso che sia lei, la mente è concentrata solo sulla sua persona.

Sono nella sua carrozza, adesso, e la porta scorrevole si è richiusa dietro le mie spalle nello stesso momento in cui dall'altra parte del vagone la stessa porta si è chiusa dietro il suo capo. Ci sarà una spiegazione per questa simultaneità di azioni? Chi può dirlo. Non certo io. Il fato. Uno va e uno viene.

Mi impongo di controllare tutti quelli che sono attorno a me nella carrozza. Ho ormai deciso che mi fonderò con lei, tuttavia, potrebbe esserci sempre un soggetto più interessante. Certo. Restano pochi minuti prima dell'arrivo. Non avrò molte possibilità. Lei è seduta al suo posto e mi osserva. È curiosa. Si sta domandando chi io sia. Mi ha già visto nella carrozza prima e si chiede perché adesso io sia qui.

Fra me e lei c'è un uomo che legge l'Ulisse di Joice. Lo sta leggendo perché viene citato come un capolavoro, ma lui è incerto se veramente lo sia. Lo ha cominciato a leggere con l'interesse che doveva meritare uno dei massimi capolavori della letteratura del ventesimo secolo. Un romanzo basato sui flussi di coscienza, su interminabili pensieri dei protagonisti. Doveva essere qualcosa di veramente interessante. Ma adesso che è andato avanti con la lettura, lo trova, a momenti, perfino noioso. Ha abbandonato l'idea di andare a Genova per l'occasione. Riascoltare la lettura di un insieme infinito di pensieri... Non voglio discutere dell'argomento. Ho troppa fame e comincio ad essere ossessionato da lei. Ma scrivere centinaia di pagine di pensieri ed essere costretti a leggerli, non deve essere il massimo. Concordo con lui. Non posso fare altrimenti. Forse anche perché la fame mi fa entrare in sintonia con i suoi pensieri. D'altro canto non ho altri termini di paragone. Fra quelli con cui ho effettuato la fusione, nessuno la ha letto. Ulisse. Chissà perché Joice gli ha dato questo titolo. Posso leggerlo nella mente dell'uomo. Come nell'Ulisse di Omero anche in quello di Joyce l'eroe rappresenta l'avventura dell'uomo nel mondo. Curioso, mi intrufolo un poco più a fondo nei suoi pensieri. Non ha ancora capito cosa Ezra Pound vi abbia trovato di tanto interessante da dire che tutti gli uomini dovrebbero unirsi a lodare Ulisse e che tutti gli uomini di lettere seri dovrebbero assumere una posizione critica di fronte a quest'opera. Mi incuriosisce. Un giorno di questi andrò in biblioteca e lo prenderò per leggerlo. Ma forse sono i suoi sentimenti che sta condividendo e io non ho nessun interesse. Chi può dirlo? Potrei fondermi con lui. Eviterei di leggere centinaia di pagine dei pensieri di Leopold Bloom, ma probabilmente li assimilerei solo attraverso il suo filtro. Biblioteca. Non c'è alternativa.

Mi avvicino a lei.

Alla mia destra c'è una donna che ha sofferto la perdita di un amico o forse di un amante o di entrambe le cose. In realtà la sua mente è così confusa da non riuscire a distinguere quale sia la verità sulle due cose, nel mentre si prepara a sposare un altro uomo. Si sente inadeguata e lega questo senso di frustrazione al fatto che è magra. Ma non è veramente la sua magrezza a tormentarla. Nel suo profondo si sente segnata. Chiunque abbia avuto un rapporto con lei non ha avuto una vita felice. Dario, Danilo, Alessandro. Un trittico di amori accentuato dalla lontananza, dalla disperazione, dalla morte di Alessandro, dall'abbandono. La sua mente è confusa. I suoi pensieri sono permeati da un senso di depressione, di confusione. Se provo a guardare dentro di lei mi sembra di rivivere i pensieri di morte che mi hanno attraversato quando ero nella carrozza precedente, pochi minuti fa. E il tempo scorre inesorabile. Tempo. Avrei dovuto pensarci prima. Avrei dovuto analizzare le menti di questa gente prima. Non credevo che avrei incontrato dei sentimenti così intensi, ma forse è proprio quello che mi sarei dovuto aspettare. Questo non è un Frecciarossa normale, con normali viaggiatori. Questo è il Frecciarossa del mostro, del mangiatore di anime, del divoratore di ricordi. Del Gedächtnisvampir. E, inevitabilmente, è il Frecciarossa degli sbandati, dei disadattati, dei sofferenti, di quelli che vogliono morire, degli esorcisti, dei giornalisti, degli agenti di sicurezza pronti a intervenire contro qualcosa a loro stessi sconosciuta. Auguro in cuor mio a questa donna che possa trovare pace, ma dubito che questo possa mai accadere. I suoi ricordi rimbalzano da uno all'altro come una pallina su un tavolo da ping pong. Ha sposato Danilo, deve sposare Dario, ha amato Alessandro che era sposato e che adesso è morto. E dentro di sé si considera colpevole del fato. E a pochi passi da me c'è un uomo impegnato a elaborare i suoi interminabili rebus. Non pensa ad altro. La sua mente lavora in modo meccanico, come una catena di montaggio. È un modo di estraniarsi dalla donna che gli sta vicino da una vita. Quanta solitudine c'è nella gente. Ognuno è un'isola. Non lo sa ancora, ma forse un giorno deciderà di porre fine alla sua esistenza con la speranza di non fare del male a coloro che incontra. Disperazione.

Un nuovo attacco. I pensieri di tutti si mescolano nella mia mente. Ognuno urla la propria sofferenza. Il dottore, a pochi passi da me in crisi per la morte del suo paziente. I dottori non dovrebbero affezionarsi alla gente. Ma come si fa? Come si può restare impassibili di fronte alla sofferenza? Amici. I dottori hanno degli amici. Forse che essi non si ammalano pure? Dottore. Cura te stesso. Medici, becchini, macellai. Hanno tutti a che fare con la morte. In un modo o nell'altro. Becchino, seppellisci te stesso. Sento l'attore che continua a recitare la sua parte, all'infinito. Attore recita te stesso. La vita è un palcoscenico. Pirandello. Quanti erano i personaggi in cerca di autore? Diverse decine, considerando tutti quelli che sono su questo Frecciarossa. La cerva corre fra i boschi, alla ricerca del suo compagno, con cui potrà unirsi liberamente, lasciando che i sensi prendano il sopravvento sulla loro sessualità. Si muove in modo sensuale, corre, rallenta, si guarda attorno, ammicca. Mentre ama un ragazzo che non è un cervo e che le sta vicino. Ma lo ama veramente? E se sì, quanto lo ama? Forse la lascerà come ha fatto Danilo o morirà come è successo ad Alessandro, o come il paziente del dottore e che vorrebbe essere cancellato in modo che la sua famiglia non abbia a soffrire o la sua ragazza androgina si muova in una realtà che non ha mai visto fra fronde e alberi, fra pioggia e mare, gridando contro Satana e urlando il suo potere a difesa dell'uomo contro il MOSTRO. Mostro! Assassino! Succhia anime! Diavolo! Speranza!

Anna. Dove sei? Aiutami. Sto impazzendo. Ho fame, ma non voglio fare del male. Non più.

Sono sempre qui, vicino a te. So che l'hai trovata. Hai poco tempo, ma il tuo tempo può essere lungo quanto tutto il tempo del mondo. Sai come devi agire. Prima che torni l'uomo con cui si accompagna. Altrimenti rischierai di perderla per sempre.

Anna ha ragione. Ha sempre ragione. Ha l'esperienza dalla sua. Mi sento un bambino che è stato ripreso dalla madre. Devo stare calmo. Posso controllare tutto questo. Guardo il gruppo di ragazzi che stanno andando al concerto di Ligabue. Sono felici. Mi concentro su di loro. Sono diversi. Non sono come gli altri. Non sono come il ragazzo che vuole provare nuove esperienze e che vorrebbe essere risucchiato per vedere come si sta. I ragazzi sono felici. Si conoscono da tempo. Alcuni si conoscevano a scuola, due di loro, e gli altri si sono conosciuti su un sito di fan. *Vivaliga punto it.* Conoscono le canzoni del loro beniamino. Stasera saranno allo stadio a inneggiare insieme a migliaia di altri giovani, ad incitare il loro cantante preferito a cantare per loro. E ognuno di loro si illuderà che Ligabue abbia cantato proprio per lui. La morte che fino a un istante prima mi aveva sopraffatto sta sfumando, andando via, diventando un'ombra. Vicino a me l'uomo sfoglia la sua Settimana passando da un rebus all'altro, concentrato nel trovare la soluzione dei suoi enigmi e la moglie pensa al tempo in cui erano felici. Ma lo sono ancora. I tempi cambiano, ma loro lo sono. Non so cosa stia succedendo, ma immagino che ci sia lo zampino di Anna.

No.

Allora sono io che sto riprendendo il controllo.

Sì.

Mi siedo di fronte alla donna, al posto del suo capo.

Mi osserva. Percepisco un brivido di paura, di tensione. Ma al tempo stesso, è tranquilla.

"Sei tu?" mi chiede a bruciapelo.

Non so perché, ma non mi teme. Forse perché ha trascorso tutte le tre ore del viaggio parlando di me e aspettando di vedermi. Al punto da aver esaurito la paura. Ma sento che la sua mente è attraversata da mille pensieri. Curiosità. Preoccupazione. Dubbio.

Posso chiamare il capo della sicurezza, o forse posso alzarmi e fuggire, o forse posso gridare aiuto, o forse... Ma non voglio. Voglio sapere. Curiosità o bisogno di conoscenza. Sei tonta. Questa è la verità. Se è lui, ti ridurrà ad una larva, come ha fatto con gli altri. E anche se saprai, non sarai più in grado di elaborare i tuoi ricordi e quindi sarà come se non avessi mai saputo... Ma anche se fosse così, per un piccolo istante saprò. Prima di dimenticare ogni cosa. Ne sarà valsa la pensa. Forse...

"Non succederà più," la tranquillizzo. "Ho imparato a non fare del male. Posso mangiare le ciliegie senza spezzare il ramo."

Cito l'esempio di Anna, ma non mi sento di parlare della distruzione dell'intera pianta. È una verità che ferisce anche me.

Mi guarda confusa, senza comprendere appieno le mie parole.

Scuoto il capo. "Sto imparando," la provo a tranquillizzare. "Qualcuno è venuto in mio aiuto."

"Niente più perdita di memoria?"

"No. O almeno credo. A dire il vero non ho provato ancora. Ma sono fiducioso."

Mi guarda perplessa. Ma apprezza la mia sincerità. Capisce che non le sto mentendo.

"Potrei chiamare l'uomo della sicurezza. È così concitato..."

"Dovete aumentare i controlli. Siamo al massimo dell'allerta adesso."

Dove diavolo è finito? Perché non si è fatto ancora vedere? Quanto tempo gli serve per distruggere le sue vittime? Dove colpirà? E se avesse cambiato treno? O avesse deciso di viaggiare su questo treno, ma in un'altra classe? E se avesse pensato di cambiare comportamento? Potrebbe essere chiunque. Siamo in grado di capire chi possa essere? Sono capaci gli altri di individuarlo? E io sono capace di riconoscerlo? Magari si sta beffando di ognuno di noi e in questo momento è chissà dove, magari a prendere un caffè in un bar.

Mi giro verso Morelli. Sento i suoi pensieri. È là che sta parlando con i suoi. Teme che il mostro possa comparire da un momento all'altro, visto che restano meno di dieci minuti all'arrivo a Roma, ma non si rende conto di quanto io gli sia vicino. Posso usare i feromoni per confonderlo, ma non ne ho bisogno. È abbastanza dubbioso sulla mia esistenza e comunque il fatto che io stia parlando tranquillamente con Anna Roberta Falini mi esclude dai suoi processi mentali. La donna davanti a me è il mio lasciapassare. Stiamo parlando e Morelli crede che ci si conosca. Il dubbio non lo sfiora minimamente. Anna Roberta Falini. Curioso. Un'altra Anna, anche se lei si fa chiamare Roberta. Che sia un segno del destino? Su questo treno ce ne sono tanti di segni... A volte il fato si fa beffe dell'uomo. Oggi una donna di nome Anna mi sta guidando e un'altra mi darà conoscenza delle cose.

"Potresti," le faccio eco. Ma so che non mi denuncerà a Morelli.

Se solo avessi evitato di parlare di cibo. Luigi. Dottor Chiari. Fermati. Lascia perdere. Non ho più fame. Lascia stare. Ti prego, ascoltami. Ma tanto non può sentire i miei pensieri. Mentre questo... uomo qui davanti a me forse può farlo. Probabilmente.

"Sì. Posso."

Dio! Può sentirmi anche se non parlo. Che faccio adesso? Aiuto. Fa che non mi uccida. Non voglio morire. Lo so che non uccide, ma non voglio rinunciare a me stessa. Ai miei pensieri, ai miei ricordi. Mia madre. Andavamo in campagna. Mi teneva per mano. Quanti anni potevo avere? Sei? Ma io mi divincolavo perché volevo essere libera e le sfuggivo, libera dal suo controllo e camminavo avanti a lei, due passi avanti. Lei faceva un passo, io ne facevo due. Le mie gambe sono più corte delle sue. Mi giro. È ancora dietro di me. "Anna, dammi la mano". "Sono grande, io". Ma sono tranquilla perché c'è sempre. Anche se dietro di me. La sua presenza mi dà sicurezza. Mamma. Dove sei, adesso? I fiori, le margherite dei campi, l'odore dell'erba. L'albero di fico su cui ci arrampicavamo. "Non salire sull'albero. È pericoloso." "Gli altri lo fanno. Giovanni, Sandro. Lo posso fare anch'io." Il sapore dei fichi appena colti. Il lattice che sgorga e che si incolla alle mani rendendo tutto appiccicoso. Le risa. Il cielo visto distesa sopra il ramo. Le grida e poi la sensazione di vuoto. Il dolore fortissimo dell'impatto. Ahi. Sono caduta. Mi fa male! Piango. Mi lamento. Mamma che corre. "Anna! Oh, mio Dio! È caduta. È caduta dall'albero." È spaventata, come lo sono io. Ma io sono forte. Mi alzo a fatica. Mi fa male la spalla e il braccio e il ginocchio sanguina. Ma mi alzo. "Sto bene," dico orgogliosa. "Non è niente. Devo essere scivolata." "È stato uno scivolone, professoressa. Mi sono lasciata prendere da cose stupide. Ma so bene che devo studia-

re." "Capisco, Falini. Ma devo darti un quattro." "Quattro?
Non... Ma questo mi rovinerà la media." "Dovrai studiare di
più per recuperare." Già studiare di più. Per una sola volta.
Un ragazzo. Come si chiamava? Non mi ricordo. Ma era bel-
lo. Perché non mi ricordo come si chiamava? Non ha senso.
L'ho sempre ricordato. Mi sta cancellando la memoria? È
così che ci si sente? Ricordi di avere un ricordo, ma non ti
ricordi di cosa si tratta? Sento che impazzirò. Perché proprio
a me? Mamma. Ora vorrei la tua mano...

Allungo la mia mano e provo a sfiorarle la sua. Lei si ritrae. È una reazione naturale. Ha paura. La guardo negli occhi senza battere le palpebre. Provo ad emettere i miei feromoni. Il suo cuore è accelerato. Sembra che funzioni. La vedo più tranquilla. Le prendo la mano e lei mi lascia fare.

"Non hai nulla da temere. Non succederà nulla di quello
che temi."

"Ho visto le tue vittime. So quello che mi succederà. Ma
anche se ho la conoscenza non mi sento pronta. Nessuno si
sente pronto a morire, anche se tutti sappiamo che è un passaggio della nostra vita. Neppure quelli che dichiarano di esserlo. E io non sono pronta a tutto questo."

I ricordi sono la nostra vita. Togli i ricordi a un uomo e
cosa resta? Una larva? Un essere privo di personalità.
L'essere umano si forgia sui ricordi, sulle esperienze che ac-
quisisce. E non solo gli esseri umani. Anche gli animali. Un
suono: cibo. Un altro suono: gioco. La vita di ogni essere vi-
vente si basa sui ricordi. Tu li strappi via alla gente. Li sradi-
chi dal loro essere. Li divori. Tu non uccidi, ma fai qualcosa
che è peggio. Chi sei? Come hai cominciato? Come hai svi-
luppato il tuo potere? Potere. Il potere dovrebbe essere
qualcosa di positivo, ma questo è male. Male puro. Che cosa
sto pensando? Lui mi può leggere nella mente. Mi sta leg-

gendo. Come si fa a sfuggirgli. Se mi alzassi e mi allontanassi non potrebbe seguirmi, altrimenti quell'uomo gli salterebbe addosso. Devo chiamarlo. È per la mia sopravvivenza. Fino a che punto posso controllare il mio istinto di sopravvivenza?

"Non ti succederà nulla. Ho imparato una nuova tecnica. Mi è stata spiegata da un'altra donna che ha lo stesso mio potere. Lei è su questo treno ed ho imparato. Niente cancellazione della memoria. Niente."

Un'altra? Ma cosa siete? Quanti siete? Dove si trova?

"Non capisco. Credevo in un potere isolato."

Come fai a dire a un uomo che sei la sua evoluzione? Che lui è destinato a morire, a sparire per sempre nel giro di qualche decennio o di qualche secolo. Ma siamo un'evoluzione. Lo ha detto Anna ed io devo crederle, anche se guardando questa donna negli occhi, toccando le sue paure, ho dei dubbi in merito. Ma forse sono troppo emotivo. Sono all'inizio. Come il dottore che ci volge le spalle e che si strugge per la morte del suo paziente. Il suo primo paziente morto. Chissà quanti ne vedrà morire. Imparerà a non familiarizzare con i pazienti. Imparerà a convivere con la morte, la morte degli altri. Diventerà freddo e professionale. È il suo destino. E sarà lo stesso per me. È solo una questione di tempo. Tempo. Ma ora ne ho sempre meno. Sei minuti. Fra sei minuti arriveremo a Roma e forse fra un minuto o due tornerà il suo compagno di viaggio con il cibo.

"Lo pensavo anch'io, ma probabilmente è un potere che si sta sviluppando in molti. Si presenta alla stregua della fame, ma è diverso."

"Perché proprio io?"

"Tu hai la conoscenza. Hai visto le mie precedenti... come posso chiamarle? Vittime? Penso che sia una parola adeguata, anche se non c'è un termine per descrivere questa situazione. È troppo nuova. Sei stata loro vicina più di ogni altro. Hai parlato con i loro familiari. Tu mi puoi aiutare. Puoi placare il mio bisogno e al tempo stesso potrai darmi comprensione e conoscenza. Forse per questo anche tu ti chiami Anna. Sei importante. Il destino vuole che sia così."

Fai in fretta. Non hai molto tempo. Non hai niente di che giustificarti.

Non posso parlare più con lei. Non ho tempo. Anna ha ragione. Entro nella mente di Anna Roberta Falini e ne leggo i ricordi. Li sfoglio attraversando le sue sinapsi, li assorbo e placo la mia fame. Godo nel mentre me ne approprio e mentre assaporo le sue sensazioni e i suoi sentimenti. Sono un vampiro. Ho adocchiato la mia preda e ho affondato i denti nel suo collo. Adesso sono a godere del suo sangue. Lo sento dolce, caldo, ristoratore. Il suo sangue è la vita. I suoi pensieri servono ad accrescere la mia. Ma non scendo in profondità. Sfioro. Accarezzo. Copio. Mi approprio dei suoi ricordi duplicandoli per mio uso. Godo. Mi muovo deliziato. Quante esperienze. Quanta conoscenza. Le altre volte ne avevo acquisito, ma questa è diversa, più ricca, piena.

Adesso che sto dando nutrimento alla mia mente, questa si apre e posso percepire un'area sempre più ampia, ma è differente dagli attacchi. Curioso. Non vi avevo fatto caso le altre volte. Ero troppo sazio del cibo per gustare il mondo che mi circondava come la iena dopo un pasto abbondante. Perché ho pensato alla iena? La iena è un predatore, un assassino...

Sento che il suo compagno sta tornando. È felice perché ha trovato delle brioches. Pensa di portarsela a letto. Un genio secondo Anna Roberta, ma in realtà un essere miserrimo, il cui unico interesse, in questo momento, è quello di soddisfare le proprie pulsioni.

Non sono stupido. Affonderò nelle sinapsi di Anna Roberta, cancellerò definitivamente alcuni ricordi, ma solo alcuni. Quelli che riguardano gli ultimi minuti, da quando lui è uscito ed io sono rientrato. Non posso rischiare che possa condividere con altri quanto ha saputo da me, come pure l'immagine del mio volto. Forse un giorno riaffiorerà qualcosa, ma non sarà in grado di ricostruirla.

Mentre la porta si richiude con un risucchio dietro di me, sento il risucchio della porta dall'altra parte della carrozza che si apre per far passare Luigi Chiari, primario dell'Ospedale Fate Bene Fratelli di Roma, reparto Medicina Generale, dove sono ricoverati i cinque soggetti vittime del mostro del Frecciarossa con due brioches scaldate al microonde e due bicchieri di latte al cioccolato.

CAPITOLO 34

CARROZZA 8
POSTI 61, 62

Luigi Chiari è appena entrato nella carrozza. Si muove impacciato con un vassoio di cartone in mano. I suoi pensieri si intrecciano con quelli di altri presenti.

Non male. È andata meglio del previsto. Brioches calde e latte e cioccolato. Il cioccolato ci vuole sempre. Piace. Se non ci fosse stato Cristoforo Colombo, il mondo avrebbe preso una piega molto più triste.

Preparati, mia cara Anna Roberta Falini. Anna Roberta? Perché ho pensato a me stessa con i miei due nomi? Sono secoli che non lo faccio. Ho cancellato il primo da... da quando... nonna Anna è andata. Mamma. Ti ho visto piangere. Disperata. Eri così triste. Non ho voluto più quel nome. Mi ricordava troppo la nonna. L'ho fatto cancellare perfino dall'anagrafe. E ora torna alla mente. Così. Senza un perché. Strano. Sarà la tensione di oggi. Succedono cose strane, oggi. Ora pensiamo a questo fugace pasto, poi andremo in ospedale, chiamerò a casa per dire che mi fermo a lavoro, un'occhiata ai pazienti e poi la notte sarà tutta per noi. Come volevasi dimostrare, il mostro si è dimostrato un semplice bluff. Che ha questo da guardare? Certo è della sicurezza. Fa il suo lavoro, ma è tutto lavoro sprecato.

Niente. Non sta succedendo niente. Dovevo intervenire per qualcosa e non è successo niente. Solo una marea di idioti che sono andati avanti e indietro per le carrozze. Niente gratifica. Guarda come gongola questo idiota. Quasi quasi lo arresto e poi lo rilascio, solo per togliergli dalle labbra quel sorrisetto da scemo.

Luigi Chiari raggiunge il suo posto, di fronte a Roberta Falini.

Poggia il cibo sul piccolo tavolinetto che li separa e si mette a sedere.

"Fatto," dice soddisfatto.

"Di già?" chiede Roberta sorpresa. "Hai fatto in fretta."

"Ho cercato di fare il possibile," si scusa l'uomo convinto che la sua compagna di viaggio gli stia facendo notare a quel modo che ha impiegato troppo tempo. "Ma il cameriere era lento. E poi ha dovuto scaldare le brioches."

Roberta fa un cenno di assenso con il capo. "Capisco. Il tempo è volato. Probabilmente i pensieri. Sei andato via e rieccoti qui. Non mi sono accorta completamente del tempo che è passato."

L'uomo trae un sospiro di sollievo.

Niente di quello che hai pensato. Si è solo distratta. Chi non lo sarebbe stato, sottoposti come siamo stati alla pressione di un pericolo che alla fine dei conti si è dimostrato infondato. Un viaggio intenso. Immagino per buona parte dei passeggeri di questo treno.

"Un salto temporale," continua lei. "Sono stata così assorbita dai miei pensieri che ho perso tutto il tempo che sei stato via. Il problema è che... non ricordo a cosa ho pensato. O forse non ho pensato a niente e ho lasciato che la mente vagasse nel nulla. A quanto pare niente mostro. Un punto a tuo favore."

"Non so se dire che mi dispiace o se ne sono contento, adesso che praticamente è finita. Ma questo significa che dovremo rivedere tutte le nostre linee di pensiero. Mi sa che siamo entrati in stazione. Niente mostro e niente tempo per mangiare."

Roberta fa spallucce. "Mangeremo per strada," commenta guardando la gente ferma lungo il binario in attesa del proprio treno o di qualcuno in arrivo.

Si alza in piedi, prende con fare metodico il cappottino che aveva piegato e poggiato nel ripiano porta oggetti sopra di lei e lo indossa. Lo stesso fa l'uomo con il suo trench chiaro.

Roberta mette la borsa a tracolla in modo da avere le mani libere, quindi prende il suo bicchiere in mano e la brioche imitata da Luigi Chiari.

"Avremo tempo, per mangiare," dice. "Probabilmente dovremo aspettare per almeno dieci minuti un autobus che ci porti in ospedale."

"Sono le sette. Sembra già notte fonda. Gli autobus non saranno tanto frequenti."

"Dovrebbero esserlo. Siamo ancora in orario di punta. A quest'ora la gente torna a casa."

Ora il treno sta entrando in stazione.

Si incamminano tenendo il cibo un po' rialzato per evitare gli altri passeggeri che nel frattempo si sono alzati in piedi e si stanno preparando a scendere.

I ragazzi sono eccitati. Il concerto di Ligabue è previsto per le nove. Hanno tutto il tempo per raggiungere lo stadio. Sono tutti pronti. Canteranno e canteranno. E ancora canteranno. Per tutta la notte. Tutte le canzoni del loro idolo. Lo accompagneranno quando canterà nello stadio e lo ricorderanno quando torneranno alle loro case.

Morelli sta parlando concitato con gli altri suoi uomini.

"Niente. Non è successo nulla. Niente da segnalare. Nessuno. Stanno tutti bene. Nessun passeggero privo di sensi. Bene. Meglio così."

L'uomo chiude la sua copia di Ulisse. Non è riuscito a finirlo e, ne era certo, non lo avrebbe finito. *Troppo contorto. Troppo tutto.* Indossa il suo giaccone e si accoda verso l'uscita lasciando il libro sul sedile. *Forse qualcuno lo troverà e lo leggerà. Magari lo troverà interessante e lo gusterà meglio di me. Magari. Certo. L'anno prossimo andrò a Genova, ma non il 16 giugno. Magari il 15 o il 17. Mangerò la focaccia, magari con le cipolle e... al diavolo il Bloomsday.*

ARRIVO

IL TRENO FRECCIAROSSA AD ALTA VELOCITÀ NOVANTACINQUE QUARANTUNO DI TRENITALIA DELLE ORE DICIOTTO E QUARANTA PROVENIENTE DA MILANO CENTRALE È IN ARRIVO AL BINARIO SETTE.
ATTENZIONE.
ALLONTANARSI DALLA LINEA GIALLA.

Il Frecciarossa scivola sui binari a velocità sempre più ridotta fino a fermarsi fra sbuffi e stridenti rumori di metallo contro metallo.

Da sotto i vagoni, in corrispondenza delle porte di accesso, scivolano fuori i gradini in metallo per rendere più agevole la discesa dei passeggeri. Quindi le porte scorrevoli si aprono quasi senza rumore.

Tutt'attorno una folla di curiosi, giornalisti televisivi, cameramen, sono assiepati lungo la banchina del binario, spostandosi man mano che il treno rallenta fino a fermarsi e concentrandosi alla fine attorno alle uscite. Un gruppo di paramedici è pronto con un lettino per raggiungere ed aiutare quella che potrebbe essere l'ultima vittima, in ordine di tempo, del mostro succhia memoria. Si sente la gente parlare, in un vocio costante, commentare, ridere, scherzare, e ancora inveire contro questo o quello, accusando il Governo di quanto sta accadendo. C'è chi lamenta la mancanza delle Istituzioni, chi vorrebbe l'esercito per contenere il potere del mostro. E, sopra tutto, ordini concitati diretti a chi deve essere pronto ad intervenire. C'è la polizia ferroviaria, i carabinieri. "Vai là." "Presto. Si è fermato." "Non abbiamo notizie." "Dove state andando? Tornate indietro." "Il lettino. Portatelo qui. Teniamoci pronti." "Non intralciate la gente che deve scendere." "Da parte. Fatevi da parte."

ATTENZIONE. SI AVVISANO I SIGNORI PASSEGGERI CHE PER LAVORI PROGRAMMATI DELLA GALLERIA COMMERCIALE NELLA STAZIONE DI ROMA TERMINI, IL SERVIZIO VIAGGIATORI NEI BINARI VENTITRÈ E VENTIQUATTRO SARÀ SVOLTO SULLA PARTE DI MARCIAPIEDE NON INTERESSATA DALL'AREA DI CANTIERE.
CI SCUSIAMO PER IL DISAGIO.

Mi guardo attorno. La porta scorrevole si è aperta con il solito risucchio. Come quelle interne. Ma questa dà verso l'esterno. Sto uscendo. Stiamo scendendo tutti. Roma. Qualcuno mi spinge. C'è gente sulla banchina, in attesa, ma lontano. Attorno a me una ressa di giornalisti, di curiosi, di perditempo, di forze dell'ordine. Lontano qualcuno trascina pesanti bagagli. Altri salgono sul treno per raggiungere Napoli o Taranto qualche altra fermata intermedia, ignari dell'ipotetico pericolo che altri hanno potuto correre.

La fusione mi ha dato nuove forze. Adesso posso percepire i pensieri di tutti quelli che sono attorno a me, ma non in modo disordinato o aggressivo come quando avevo gli attacchi di fame. Le altre volte non avevo notato tutto questo. Probabilmente perché mi ero limitato a nutrirmi fino alla sazietà, a dispetto di colui o colei con cui avevo operato la fusione. Questo significa che non devo aspettare più un mese per la prossima fusione. Posso farlo più spesso, acquisendo sempre maggiore conoscenza, senza fare del male. Sarò io a comandare la fusione e non la fusione ad avere potere su di me.

La conoscenza dà potere. Percepisco i pensieri, ma non di tutti. C'è un elemento fra la folla, uno solo a dire il vero, che sembra completamente isolato e che io non riesco a percepire, come mi è successo con Anna, isolato come se fosse all'interno di una panic room. Adesso so perché. Non sono solo. Altri come me si sono evoluti. È il futuro della razza umana. La sua naturale evoluzione. Siamo un'evoluzione parallela. Le due razze conviveranno per un certo tempo, fino a quando la vecchia si estinguerà naturalmente. Non voglio sapere cosa succederà di noi quando questo avverrà. Ci uccideremo gli uni con gli altri nel tentativo di acquisire altra conoscenza o troveremo un equilibrio? Chi può dirlo. Magari per allora una nuova evoluzione avrà preso il via e noi saremo un momento, un inciampo, nella storia della razza umana. Siamo all'inizio di questa evoluzione. Forse passeranno migliaia di anni prima che una delle due si estingua. Forse milioni. In fin dei conti le scimmie non continuano a vivere con l'uomo?

Anna adesso è vicina a me.

Attorno a noi ci sono tutti quelli che hanno viaggiato con noi. Si guardano attorno prima di decidere cosa fare, per un breve istante o per un lungo momento. C'è chi è deluso di essere stato risparmiato dal mostro, c'è chi è arrabbiato perché la sua missione si è dimostrata un fallimento. I giornalisti dovranno mettere mano alle loro storie già preconfezionate. Nessuna vittima, ma racconteranno di come qualcosa è cambiato ed ognuno di loro descriverà una verità diversa, perché la verità è soggettiva e non è universale come si è soliti credere. Sento l'amarezza della donna dell'ultima carrozza, che sa di dover incontrare la sua Mia e dopo la rabbia del momento, adesso non sa più cosa dirle. Forse andrà a cercarla e forse no. Lei stessa non sa se affrontarla o lasciarla al suo destino. Sa che comunque soffriranno entrambe, in un modo o nell'altro.

Sento la cerva che vuole tornare a provare le sue sensazioni animali a cui è indissolubilmente legata. La sua solitudine. E i suoi amici che non sanno nulla di lei, a parte che si è laureata. Invidia, gioia, curiosità. Sento il prete fermamente convinto che la Bestia non si sia mostrata per timore di lui. Soddisfazione e delusione al tempo stesso. La natura umana è molto contorta. Convivono spesso sentimenti troppo contrastanti.

Dal vagone vicino stanno scendendo i ragazzi che andranno al concerto di Ligabue. Cantano a squarciagola e a questo modo si aprono spazio fra la folla che li circonda.

"Siamo arrivati," dico rivolto ad Anna. "Sento un altro di noi."

Faccio un gesto con la mano per indicare la gente attorno a noi, ma il mio sguardo va oltre, oltre la banchina, oltre il binario, oltre la stazione, oltre Roma, verso il mondo. "È la prima volta che mi succede."

"Stai progredendo." Lei è soddisfatta. "Adesso sai."

"Non sarà più come prima," commento. E sono contento che sia così.

"Progrediamo. Fa parte di noi."

"Già," confermo.

Insieme fendiamo la folla, mentre c'è gente adesso che entra nei vagoni. Alcuni sono diretti a Napoli, altri a Taranto. Qualcuno si domanda se è successo qualcosa. Curiosi alla ricerca di nuove sensazioni o di un semplice souvenir di qualcosa che, a conti fatti, non è neppure avvenuto.

E ci perdiamo nella notte, anime fra le anime, gente fra la gente.

FINE

INDICE

PARTENZA 7

CAPITOLO 1 15

CAPITOLO 2 23

PRIMO FLASHBACK 29

    MEMORIA 29

CAPITOLO 3 37

SECONDO FLASHBACK 45

    RICORDO 45

CAPITOLO 4 53

CAPITOLO 5 61

CAPITOLO 6 71

CAPITOLO 7 75

TERZO FLASHBACK 81

    OBLIO 81

CAPITOLO 8 89

CAPITOLO 9 97

CAPITOLO 10 99

CAPITOLO 11 103

CAPITOLO 12 107

PRIMA FERMATA 109

STAZIONE DI BOLOGNA 109

STAZIONE DI FIRENZE 114

CAPITOLO 13 121

CAPITOLO 14 127

CAPITOLO 15 133

QUARTO FLASHBACK 139

RIMPIANTO 139

CAPITOLO 16 145

CAPITOLO 17 149

CAPITOLO 18 155

CAPITOLO 19 163

SECONDA FERMATA 167

STAZIONE DI FIRENZE 167

CAPITOLO 20 173

CAPITOLO 21 177

CAPITOLO 22 181

CAPITOLO 23 185

CAPITOLO 24 195

CAPITOLO 25 203

CAPITOLO 26 207

CAPITOLO 27 215

CAPITOLO 28 219

CAPITOLO 29 223

CAPITOLO 30 227

CAPITOLO 31 235

CAPITOLO 32 289

CAPITOLO 33 293

CAPITOLO 34 305

ARRIVO 309

INDICE 315